"十四五"精品课程规划教材——学前教育类

# 学前儿童游戏理论与实务

XUEQIAN ERTONG YOUXI LILUN YU SHIWU

主编　李俊刚　周天琪　孙迎武

天津大学出版社
TIANJIN UNIVERSITY PRESS

**图书在版编目（CIP）数据**

学前儿童游戏理论与实务 / 李俊刚，周天琪，孙迎武主编. -- 天津：天津大学出版社，2025. 3.
（"十四五"精品课程规划教材）. -- ISBN 978-7-5618-7897-2
Ⅰ. G613.7
中国国家版本馆 CIP 数据核字第 202562DQ69 号

**学前儿童游戏理论与实务**
XUEQIAN ERTONG YOUXI LILUN YU SHIWU

**出版发行** 天津大学出版社
**地　　址** 天津市卫津路 92 号天津大学内（邮编：300072）
**电　　话** 发行部：022-27403647 邮购部：022-27402742
**网　　址** publish.tju.edu.cn
**印　　刷** 河北鑫彩博图印刷有限公司
**经　　销** 全国各地新华书店
**尺　　寸** 889mm×1194mm　1/16
**印　　张** 15.5
**字　　数** 366 千字
**版　　次** 2025 年 3 月第 1 版
**印　　次** 2025 年 3 月第 1 次
**定　　价** 52.00 元

---

# 编委会成员

**主　编**　李俊刚　周天琪　孙迎武

**副主编**　周桐帆　张国红　刘晓芳

李　佳　孔贺鹏　谢　慧

PREFACE

# 前言

游戏、童话以及有质量的成人陪伴是保证幼儿身心健康发展的主要条件。游戏是幼儿喜闻乐见的活动，是幼儿生活的重要组成部分，游戏陪伴幼儿成长，促进幼儿全面发展。“幼儿园以游戏为基本活动”的理念已逐渐深入人心，并在幼儿园中贯彻执行，但在实际组织游戏的过程中，谈及游戏必然想到“这个游戏能够促进幼儿哪些方面能力的发展”，可见，从理论到实践的路依然很漫长。作为非功利性活动的游戏，若想使其在学前教育中发挥作用，实属不易，但也并非难于登天。

作为学前教育工作者和在校学前教育专业学生，了解学前儿童游戏的相关理论，掌握游戏在幼儿园中的地位与作用，以及游戏与幼儿学习、游戏与幼儿发展之间的关系，对于改进自身教育教学行为、深化学前教育理论与实践功底具有举足轻重的作用。明确幼儿园游戏组织、实施与观察评价的方法，既是自身专业发展的重要方面，也是科学开展幼儿园游戏活动的需要，更是实现学前教育中以游戏促发展的途径。

本书在参阅和借鉴大量学前儿童游戏理论与实践方面的研究成果的基础上，结合当前幼儿园游戏活动开展的实际情况，分为理论篇与实务篇进行讲解。理论篇主要阐述学前儿童游戏的历史发展以及学前儿童游戏的特征、分类、本质，分析游戏对幼儿园教育的影响和学前儿童游戏的影响因素，最后梳理了学前儿童游戏的理论流派以及国内外的学前儿童游戏思想，侧重在理念和观念的基础上，阐明游戏在幼儿园中的地位与作用，树立科学的游戏观。实务篇主要阐述游戏的选择与应用、教师在游戏指导中的作用、不同游戏的指导、幼儿园游戏环境的创设等内容，并介绍了学前儿童游戏观察与评价的基本要求，最后阐述了学前儿童游戏开发的相关内容，侧重幼儿园游戏的实践操作，为幼儿园游戏实践提供理论支持和经验借鉴。

本书兼具理论性与实践性，适合不同读者阅读。在编写过程中突出以下特点。

第一，突出案例教学，以案例贯穿教材的理论阐述，做到理论与实践充分结合。

第二，每章前设置了学习目标、问题导入，以案例贯穿整章内容，引发思考。章末设置了思考练习题、实践与应用，有利于学生学以致用，拓展知识面。

本教材由佳木斯大学李俊刚、周天琪及齐齐哈尔大学孙迎武担任主编，佳木斯大学周桐帆、佳木斯市第二小学校张国红、长沙南方职业学院刘晓芳、内蒙古鸿德文理学院李佳、乌海职业技术学院孔贺鹏、荆州学院谢慧担任副主编。李俊刚负责全书的章节大纲、编写体例制定，以及统稿和初稿审定工作。各章编写分工如下：第一、二、四、十章由李俊刚编写，第七、九章由周天琪编写，第三、八章由孙迎武编写，第五、六章由周桐帆编写，张国红、刘晓芳、李佳、孔贺鹏、谢慧提供相关资料。本书参考了国内外文献，并已对文献出处进行了标注，但仍难免遗漏，恳请读者谅解。虽讲授该课程已逾十八载，但面对学前儿童游戏这个“老熟人”，编者仍觉得陌生，仍有许多问题需要深究。

本书编撰时，正值编者开展黑龙江省高等教育教学改革一般项目《教育治理视域下高校师范生实践教学质量评估体系构建研究》（项目编号：SJGY20210849）课题研究的成果应用时期。因此，将学生实践能力提升与效果评价的内容融入书中，增加了本书的理论性与实践价值。在学前儿童游戏与幼儿园游戏指导相关研究中，也算迈出了理实结合的重要一步。

书中一些观点属于本人的粗浅见解，如有错漏之处，恳请广大读者批评指正，以便今后不断修正。不胜感激！

编　者

CONTENTS

# 目录

## 上编 / 理论篇

# 下编 / 实务篇

# 上编 / 理论篇

# 第一章

XUEQIAN ERTONG YOUXI GAISHU

# 学前儿童游戏概述

## 【学习目标

知识目标：能从历史唯物主义角度认识游戏的起源，能明确游戏的价值演变及其发展趋势，能结合学前儿童游戏具体表现分析游戏的特征，能够说出游戏的具体分类标准，能厘清与儿童游戏相关的几个问题。

行为目标：能根据游戏的特征对儿童行为是否属于游戏进行判定，能对具体的幼儿游戏进行恰当的类型划分。

态度目标：能认识到游戏的产生与发展经历的漫长历史时期，形成对学前儿童游戏的正确认识，增强学习本课程的动力。

## 【问题导入

场景一：两只小狗和一只小猫在客厅里玩，它们一会儿跳上沙发，一会儿在地板上互相撕咬，乱作一团。

场景二：晚饭后，小区楼下的广场热闹了起来。两个大约 5 岁的小男孩儿蹲在沙堆旁一起堆砌着什么，不一会儿一个小型堡垒完成了。一个约两岁半的小男孩儿一直在旁边静静地看着，看起来很感兴趣，却始终没有提出加入游戏。另一边也十分热闹，一群小女孩儿围着一个穿着漂亮花裙子的女孩儿，嘴里都念叨着："你的裙子真漂亮！"这时穿花裙子的女孩儿一脸骄傲地说："当然了，我可是公主！"另一个女孩儿不服气地说："公主算什么？我可是女王！"……

游戏是动物和人类共有的行为，二者的游戏既有相同点，又存在一定的差异。本章围绕学前儿童游戏的发展历史、价值观演变、游戏特征、游戏分类等展开阐述。在完成本章学习内容后，大家可以尝试回答：场景一中的三只动物的行为是否属于游戏？它们的游戏动因是什么？体现了游戏的哪些特征？场景二中儿童游戏的动因是什么？他们玩的游戏可以归为哪一类游戏？"公主""女王"等在幼儿现实生活中并不存在，这体现了幼儿的什么心理？那个约两岁半的小男孩的行为是否属于游戏？为什么？

# 第一节 学前儿童游戏的历史认识

## 一、对游戏起源的认识

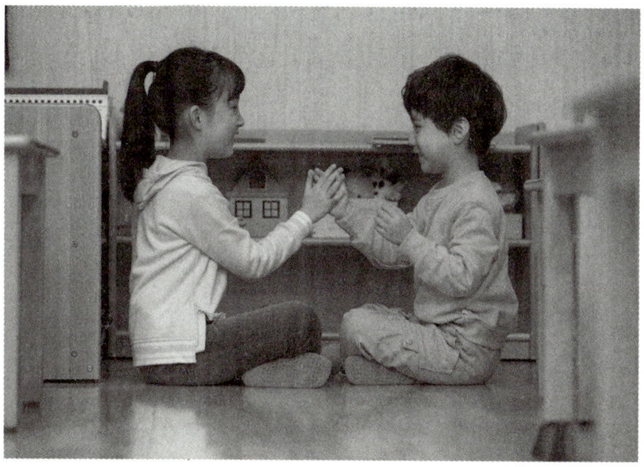

探索事物的起源，追寻事物发展的逻辑与脉络，对于深刻认识该事物具有积极的意义，能够在推论和追寻中认清事物的本质。游戏现象有漫长的历史，而且将持续延展，只要有高等动物存在，这种现象和行为将一直存在。但是对于游戏起源的关注和认识却不过短短二百多年，而且逐渐接近游戏发生本质观点的产生也是在近半个世纪前。纵观人类游戏活动的发展历程，目前对游戏起源的认识主要有以下几种观点。

### （一）本能说

本能说认为，在哺乳类动物中，游戏普遍存在，而且越高级的动物，游戏的需要越明显，比如小狗之间相互撕咬、猴子之间的嬉闹等。动物的游戏行为源于机体对活动的需要。运动系统的新陈代谢和生长发育，从内部要求动物不断活动。低等动物的这种需求一般通过食物获取和自主活动就能得到满足；而高等动物的实际需求就不能单纯依靠满足物质要求来解决，需要通过多重活动来缓解多重压力导致的身心紧张。

游戏经常出现在幼小动物中，且很多物种在出生后不久就开始游戏。大量的事实表明游戏是幼小动物本能所驱使的，是动物生存本能的训练。进化越高级的动物，其幼小动物游戏的时间越长，因为高等动物与进化水平较低的动物相比，自幼需要经历长时间的哺育，长时间的哺育过程中，随着机能的不断完善，需要通过练习尽快使这些身体机能转化为自身收放自如的能力，此时的游戏就表现为无目的的好奇、好动，就像孩子在屋子里大喊着跑来跑去，在沙发上跳来跳去一样。随着年龄的增长，这种好奇、好动又发展成幼小动物对成年动物行为的游戏性模仿。

知识拓展

游戏期现象

游戏虽然是跨年龄的现象，任何年龄的人都有游戏，但是，在哺乳类物种中，无论是低等动物还是高等动物（包括人类），其幼年期都是特殊的游戏期。游戏期现象就是动物在年幼时都会或长或短地存在一段时间的合理游戏的时期，在不创造任何实际价值的情况下模仿成年者行为的现象。只有在动物演化的高级阶段，才出现游戏期这种特殊现象，而且动物游戏的数量与复杂性随动物演化阶梯的上升而提高，动物进化的程度越高，就越依赖于学习，而不是依赖于与生俱来的本能，动物的游戏期也就越长。游戏期的存在除了有种系演化的自然原因外，还有社会文化、历史发展的原因，它是自然因素和社会因素相互作用的产物。

### （二）艺体说

俄国思想家格奥尔基·瓦连廷诺维奇在探讨艺术的起源时，将艺术与游戏紧密联系，认为艺术与游戏同根同源。我们对比游戏与体育、艺术的表现形式可以发现：运动性规则游戏与体育运动都强调运动中的规则性；音乐游戏与音乐舞蹈表现形式异曲同工；结构游戏与建筑审美和结构力学相联系。可见，每种游戏类型都能在艺术和体育活动中找到原型，虽然这种说法有点“事后诸葛亮”的嫌疑，但不可否认的是，如果将体育和艺术还原到其萌芽状态或原始状态的遥远过去，那时的体育和艺术就是游戏。艺术和体育能成为游戏，更大的作用力来源于模仿。原始人在劳作之余围在篝火旁，学动物的姿态、学劳动的场面，这种模仿就具有游戏的自由、自发的特征，也具有愉悦性的特征，通过游戏来体验和宣泄情感，释放多余的精力。

### （三）劳动说

歌声和舞蹈的节奏感能够使劳动变得轻松，且带有一定的娱乐性。这如同童年参加劳动时边干活边玩的场景，一切活动都变得轻松自然，这可能也是劳动与游戏相结合的最初原因，即为了让劳动不再令人感到厌烦，为繁重的劳动增加一些轻松与愉快的因素。当然这种游戏的动作、声音、节奏又与当时劳动的具体场景相结合，是由劳动技术决定的。

人们在劳动中会体验到力量和智慧，体验到收获的快乐，这样的体验会使人们将某个节奏与劳动之间形成一种默契，而这种默契会逐渐形成游戏的原型。由此可见，劳动先于游戏而产生，游戏源于劳动。这种劳动中的游戏愉悦体验一旦形成，人们就会在劳动后一遍遍地再现概括化的劳动场景，以体验劳动中的辛苦，衬托劳动后的喜悦，表达对自然的敬畏，游戏样式的雏形就此形成。比如，狩猎者在劳作之后的游戏中再现捕获猎物的场景，模仿动物形态，用兽皮、兽角等装饰自己，以幅度夸张的动作和声音来再现劳动的过程，重现生活情景，表达自己劳动后的喜悦，显示自己劳动中的力量、智慧与技巧。这时的游戏已脱离了功利目的，并从劳动中分离出来，作为纯粹的消遣娱乐方式，用以宣泄情绪。

游戏与劳动有三种关系：一是人们出于本能模仿劳动的场面和行为，即参加实际劳动前的游戏预演；二是原始人的劳动表现，表明了动物游戏向人的游戏的演化，即劳动与游戏的结合；三是劳动具有人的游戏的含义，具有社会人的游戏的特征，即在劳作之余或劳作后的再体验。

知识拓展

模仿的神经机制——镜像神经元

在我的第二个孩子出生前，我听说如果你在新生儿面前伸出舌头，他也会跟着伸出舌头。于是在小尼古拉斯生下来的头几个小时，我尝试了这件事。我用双手将这个小家伙抱在我的面前，在他面前伸出了舌头，他立即给予了回应，张开他的嘴，细微而明确地移动着舌头，我的眼泪都笑出来了。

这正是镜像神经元发挥作用的结果。镜像神经元被一些人认为是人类进步最伟大的驱动器和当代神经科学最重要的发现。这些神经元散布于我们大脑的一些关键区域——运动前皮质和负责语言移情和疼痛的中央脑区。它们不仅在我们执行某种动作时被触发，而且在我们观看别人执行那个动作时也会被触发。

（资料来源：戴维·多布斯．人类为何喜欢模仿[J]．科学大观园，2007（20）：33-35．）

## 二、对儿童游戏价值观演变的认识

### （一）游戏由全人类共享

在人类早期的发展中，游戏并非由幼儿独享，它是人类劳作之余消遣娱乐的方式，是表达心情、凝聚族群号召力的重要途径。因此，此时的游戏既可以有儿童的参与，也可以有成人的参与，成人与儿童能够共享游戏的乐趣，儿童游戏与成人游戏并没有完全分化。而且越接近于原始的文化活动，这种特点体现得就越明显，这可能也是游戏的迷人之处。任何文化背景、年龄背景、成长背景的人都能从同一个游戏中找到适合自己“最近发展区”的“共鸣”。

之所以出现游戏由全人类共享的现象，并不是成人愿意参与“幼稚”的游戏，而是有其深刻的生产力背景。早期人类的生产力水平低下，人的平均寿命短，而且劳动过程简单，儿童很小就需要跟母亲一起采集食物。童年时期短，导致其游戏期短，也就很难体现出儿童和成人因年龄而导致行为的明显区分。同时，由于原始文化形式和内容都表现得粗略、简单，再加上物质文化生活水平极其低下，成人与儿童的思维差距小，不仅幼儿的活动体现出深刻的幼稚印象，而且成人的各项生活活动中也留下了“稚嫩”的烙印。当生产力水平达到通过劳动不仅可以满足成人生活，也能满足儿童生活，儿童不需要直接参与生产劳动也能维持生存需要时，成人与儿童的行为距离拉大，各自分工越来越明确，这时才具备了产生纯粹的、儿童独享的游戏样式的可能。此时，在遗传基因的作用下，儿童只能通过象征性游戏，模仿成人劳动行为，以满足其渴望“融入”成人世界的欲望。

### （二）游戏是儿童权利

随着社会分工和私有制的出现，一小部分人脱离了劳动而拥有大量闲暇和娱乐时间，而另外的大部分人不得不整天忙于生计，缺少娱乐的时间。此时的游戏与劳动不再有天然的联系，而是逐渐分离。然而此时游戏的主体演化出两类人：占有生产资料的贵族和未到劳动年龄的儿童。

由于游戏本身的发展演化，艺术、体育、巫术、劳动场景等比较成熟的形式从原始的游戏形态中分离出来，成为模式较为固定化的传统游戏样式，那些比较幼稚的、随意的、自发的游戏逐渐成为儿童活动的方式，成为儿童感受世界、积累经验的途径。游戏逐渐成为儿童的权利。

有儿童的地方必有游戏，这是亘古不变的道理，谁也改变不了。只要给幼儿提供游戏的时间和空间，游戏就会发生。但是在东西方的封建时期都出现了抹杀游戏的情况，如我国的“业精于勤而荒于嬉”，将游戏与学习对立；西方中世纪要求大众服从、忍耐，克服一切欲望，包括游戏。在这种思想的要求下，鞭笞体罚、死记硬背成为学习的主旋律，学习与游戏分离，入学即失去游戏的快乐。但是此时的游戏并没有完全从儿童行为中抹去，游戏仍存在于不入学的乡野儿童中。

随着新教育运动的兴起，人们开始重视儿童精神的发现，不断挖掘能彰显儿童精神的生活事件。现代教育理论与实践赋予“游戏是儿童的权利”新的意义，认为儿童有满足游戏愿望的权利，儿童除了生理需要外，还需要通过游戏活动满足其精神需要。儿童有权决定游戏中的一切，玩什么、怎么玩、和谁玩等都是儿童自己的事情，游戏是非强制性的，被迫的游戏已经失去了游戏的应有之义。儿童玩游戏的动力就是自选、自由、自发，并且能获得愉快体验。

### （三）游戏是教育手段

随着幼儿教育的兴起，儿童的教育从广阔的、无拘无束的、零散的状态，转变为封闭的、讲求规矩的、有计划的正规教育，游戏也从完全自发的游戏转变为有计划、有目的的活动。从福禄贝尔开始的幼儿园运动，使儿童的游戏与教育联系起来，成为幼儿教育的一种媒介。

由于年龄的限制，游戏仍是儿童主要的活动。然而毕竟游戏的完全自发被规范性所取代，导致幼儿游戏空间受到限制，时间也被压缩，游戏内容也经过成人的加工和筛选，游戏开始系统化、正规化，为一定的教育目的服务。

案例分析

京京和依依在“理发店”中等待着客人的到来。这时小夏走了进来说，她想要一个最时髦的发型。于是京京开始给这位小客人“洗头发”，拿起一个矿泉水瓶，拧开，把“洗发水”倒在手上，认认真真地洗起了头发。依依也开始准备“最时髦”的发型，一边准备，一边口中念念有词：“剪刀、吹风机、梳子、卷发棒……”接着小客人洗好了头发，依依有模有样地给客人吹头发、做造型，京京开始迎接下一位客人。

游戏是幼儿对现实世界的感受，在强烈的想要体验的动机作用下，幼儿将自己看到的场景创造性地缩小化为游戏场景。该游戏就是模拟理发店的场景，在游戏中，可以促进幼儿对理发过程的认识，身临其境地体会给别人理发的感受。由此可见，基于游戏的教育要比间接知识的学习更深刻。

### （四）游戏是现代人的生活内容

由于经济社会发展，劳动者需要投入大量劳动来维持正常生活的时代逐渐远去。受教育期限延长，游戏的时期也随之延长。年轻的父母也有时间参与幼儿的游戏，亲子游戏流行，加上现代学前教育强调有质量的成人陪伴，游戏更成为成人陪伴的重要形式。以我国为例，在20世纪末期之前，父母经济压力重，很少有时间陪孩子玩游戏，但是进入21世纪至今，父母有大量的时间陪孩子，也认识到亲子游戏的重要价值。于是，游戏渗透到人们生活的方方面面，成为重要的生活内容。

## 三、对儿童游戏研究视角的认识

### （一）追溯游戏的起源与儿童游戏的动机

在游戏的理论研究与实践探索过程中，最引人入胜的就是对游戏起源与儿童游戏动机的探讨。游戏是从什么时候开始出现的？有人认为有了哺乳动物就有了游戏的雏形，动物的游戏与人的游戏一样；也有人认为游戏是人类儿童所独有的行为。多数研究者赞同前一种观点，习性学派、行为主义学派以动物行为进行研究的相关结论能够有力支持这种观点，而且在对动物的观察中也发现了游戏的行为。

但反对者认为，动物的游戏仅仅是出于本能，出于模仿，是基因使然。而人类的幼童除了出于本能以外，也有对人类社会关系的理性认识，游戏既体现生物遗传，也有幼儿对社会关系的理性加工，因为动物的游戏类型基本围绕获取食物展开，而婴幼儿的游戏大多围绕机能生长和社会行为关系而展开。

### （二）游戏的本能发展与成人支持条件

如前所述，游戏的产生受到本能影响，本能会在一定程度上影响游戏的动机，而且随着幼儿身心发展水平的变化，游戏的样式以及复杂程度也在变化，这就是游戏的本能发展。但是随着社会生产力的发展，社会分工逐渐明确，幼儿的游戏在本能的基础上，也加入了成人的支持条件，如充足的游戏时间、宽敞的游戏空间、丰富的游戏材料等。从原始时期游戏是人对愉悦心情的表达，以及重复体验劳作后轻松愉悦的感受，到生产力提升时游戏成为儿童的特殊行为方式，成为一种权利，再到后来将游戏视为教育的重要手段和途径，游戏经历了本能发展与成人支持等演变，这种更迭还将继续下去。

### （三）探索游戏在家庭、教育机构、社会发展中的实践应用

游戏带有教育功能，年幼个体在游戏中通过模仿学会生存技能。随着游戏从全人类共享逐渐演变成儿童的专属权利，游戏逐渐成为教育的手段，越来越多的理论研究和实践探索开始重视游戏在家庭、托幼机构及社会发展中的实际应用。这也是我国目前游戏探索的重要方向。

### （四）分析与评估儿童游戏发展的未来趋势

依据游戏发展的自身特点，结合幼儿身心发展特点和社会时代发展趋势，可以预见儿童游戏发展的趋势：一是更加重视在游戏自身发展的基础上，结合幼儿身心发展特点，注重游戏与儿童教育的充分结合，凸显游戏的自由自发特点；二是探寻时代背景下游戏精神的回归，探寻游戏与人类文化发展的联系，寻找传统游戏与时代特点的融合，彰显时代特点；三是在科技背景下，丰富和充实游戏材料，以合理的设计，引发蕴含时代特点的游戏不断推陈出新。

# 第二节 学前儿童游戏的特征

幼儿游戏的研究由来已久，且成果丰富，但是由于儿童的内在精神世界和外在行为等表现多样，对游戏的定义并不唯一，更多的学者倾向于从游戏特征的角度出发，通过概括和描述游戏的内外特征来揭示游戏的实质，并以此为出发点尝试对游戏进行描述性的定义。结合相关研究成果，游戏的特征主要表现为以下几方面。

## 一、游戏的自发性与自选性

游戏的最大特征就是非强制性，如果幼儿是被迫的，那么游戏从一开始就失去了其精神实质。游戏精神中的自由概念较为宽泛，涉及人类学、社会学、教育学、美学等，但是归根结底在于回答两个问题，即谁的自由和何种意义上的自由，前者是自由的主体，后者是自由的内容。

自发性主要针对幼儿游戏的动机，表现为幼儿积极主动玩游戏，不需要外力的鼓励或干预，因此，游戏与强制对立。人的自由可以分为免于他人干涉的消极自由和追求自我实践的积极自由。[1]幼儿游戏更多地体现出积极的自由，即源于个体成为自己主人的愿望，希望游戏取决于自己的主观感受，而不是取决于某种外在的强制力。消极自由为个体自由划定了不可侵犯的范围，使个体免于他人的控制与奴役，构成了个体自由的外部条件；积极自由充分肯定人的自由意志，强调人的自主选择与自我决定，保证个体能够按照自己所确立的理性目标生活，构成了个体追求自我实现的意愿。如幼儿刚在医院打过疫苗，回到家抱着自己的洋娃娃（而且是其平时最喜欢的一个），给它打针、喂药，就是外在强加给幼儿的体验在游戏中的反映。再如游戏治疗一些创伤后的幼儿心理问题，其作用机制也可能受这种消极自由的影响。在免于外部压力的情况下，游戏才能摆脱常规的束缚，为游戏者自主性的显现创造条件。

自选性是指幼儿对游戏样式和游戏条件的自主选择，如选择玩什么游戏，选择在什么时候、什么地方玩，用什么玩，跟谁玩等。由于游戏摆脱了外在的约束和强制，幼儿才能成为游戏的主人，能够按照自己的意愿，在一定的规则框架内自主安排游戏活动，或者协商解决游戏中的问题，选择最能够被普遍接受的游戏规则开始活动。由于选择是游戏者自主自愿做出的，游戏者一旦认可了这个选择，就能够在游戏中直面各种困难，有时候即使是“不情愿”的，也会按照既定的规则游戏，将各种困难一一化解，享受游戏的过程。游戏的情感体验更加深刻，游戏中的同伴交往更和谐。

[1] 柏林．自由论 [M]. 胡传胜，译．南京：译林出版社，2003：189-190.

**案例分析**

### 意料之外的游戏

一次去朋友家，刚进门，他家不到2岁的孩子就跑过来，围着我看了又看，很是兴奋。平时这个孩子就“人来疯”，我已经习惯了。我们聊完，他就跑进卧室，吃力地端出满满一盆玩具，刚开始我以为他会给我展示新的玩具，或者某个新学会的技能。结果他把玩具“哗啦”一下全倒在地上，拿着空盆玩了一下午，还乐此不疲，沉浸在玩盆的游戏当中，完全忽略我和他家人的存在。

在幼儿的游戏选择中，总是充满着各种不确定，有时候幼儿的游戏选择是有规律的，但有些时候总是出人意料。就像案例中这个孩子一样，成人的想法与幼儿的想法有一些差距。有些老师可能会说：“我让孩子玩啥，他们玩得也挺好，也挺乐意的呀，而且他们也表示愿意玩。”很多老师在跟幼儿交流的时候，总是用“愿不愿意”“好不好”“行不行”让幼儿进行必答选择。幼儿为了成为老师眼中的“乖孩子”，总是遵从教师的想法而做出“讨好”的回答。因此，在活动中，教师要多关注幼儿真实的感受，少一些游戏预设。否则，游戏就失去了游戏最珍贵的精神内涵——自由。

## 二、游戏的过程性与重复性

从游戏的时空迁延来看，游戏具有过程性和重复性，对幼儿有非常大的吸引力。

游戏的过程性就是游戏并不是指向结果，而是指向整个迁延过程，具有时间上的延续性。需要注意的是，游戏的过程并不是从幼儿开始游戏到游戏结束的过程，而是从游戏的计划开始，就已经进入了游戏。例如放风筝，从开始筹划放风筝这件事，游戏就已经开始了，找报纸、找框架材料、找风筝线，经过“复杂”的风筝设计与制作，开始玩，整个过程具有游戏特征，这也体现出游戏的过程性。

**案例分析**

### 意料之外的游戏结果

主班老师在语言活动“小乌龟开店”的基础上，想要组织一次表演游戏活动。她首先出示早已准备好的道具，介绍完道具之后，配班老师带领全班幼儿“开火车”，离开活动室去“剧场”看表演。主班老师忙着在活动室里布置场景：一家花店、一家书店、一家气球店。场地布置好了，幼儿由配班老师带领进入活动室。主班老师提问：“谁愿意上来表演？”“哗！”十几只小手举了起来。主班老师挑了五个没有举手而上次语言活动表现又不好的幼儿上来表演。表演时，主班老师不停地提示幼儿们对话、做动作。第二轮，老师请了五个“坐得好的孩子”上来表演，五个孩子表演同一个角色，老师还是不时地按照故事情节规范语言，纠正幼儿的动作。好多幼儿忙着摆弄有趣的道具，忘了表演，老师又不停地提醒……

游戏是在过程中发生的幼儿与环境、幼儿之间、幼儿与材料之间的互动。在过程中感受、在过程中发现，是游戏带给幼儿情境的“真实感”的重要载体。在案例中，教师全程忽视幼儿的感受，仅仅是从自己的活动预设角度来指导幼儿，最终导致师与幼在活动思路上相互脱节。教师应该紧紧把握住游戏的过程性，将幼儿作为此过程的“主角”，关注幼儿游戏过程本身，而不是关注自己对活动的预设。

游戏中的重复性就是幼儿在游戏中可以多次进入游戏情境，而且在重复中能够多次玩同样的游戏，在重复中获得新的发现和新的体验。这里的重复性不是一次游戏中幼儿行为的一遍遍重复，而是玩过一个游戏，间隔一段时间后，还要继续玩这个游戏。

### 案例分析

#### 建构区的多次变化

又到了区域活动时间，好几个小朋友还想继续搭建昨天的高架桥。他们努力回忆昨天搭建的样子，在总结经验的基础上，不断改进和设计新的样式。而且这次搭建的过程中，还用到了废旧物品，而不再只是积木。

很多时候，幼儿发自内心的游戏活动并不是“临时起意”，而是“蓄谋已久”，更确切地说是多次进行的活动。幼儿的游戏之所以能够在材料使用、游戏规则等方面有创新、有发展、有变化，就是多次重复的结果。幼儿自发的游戏在重复中不断完善着、发展着、体验着。

## 三、游戏的愉悦性与体验性

从游戏的情绪情感体验来看，游戏具有愉悦性和体验性的特征。游戏需要情绪情感的体验与支持才能产生对幼儿活动意向的吸引力，游戏的愉悦性和体验性是引发幼儿不断参与游戏的动力。愉悦与体验对幼儿游戏活动的支持力和吸引力远比游戏中的肢体运动和认知发现等要大得多。

游戏总是能给人带来愉悦，在游戏中儿童能够感受到积极情感，伴随着快乐的表情，反映的是满足、宣泄、轻松、自得。但需要明确的是，游戏中的情感体验并非完全由愉悦占据，愉悦是有条件的，其需要与“严肃”“紧张”相伴而生，如果一个游戏让幼儿感受到的仅仅是“欢声笑语”，那游戏的情感展现是不充分的，也是片面的。幼儿游戏应该以愉悦感为主基调，但愉悦感的获得过程中，可能也有其他的感受。如在老鹰捉小鸡的游戏中，三种角色都是在欢乐中紧张，但仍然可以感受到愉悦。但是在“丢手绢”游戏中，每个围成圈的幼儿都精神紧张，生怕手绢放在自己背后，如果发现了就要立刻起身去追，这个游戏中的“紧张感”表现充分，但是整个过程又能体会到满满的愉悦感。所以，活动中多样的情绪情感成分就在这样的变与不变中支持着幼儿的游戏行为。

游戏的魅力之一就在于不同的幼儿在玩同样的游戏时，会产生一些相同的体验，但这种体验又略有差异；同一个幼儿玩不同的游戏，能够体验到不同游戏带来的体验上的差别，提高发现与感受的满足感；同一个幼儿在不同的时空中玩同样的游戏又会产生新的体验。这就是儿童游戏中的体验。其实，并不是游戏样式吸引幼儿一遍遍地玩，而是在游戏中的体验激励或者刺激幼儿一遍遍地玩。

**案例分析**

### 角色区游戏

在一次角色扮演游戏中，程程担任的是理发店的发型师，一位顾客来到了店里，程程开始为他理发。程程一只手拿着梳子，一只手拿着小推子，梳一梳、推一推，有模有样地为顾客理着发。理完了，顾客照了照镜子，高兴地走了。程程看见顾客走了，又没有新的顾客来，就在椅子上坐了下来摆弄理发店里的物品。摆弄了一会儿，程程看还是没有顾客来，就起身离开了。

程程来到烧烤店，对服务员说：“我饿了，给我一串韭菜吧。”他接过服务员给的韭菜串，独自坐在烧烤炉前开始烤他的韭菜串。他烤了一会儿韭菜串后，听到旁边的小朋友说这个很香，那个很好吃，就又跑到服务员面前，大声地喊着：“我还要一串这个，一串这个。”他一边说，一边指着架子上的各种烧烤串，不一会儿，手里又拿了好几串各式烤串。他回到烧烤炉前一边烤着烧烤串，一边跟旁边的小朋友说着话。好长时间过去了，他烧烤的热情依旧高涨。在老师的提醒下，他才放下了手里的各种烧烤串，离开了烧烤店，回到理发店继续当理发师，等待顾客上门。

角色游戏是幼儿喜欢的游戏活动，也是学前儿童最典型的游戏形式，可以缓解幼儿对成人社会的可望而不可求的焦虑感。角色游戏最大的吸引力就是贴近现实，现实生活是幼儿重要的认知经验来源，幼儿将现实生活中的体验在游戏中再加工和再体验，然后又将游戏经验返还到现实中进行确认，如此循环往复。

## 四、游戏的模拟性与创造性

从游戏与现实的关系来看，游戏具有模拟性和创造性再现生活场景的特征。模拟是创造的前提，模拟由幼儿的创造提供表象和素材；创造使模拟更具有“儿戏”的意味，创造性地再现幼儿模拟的成果，使游戏在“像”与“不像”间转换。

模拟性就是幼儿在游戏中通过想象来模拟现实生活，重新建构内心世界和外部世界，实现内在和外在的平衡、和谐、统一。由于幼儿身心发展处于快速发展阶段，对周围世界充满了各种疑惑。他们对现实生活进行主观加工，如画画，幼儿是画其所知，而不是画其所见。

### 案例分析

鱼缸里的水到哪去了?

幼儿园鱼缸里养着小金鱼，小班的明明非常喜欢这些金鱼。有一天，他发现鱼缸里的水位线下降了，水少了。他担心了，跑去告诉老师：“老师，鱼缸里没有多少水了，水被鱼喝光了，我们赶紧去加点水吧。”

幼儿通过各种方式和理由来解释周围的世界，这是他们理解世界和应对未知的方式，这样可以有效缓解因“无知”而导致的焦虑。就像案例中，水是因为蒸发了，才出现水位线下降的现象。但是当幼儿不能理解“蒸发”概念的时候，他的解释可能是最符合他心理的、他能找到的、水变少了的“最佳答案”。幼儿认识世界需要一个过程，有时候成人的讲解能使他们明白事物的道理，但更多的时候，成人的讲解可能会造成幼儿更大的困惑。就好像很多人认为，在面对幼儿的提问“我是从哪来的？”时，成人进行各种比拟、各种讲解，试图让幼儿理解其中的原理，但是，再详细的解释也会有漏洞，这时成人应尊重幼儿对世界“稚嫩”甚至“可笑”的理解，静待花开。

幼儿的模仿创造性地再现了现实场景。虽然幼儿的创造属于再造，但是对于幼儿而言，这样的创造中充满了智慧，如语言的运用、夸张的动作、概括化的细节等，使我们一眼就能看出来幼儿在模仿谁。这些都是幼儿游戏中的创造性的体现，幼儿的智慧蕴藏其中，幼儿对世界真实的感受蕴藏其中，幼儿发现世界的过程蕴藏其中。

### 案例分析

**布条发出不一样的声音**

幼儿园科学活动区里，老师给每个幼儿准备了一些织物去研究探索，希望他们意识到织物不同的质地、材料、颜色、印花和弹性。

幼儿摆弄和操作着这些布条，他们拉、抻、刮、晒，在各种情况下观察织物的颜色和质地变化，在活动一段时间后，老师让幼儿报告自己的发现。大部分幼儿主要谈论布条的质地、材料。有一个幼儿说：“我的布条能发出不同的声音。”老师让这个幼儿说说自己是怎么发现的。男孩演示给大家看，弹拨力度不同、布条绷紧状态不一样时，就发出了不同的声音。速度快，声音高；刮动慢，声音低。男孩用布条发现的这一现象可以说明弦乐发声的原理。

案例中的男孩，通过自己的自由探索，发现不同材质的布条的声音，这就是游戏创造性的表现，不拘泥、不固化，热衷于游戏中的偶然发现，并追求其中的原理，这就是创造性的最宝贵之处。

## 五、游戏的有序性与规则性

儿童在游戏中并非毫无限制，而是在一定的规则约束下有序进行活动，只是有时候这些有序的规则明显些，有时候隐晦些。游戏中审时度势的有序和规则并不影响儿童行为，相反，规范使幼儿游戏开展得更加顺畅。

游戏中的有序性就是幼儿在活动中先做什么、后做什么的先后顺序。有序开展游戏是游戏顺利进行的保障，只有参与者都了解游戏中的“序”，才能使所有人都融入游戏中，体验游戏带来的愉悦。

规则性就是幼儿在游戏中的规范性，有规则才有游戏。比如在角色游戏中，扮演“妈妈”的幼儿与扮演“爸爸”的幼儿有不同的行为；“医院”中的“医生”就应该有医生的行为，他不能去做护士的事，更不能充当“挂号员”。

由于其涉及范围广，学科交叉特点明显，因此尚无公认的游戏定义，但是结合已有研究结论，在上述游戏特征的基础上，可以尝试为学前儿童游戏下个定义：学前儿童游戏是儿童在自由、自愿的基础上，在一定的时空中，遵从一定规则，通过语言、表情、动作、材料使用等，创造性展现内在心理世界与外在生活感受的过程，并在此过程中具有愉悦的体验，且能通过多次重复而获得愉悦的一切非功利性活动。学前儿童游戏可以作为活动过程存在，具有延展性；也可以作为活动结果存在，具有状态性。

## 案例分析

### 区域游戏规则的建立

在区域游戏活动开始时，老师把班里一半的幼儿带到积木区，问幼儿：“谁想去积木区玩，就举手。”所有幼儿都把手举起来。

“好，”老师说，“那你们就都去那儿玩吧。”但是，一会儿就出现了“僧多粥少”的问题。幼儿发现这么多人不能同时在积木区玩。

老师说：“让我们看看有多少人可以在这个地方玩并且可以玩得很高兴。”

经过多次试验发现，如果只有 4 个人的话，每个人都能比较好地使用积木，甚至能进行合作游戏。那么，怎么才能让大家都知道并遵守这个规则呢？

在老师的引导下，幼儿最后决定在积木区的入口处的地面上放 4 个脚印，对人数进行控制。

没有规矩不成方圆，游戏需要一定的规则，才能保证游戏有序开展。规则既是一种限制，又是一种保障。在本案例中，教师让幼儿实地尝试，发现建立积木区规则的必要性，使得规则成为幼儿集体的约定，而不是来自教师的命令，“4 个脚印”成为幼儿自己建立的规则的标志。规则的这种建立过程可以培养幼儿积极自主的规则意识，帮助他们理解规则的意义，同时也表明在成人的帮助下，幼儿可以建构自己的社会生活。

# 第三节 学前儿童游戏的分类与发展

## 一、学前儿童游戏的分类

在对幼儿的行为是不是游戏进行判断时，除了依据游戏的特征进行判断，还可以根据游戏的分类进行判断。对教育工作者来说，幼儿的游戏行为会随着身心的发展而发生变化，对游戏进行分类研究，能够更好地对儿童的游戏进行指导。当前，具有代表性的游戏类型有以下几种。

### （一）依据儿童游戏体验形式分类

心理学家比勒根据儿童对游戏的体验形式，将游戏划分成四种类型。

#### 1. 机能游戏

机能游戏主要是儿童因触觉、肤觉、视觉、嗅觉等感觉器官受到刺激，利用重复性的操作活动来获取快感的游戏。它是儿童早期最常见的游戏，也是 2 岁前儿童典型的游戏，2 岁后，这种游戏会逐渐减少。这种游戏中的“机能性快感”占优势。例如，刚刚会爬行的孩子会不断地爬来爬去，啃脚丫、手指，摆弄自己的舌头等。

#### 2. 想象游戏

想象游戏又被称为模仿游戏，是儿童根据自己的想象创造性地对现实生活中成人的劳动、生活进行模仿的游戏，在 2 岁左右开始出现。这类游戏中的“模仿与想象”占优势。例如：儿童会抱着矿泉水瓶模仿“妈妈抱宝宝”，但是过了一会儿，这个奶瓶又变成了“针管”，儿童拿着“针管”给枕头打针。

#### 3. 欣赏游戏

欣赏游戏又被称为接受游戏，是儿童通过不同的感官刺激，如看电视、听故事、欣赏图片等来获取快乐的游戏，在 2 岁左右出现，但是儿童能够理解看到的、听到的内容须到 4 岁以后。

#### 4. 制作游戏

制作游戏又被称为结构游戏，是指儿童利用结构材料，如沙、石、积木等，进行造型建构的活动，在 2 岁左右出现，4 ～ 6 岁时会更为丰富。例如幼儿用雪花片拼接一个“枪”，用积木搭建房子。

## （二）根据儿童的认知发展分类

皮亚杰从认知发展的角度对游戏进行分类。

### 1. 练习性游戏

练习性游戏又被称为感知运动游戏或机能游戏，是儿童游戏的最初形式，对应感觉运动阶段。这一阶段的幼儿通过感知和动作认知外部世界，同时，游戏过程中，感觉和运动器官也能够获得快感，幼儿通过重复某种活动或动作来获得愉快的体验，例如幼儿不停地爬上爬下，来来回回地扔球、捡球。

**案例分析**

10个月大的方方找娃娃的时候，随手把放在旁边的沙包扔在地上，她的姐姐看见后，也学着她的样子把沙包扔在地上并发出地雷爆炸的“嘭”的声音。方方看着姐姐，过了一会儿笑了起来，然后学着姐姐的样子也把沙包扔在地上并发出“嘭”的声音。接着看着姐姐，等着姐姐重复。之后的几天，只要看到姐姐，方方就会拿出沙包，并和姐姐一起重复之前的动作。

练习性游戏与肢体机能训练的最大区别就在于游戏精神的体现，能够在练习性游戏中找到游戏的特征。

### 2. 象征性游戏

象征性游戏也被称为假装游戏或现象游戏，对应前运算阶段，是学前儿童最典型的游戏形式。这种类型的游戏在2岁以后开始大量出现，4岁以后趋于成熟。游戏方式上表现为以人代人、以物代物和情景的转换，游戏过程中的主要心理特征是模仿和想象。角色游戏是该类游戏的典型代表，例如幼儿在玩“警察抓小偷”的游戏时，如果找不到枪，就会用棍子代替。再比如区域活动时间，表演区幼儿扮演的“面包店老板”去美工区进货，拿彩泥制作的“汉堡”进行“售卖”。

### 3. 结构游戏

结构游戏是儿童利用各种不同的结构材料，主要包括积木、手工、拼图等，按照一定的目的和计划建构一定结构或物体的活动。结构游戏主要对应前运算阶段，一般从2岁左右开始出现并且在学前阶段有逐渐增加的趋势。例如用沙子堆砌城堡，再使用石子装饰。

### 案例分析

教师组织了主题为“漂亮的公园”的游戏。教师首先让幼儿回忆自己对公园的印象，接着出示图片，让幼儿自由讨论。

真真：“公园里有很多健身器材，还有滑梯。”

艾艾：“还有很多的小朋友。”

连连：“有漂亮的小花和树，还有石子路。”

这时老师说道：“当小朋友们累了，怎么办呢？”

小丁：“公园里还有椅子，累了可以休息。”

老师：“天黑了以后，还有人吗？他们看得见吗？”

小米：“还有灯，很漂亮的灯。”

……

经过大家七嘴八舌的讨论，教师开始让幼儿用积木、雪花片等搭建自己在公园的见闻，加深幼儿对公园中事物的认识，促进了幼儿记忆力和创造性表达能力的发展。

结构游戏并不是幼儿用建构材料随意搭建，其原型来源于现实生活中的见闻和感受。因此，结构游戏需要幼儿对现实生活有较强的观察能力和记忆力。

#### 4. 规则游戏

规则游戏以规则为中心，幼儿按照群体制定的规则或游戏本身固有规则进行活动。例如：以走、跑、跳等为基本动作进行的体育游戏，以音乐、舞蹈为内容的音乐游戏，以认知、思维等发展为基础的智力游戏，具体如“老鹰捉小鸡”“击鼓传花”、棋类游戏等。规则游戏主要发生于儿童4岁以后。

### 案例分析

今天的集体教学活动中，老师讲了《三只小猪》的故事。区域活动中，胖乎乎的小白在美工区画了一个猪鼻子并剪下来贴在了自己的鼻子上，吸引了很多的小朋友，不一会儿班级内就出现了一群“小猪”。小珺觉得小猪太普通了，就把自己装扮成了“大灰狼”，还边走边说：“大灰狼来喽。”很多“小猪”开始跑，不一会儿小白就被抓到了，于是小白说：“现在我是大灰狼了，我要来抓小猪了。”不一会儿，又一只“小猪”变成了“大灰狼”……

规则游戏的规则来源多样，可能来自生活常识，可能来源于故事，可能来源于幼儿的商定，也可能来源于游戏过程中的创新。

## （三）根据学前儿童社会性发展水平分类

美国心理学家帕顿根据儿童社会性发展水平的高低对游戏进行分类。

### 1. 无所事事

无所事事也叫作偶然行为，是社会性发展水平最低的一类游戏，其行为主要由刺激引起，主要出现于婴儿期，不能够算是真正意义上的游戏。例如，幼儿看到头上方漂亮的风车就会挥动手臂去抓。

### 2. 旁观行为

旁观行为是儿童在其他游戏者的身边进行观察，但是不参与游戏的一种行为，主要出现于儿童的学步早期。

### 3. 独自游戏

独自游戏是婴幼儿时期最主要、最常见的一种游戏形式，一般出现在儿童学步中期，是指儿童把注意力都集中于自己的游戏材料和游戏活动上，不会去关注其他人的游戏。

### 4. 平行游戏

平行游戏是指处于同一空间的幼儿，彼此玩着相同或相近的游戏材料，一个人的游戏操作行为会引发另一个人的关注和模仿，但两个人没有任何语言交流，更没有合作行为。平行游戏主要出现于 3~4 岁儿童之间，在幼儿园小班最常见。

**案例分析**

小班的陈老师在区角中新投放了“磁铁片”，吸引了很多的小朋友。萱萱在一边把几个磁铁片吸到了一起又分开，重复了一会儿，觉得无聊就要离开，这时她注意到大卓把磁铁片变成了“小房子”，觉得十分有趣，她观察着大卓的游戏，不一会儿又重新拿起磁铁片，也搭起了小房子。

案例中萱萱观察大卓的游戏行为后产生模仿行为，两个幼儿没有直接的语言对话，没有一起做游戏，也没有借、还玩具行为，因此属于平行游戏。

### 5. 联合游戏

联合游戏是多名儿童在一起进行游戏，彼此之间会发生短暂的“借还”“交谈”等行为，但是彼此之间游戏时仍没有建立共同的目标，常见于幼儿园中班。比如，中班的美工区中，橙橙正在制作灯笼，吸引了丁丁和萌萌，丁丁和萌萌说她们也想做风筝，橙橙说：“好呀，那我们一起做吧！”然后丁丁和萌萌就各自挑选了彩纸，开始制作，不一会儿，丁丁对橙橙说：“剪刀可以给我用一下吗？”接着橙橙把剪刀递了过去，这时萌萌又问：“有绿色的彩笔吗？”丁丁就把自己旁边绿色的彩笔递了过去。

### 6. 合作游戏

合作游戏也称为协作游戏，是多名儿童在一起以合作分工的方式进行游戏，这是幼儿社会化水平最高的游戏形式。5 岁以后的儿童合作游戏更多，常见于幼儿园大班。小乐是班级特别活泼的男孩子，最喜欢的游戏是“老狼老狼几点了”，于是今天在户外活动时，他问道：“有没有人想玩儿老狼的游戏？”瞬间吸引了很多小朋友。但是第一次谁来做老狼？有好几个小朋友想当老狼，互不退让，这时小乐说：“咱们就按老师的方式，转瓶子决定，瓶口对谁，谁当老狼！”小朋友们都表示同意，于是游戏开始了。

## （四）根据游戏的教育作用分类

苏联学者根据游戏在教育实践中的作用将游戏分为创造性游戏和规则性游戏两大类。

### 1. 创造性游戏

#### （1）角色游戏

角色游戏是幼儿在一定生活化的主题支持下，通过扮演角色，运用想象，创造性地进行表演的一种游戏，通常都有一定的主题。这类游戏是幼儿时期最有特色、最典型的游戏。例如，幼儿园常见的“小医院”游戏。

（2）结构游戏

结构游戏能够训练幼儿的思维（思考怎么去搭建）和手部技能（用手去搭建），又被称为“塑造工程师的游戏”。例如，有一位小朋友每周都和妈妈去商场，于是周一在幼儿园进行区域活动时，就用积木和牛奶瓶搭建了一个“商场”。

（3）表演游戏

表演游戏是儿童根据文学作品中的情节内容，利用动作、语言进行表演的一种活动。例如，影子戏、木偶表演、桌面表演等。幼儿在听完故事《小红帽》后，和几个伙伴一起进行表演。设定几个角色：外婆、小红帽、大灰狼、猎人。剧情是小红帽躲掉了大灰狼，遇见了猎人，猎人保护小红帽到外婆家，恰巧遇到大灰狼想要吃外婆，于是猎人帮助小红帽和外婆赶走了大灰狼。表演游戏能够让幼儿更深刻体会故事中人物的内心情感和外在行为之间的关系，更深刻理解文学作品。

### 2. 规则性游戏

规则性游戏是指教师根据一定的教育目的，按照一定的目标设计的游戏，包括体育游戏、音乐游戏、智力游戏等，主要的特点是教育性、竞争性和文化传承性。

（1）体育游戏

体育游戏是指根据情节、规则、角色和身体动作组合而成的一种活动性的游戏。例如在“我会钻”的游戏中，为训练幼儿钻、爬的肢体动作，教师创设小螃蟹们比赛的情节，把小朋友们分成三组，在规定时间内，通过横着钻、竖着钻的动作钻过轮胎，率先到达终点的获胜，如果超出规定时间都未到达终点，则距离最远的获胜。

（2）音乐游戏

音乐游戏是幼儿在音乐、歌曲或其他乐器伴奏的情况下进行的游戏，例如常见的“击鼓传花”“丢手绢”。

（3）智力游戏

智力游戏是为了完成一定的智能训练任务，以智力活动为基础进行的规则性强的游戏。例如，发展儿童反应能力的“指令游戏”（一人指出一个方向的同时，对面的人要立即将头摆向相反的方向）、培养儿童观察力的“找不同游戏”、拼图、飞行棋、猜谜语等。

## 二、学前儿童游戏的发展

### （一）学前儿童游戏的发生

游戏广泛存在于世界不同的国家、地区、民族，具有普遍性。但是由于受到历史发展、风土人情的影响，游戏的方式和内容存在一定的差异，但大体玩法和趋势相差不大。由此可见，游戏的种系发生具有一致性，虽然在游戏开展过程中存在一些规则、材料等的差异，但总体上遵循共同的规律。

皮亚杰认为儿童游戏发生在出生一个月以后的“练习性游戏发生期”，游戏是基于肢体机能练习的需要而产生的。而维果茨基认为，儿童游戏的需要是在成人的教育与要求下，与成人之间关系发生改变的情况下产生的。3 岁以后，儿童独立性与能力增强，想参与他还不能胜任的成人活动，于是，在能力与愿望的矛盾中就产生了游戏。

### （二）学前儿童游戏的身心发展过程

不同类型的游戏都依从于幼儿参与游戏的心理因素和身体发展的因素，同时，游戏本身随幼儿年龄的增长在内容上不断扩展，在形式上不断升级。幼儿游戏发展主要有两种路径。

#### 1. 以认知为主线的幼儿游戏发展路径

皮亚杰把游戏的发展划分为三种类型或水平：练习性、象征性、规则性游戏。其中练习性游戏有三种发展趋向：一是因增加了表征而变成象征性游戏；二是向社会化方向发展，趋向于规则游戏；三是向真正的适应发展，变为严肃的工作。7～12 岁是象征性游戏的结束期，象征性游戏被规则性游戏代替，继而又转变为结构性游戏。

以认知为主线的幼儿游戏发展路径见表 1-1。

表 1-1　以认知为主线的幼儿游戏发展路径

| 主要阶段 | 主要内容 |
| --- | --- |
| 感知运动游戏阶段 | 是游戏的最初发展阶段；<br>多发生在 2 岁前；<br>由简单的重复动作或运动构成 |
| 象征性游戏阶段 | 幼儿游戏的典型形式；<br>出现在一岁半左右，两岁以后明显增多；<br>角色游戏：情景转变 —— 以物代物 —— 以人代人（角色扮演）；<br>结构游戏：3 岁左右（积木游戏），4 ~ 5 岁（有目的性），5 ~ 6 岁（创造），6 ~ 7 岁（联合） |
| 规则性游戏阶段 | 在幼儿末期大量出现；<br>幼儿更关注行为的结果（为了达到目的，往往会忽略规则，或故意破坏规则） |

### 2. 以社会性为主线的幼儿游戏发展路径

该发展路径主要依据帕顿的游戏分类，按照幼儿玩伴的多少来划分，从幼儿独自游戏到乐于与其他幼儿游戏，但没有交流，再到大家围绕同一游戏开展活动，玩伴和游戏内容之间也从松散的联系发展到完成同一个游戏目标。

以社会性为主线的幼儿游戏发展路径见表 1-2。

表 1-2　以社会性为主线的幼儿游戏发展路径

| 主要阶段 | 主要内容 |
|---|---|
| 单独游戏阶段 | 3 岁前；<br>自己玩，不理会他人；<br>没有表现出明显的社会性特征 |
| 平行游戏阶段 | 3 岁左右；<br>各自玩，会察觉到同伴的存在，相互模仿，形成初步的玩伴关系（用积木搭高楼、给娃娃穿衣服） |
| 联合游戏阶段 | 3 ~ 4 岁；<br>会加入他人游戏，但没有共同目标，没有真正的组织者或领导者 |
| 合作游戏阶段 | 5 岁左右；<br>有共同目的、方法、分工，游戏的主题、角色分配、材料选择。<br>游戏的内容多样化 |

## 三、学前儿童游戏活动的发展趋势

### （一）游戏内容的发展趋势

游戏内容是指幼儿在游戏中所反映的现实生活中事物的范围，它构成了幼儿游戏的核心。游戏内容主要伴随着幼儿生活经验的积累和生活范围的扩大而发展，不同的年龄段，游戏的内容具有明显的差异，见表 1-3。

表 1-3　不同年龄段的游戏内容

| 主要阶段 | 主要内容 |
|---|---|
| 婴儿时期 | 反映婴儿周围日常生活的琐碎事物和现象；<br>无明确明显的主题；动作简单、重复，模仿成人；后期具有一定的探索意义（拍球） |
| 2 ~ 3 岁 | 生活范围扩大（进入幼儿园等）；<br>游戏出现较明确的主题（娃娃家、医院等） |
| 3 ~ 4 岁 | 反映社会生活和人们之间的社会关系；<br>不再单纯依赖感知觉，根据自己的兴趣和愿望来构思游戏主题（医院游戏中反映医生、护士、病人之间的关系），游戏的有意性增强 |

表 1-3（续）

| 主要阶段 | 主要内容 |
| --- | --- |
| 4 ~ 5 岁 | 游戏主题更具有社会意义，增加了较难的智力活动，游戏主题的意识性、灵活性、社会性和深刻性逐渐增强 |
| 5 岁以后 | 内容更加丰富、复杂；<br>结构游戏、表演游戏（内容更加丰富）、智力游戏（棋类） |

### （二）幼儿游戏形式的发展趋势

游戏形式是指幼儿在游戏中的一切行为的表现方式，它构成了游戏的外部形式，主要表现为游戏动作逐渐连贯，游戏语言逐渐准确，游戏持续时间逐渐延长，游戏参与人数逐渐增多，社会人物之间的关系逐渐复杂，游戏规则逐渐精确和明朗，见表 1-4。

表 1-4　幼儿游戏形式的发展趋势

| 项目 | 主要内容 |
| --- | --- |
| 动作 | 无逻辑顺序，简单动作的重复（用勺子用同一动作舀）— 出现一定的逻辑顺序（把食物从一个碗里舀到另一个碗里，再端起来吃）— 动作连续、丰富（简单的垒高到复杂的组合、拼插） |
| 语言 | 有意识的重复发音 — 简单的只言片语 — 连贯、准确的语言表述 |
| 持续时间 | 持续时间的长短反映幼儿对游戏目标的坚持性水平；<br>无目的性（片刻）— 目的受外界影响（坚持性差）— 目的稳定性增强（偶有间断）— 目的稳定（坚持性强） |
| 人数 | 社会化程度；<br>单独游戏 — 平行游戏 — 联合游戏 — 合作游戏 |
| 规则 | 规则由隐性状态转变为显性状态 |

# 第四节　与儿童游戏相关的几对关系

## 一、学前儿童游戏与技能练习

技能练习仅是一个过程，而游戏既指向活动的过程，又指向活动的结果。儿童游戏与技能练习有一定的关联，可以相互转化，但从二者的实质来看，还是有一定区别。儿童游戏能够促进幼儿身体技能和认知技能的发展，提升幼儿技能练习的积极性。技能练习以技能的掌握为前提，其基本假设是当前个体对技能掌握不牢固，需要通过练习来掌握。但是游戏的前提是某种技能已经达到了较为熟练掌握的程度，需要利用这种技能使游戏顺利开展，在游戏中注重的不是技能的练习，而是技能的熟练使用和创造性应用。

### 案例分析

#### “保龄球”游戏中的认知技能与动作技能

中班老师组织孩子玩“保龄球”的游戏，在游戏过程中，充当保龄球的瓶子有很多种不同的排列方法：以固定间隙排成一排；紧挨着排；无规则地堆；按照真实的保龄球排列方式呈倒三角形排。这个过程中幼儿可以体会排列方式与各瓶子之间牢固程度的关系。接下来就要考虑在打“保龄球”时的撞球位置，需要幼儿思考和观察撞击排列形状的哪个位置有利于获胜。最后考虑动作的协调性，即扔球的力气大小、手部准确性的控制等。

游戏是儿童在模拟与假装中，通过动作、语言等技能展现自己对周围世界的认识，实现内心世界与外在世界相互融合的过程，而且带有愉悦性和自发性。而技能训练有一定的功利性，其目的是促进某种能力的掌握。但需要注意的是，年龄越小的孩子，游戏与技能练习的差异体现就越小，因为此时的游戏与动作训练没有过多的分化。随着儿童认知能力的发展，尤其是语言的发展和抽象思维的逐步萌芽与发展，这种差异才逐渐显现出来。正如案例中玩保龄球时，幼儿能够感受到游戏的快乐，并在游戏中获得认知能力的提升和动作技能的发展。

## 二、学前儿童游戏与自由活动

自由是幼儿游戏中愉悦体验的源泉，幼儿游戏的自由基于幼儿的身心发展和兴趣选择。而自由活动是一种缺乏活动计划，甚至缺乏活动主线的类似“闲逛”，所有的活动都是偶发的。游戏中的自由是有条件的，而自由活动是缺乏条件约束的。在幼儿园活动中，我们鼓励基于游戏的自由活动，但也应避免因教师经验不足而造成幼儿活动中行为过分自由，甚至违反幼儿园常规的情况出现。否则，会削弱幼儿园课程的教育功能，也会造成班级管理的混乱，不利于幼儿良好习惯的养成。

**案例分析**

中班表演游戏——“老虎的遭遇”

扮演“青蛙”的幼儿对饥肠辘辘的“老虎”说：“我有一个主意，我们比赛跳远，要是我跳得比你远，你今天就不能吃我。”

“老虎”同意，于是“青蛙”悄悄咬住“老虎”的尾巴，和它一起跳了起来。

突然一个幼儿发现了问题：“不对，青蛙跳得没有老虎远！不信你量量！”

旁边演“大树”的孩子也说：“就是，青蛙的脚都落在了老虎后面，它应该跳到前面才对。”

“青蛙”看看自己的脚和“老虎”的脚，没有说话，几个小朋友开始七嘴八舌地议论起来。

教师如何对待游戏设计之外的突发情况？在本表演游戏案例中，幼儿自由表达了他们在游戏中的发现。此时幼儿看似没有规矩的“自由发言”，反倒是儿童游戏中最宝贵的点睛之笔，但是很多时候老师将这种情况下的自由看成破坏游戏的行为，所以，要辩证认识游戏的自由与自由活动之间的关系，遵守游戏规则是游戏的自由与自由活动最关键的区别。

## 三、学前儿童游戏与学习

学前儿童游戏更多地与学习紧密相连。家长和教师为幼儿选择游戏时，首先考虑的是“这个游戏能促进幼儿哪些方面能力的发展”，在给幼儿选择玩具时也是如此。因为目前“幼儿园以游戏为基本活动”的意识已经深入人心，游戏贯穿于幼儿园教育的始终，在开展幼儿园活动时，老师时刻想着在活动中加入游戏的元素，以提高游戏的趣味性和娱乐性，结果导致游戏的“教学气”太浓，冲淡了游戏的意味，也使集体教学活动的效果大打折扣。

作为学习过程的游戏，游戏的过程就是幼儿学习的过程，二者紧密结合，难以剥离；作为学习结果的游戏，游戏所展现的能力提升就是学习的效果体现；作为学习手段的游戏，能够促进学习行为的发生，能够使学习过程变得愉快，减少学习过程中的压力和焦虑，引发儿童学习过程中的创造性，减少学习中的抵触情绪。

案例分析

为什么牛皮纸折成的小船不容易沉?

老师准备了几种不同种类的纸，有牛皮纸、白纸、油光纸、彩纸等，让幼儿自取折小船玩，先吃完点心的幼儿先取。结果彩色的纸先拿完了，后来的幼儿只好拿牛皮纸。小船折好了，幼儿要求到水池里去放小船玩，老师也同意了。各种各样的小船放到了水里。这时幼儿惊奇地发现，漂亮的彩纸船都沉到水里去了，唯有牛皮纸折成的小船还浮在水面上。幼儿七嘴八舌地议论起来。

“为什么牛皮纸折成的小船不容易沉？”在幼儿的游戏活动中出现了一个有趣的问题情景，它代表着幼儿当前的认知兴趣。教师如果能够敏感地觉察到情景中包含的“学习机会”，并采取适当的方法和时机来引导幼儿进一步探究、发现问题的答案，那么课程主题就在游戏中自然生成了。

## 四、学前儿童游戏与探索行为

儿童游戏中具有一定的探索成分，但这种探索并非基于未知的探索，而是基于已知的重新发现和验证。游戏过程中也可能产生一定的探索行为，比如幼儿刚拿到新买的玩具车，开始探索玩具车的各种功能和玩法，一段时间以后，各种功能已经能够熟练掌握，就开始了游戏行为，偶然一次将两辆玩具车组合在一起（两辆车本来没有组合功能），此后，开始探索更多的组合方式。

探索是由新异刺激引起的活动，是在未知的世界里建构新的认知；而游戏是对已有知识经验的练习，是在已知领域中活动，这种情况貌似支持了游戏与探索截然不同的观点。其实在这个观点的背后，是对幼儿在游戏中出现探索行为现象的忽视，正是因为在活动中总会有新的发现，游戏对幼儿才有持续的吸引力。

探索有两种情况，一种是特定性探索，一种是多样性探索。前者是针对某一事物特定功能等方面的探索，也就是传统意义上的探索，如幼儿拿到一个新玩具后出现的探索行为。后者是在已知中的探索，也就是游戏中的探索，如幼儿在玩玩具的过程中，创造性地将玩具应用于其他方面，或者自发地寻找玩具的不同玩法。前者给儿童以新知，后者使儿童充实新知，并在此基础上衍生出新的探索行为。

案例分析

场景一：

幼儿园里，4 岁的丹丹正在玩水池里的水壶和水车。她将水壶灌满水，然后对着水车倒下去。她不断变化倒水的速度和高度。

老师问她：“你能告诉我发生了什么事吗？”

丹丹看着老师，解释道：“轮子不喜欢被淋湿，所以它就飞快地逃走来躲水，直到所有的水都流走了，轮子就停下来了。”

场景二：

6 岁的强强正在看妈妈用水枪冲洗车子，他仔细看了一会儿，然后问妈妈，他可不可以试试。当他看到水枪喷出的水柱把轮胎上的泥冲掉时，说：“如果水枪离轮胎近一点，水的力量就会更大，泥就会掉得更快。如果从较远的地方喷水，有的泥就掉不下来。”

更多时候，我们很难从理性的层面厘清幼儿的行为属于游戏还是探索。我们不能单纯地把丹丹在游戏中的发现认定为纯粹的游戏，也不能把强强的行为判定为探索行为。从探索到游戏，从游戏到探索的循环往复的活动使幼儿的行为令人着迷。

## 五、学前儿童游戏与工作

游戏与工作不同。工作（包括正规的学习活动）是严肃的，不能掺杂游戏的意味，游戏与工作相对立。但这种现实情况并不影响幼儿对游戏的热衷，也不影响幼儿在游戏后自信心、自尊心的空前高涨，就好像做了了不起的事情一样。因此，在幼儿眼中，自己的游戏就是与成人的工作一样严肃。

对于幼儿来说，游戏与工作并非泾渭分明。即使是模拟游戏，儿童仍然认真对待游戏中各个环节，其严肃的态度不亚于成人的工作。在大多数游戏中，幼儿比较严肃，如在搭积木的建构游戏中，幼儿在关键环节屏气凝神，只有在搭建完成后，轻松自在的表情才会出现。因此，愉快和严肃都是游戏必不可少的元素，对幼儿游戏来说是统一的，但愉快是主要的，所以游戏是一种正向情绪体验的活动，这与成人严肃认真的工作是不同的。

## 案例分析

### 不同学者对游戏与工作关系的分析

许多人把游戏和工作看成是对立的。杜威认为游戏的基本属性是活动即目的，探索自然的趋势及意外性；而工作的属性是目的是主要的，结果是可预见的。他认为对于儿童来说学习如何做事情时，游戏和工作都需要。皮亚杰也认为游戏带有自发性、娱乐性和自由的组织结构，而工作具有强制性、功利性和有序性。关于游戏与工作的关系，详见表 1-5。

表 1-5　游戏与工作的关系

| 代表人物 | 游戏的基本属性 | 工作的属性 |
|---|---|---|
| 杜威 | 活动即目的<br>探索自然的趋势<br>意外性 | 目的是主要的<br>结果是可预见的<br>计划性 |
| 皮亚杰 | 同化<br>活动本身即目的<br>自发性<br>娱乐性<br>自由地组织结构<br>自由地发生冲突 | 顺应<br>外加的目的<br>强制性<br>功利性<br>有序性<br>竞争 |
| 赫伊津哈 | 自愿的活动<br>假想的<br>自由的、闲暇的 | 计划性的任务<br>真实的生活<br>因身体需要而强加的 |
| 维果茨基 | 充满想象和虚构的<br>游戏是变化而有种类的 | 强调真实性<br>发展趋势是从游戏到工作 |
| 瑟克韧特米哈尔依 | 固有的动机<br>大量的经验<br>流动的经验<br>精神的游戏 | 适宜的工作<br>工作中却很少完成任务 |

## 思考练习题

1. 试分析游戏本能论的理论优势与不足。
2. 结合相关理论分析学前儿童游戏价值观演变的动因。

3. 结合娃娃家游戏，分析学前儿童游戏的特征。
4. 从幼儿园教育的角度，尝试对学前儿童游戏进行分类。
5. 结合游戏的特征，分析区域活动是否属于游戏。

【实践与应用】

观察幼儿在园一日生活中的游戏行为，从游戏发生的角度分析幼儿游戏的动机，并分别从不同的角度对儿童游戏的特征进行分析，厘清幼儿游戏与学习、探索、工作、闲逛之间的联系与区别。

汉语中关于游戏的词语

# 第二章

YOUXI DUI XUEQIAN JIAOYU DE YINGXIANG

# 游戏对学前教育的影响

【学习目标

知识目标：能说出特定游戏对学前教育影响的具体表现，能够分析游戏对幼儿身心发展、幼儿园教育、教师专业发展、园所文化建设影响的作用机制。

行为目标：能利用课程游戏化的原理设计游戏。

态度目标：激发学生学习积极性，并能将游戏思想和游戏精神贯穿于自己的教育行为，提升职业责任感和自豪感。

【问题导入

场景一：幼儿园活动区，小朋友们忙得不亦乐乎。有的在“医院”看病、打针；有的在“娃娃家”做饭；有的在坐“公交车”；有的在“商店”里买东西……

场景二：几个幼儿趴在地上学老虎走路，时不时地发出一声声的“虎啸”。多多跑过来看着地上的几只“老虎”，进行了简短对话，就笑着跑开了。

场景三：明明在画画，画笔满桌子、满地都是，笔帽也没有盖好。老师发现这个情况后，提出玩“找帽子”的游戏，很快明明就把画笔整理好了。

游戏是幼儿内心世界的存在与表达形式，是幼儿喜闻乐见的活动。游戏渗透在学前教育的方方面面。结合以上三个场景，在学习本章内容后，大家可以尝试分析：场景一中幼儿从活动中能收获什么？仅仅是对周围现实生活的重新感受吗？场景二中的几个幼儿体验到了什么？多多可能和这几只“老虎”说了什么？他们分别体会到了什么？场景三中老师将游戏与幼儿教育相结合，产生相应教育效果的作用机制是什么？体现了教师哪些方面的专业能力？如果要将游戏作为园所文化建设的重要支撑点，可以从哪些方面入手？

# 第一节 游戏对幼儿身心发展的影响

## 一、游戏促进幼儿身体发展

### （一）游戏促进幼儿基本动作的发展

幼儿既是游戏的主体，也是游戏的客体。幼儿的所有器官和系统都可以参与游戏或成为游戏的对象，从而发挥理解、发展和锻炼身体的作用。3～6岁是幼儿动作发展的敏感期，也是大肌肉发展的黄金时期，对幼儿运动能力的发展有促进作用。幼儿早期特别是学龄前期，基本动作的发展都是在游戏中进行的，如滑滑梯、蹦跳等为幼儿提供了必要的动作发展。

案例分析

扔与捡

当婴儿学会扔的动作后，他们探索周围事物的方式就多了，拿到一个玩具都是先“看一看”“摇一摇”“摔一摔”“咬一咬”，然后往地上一扔。婴儿会乐此不疲地一遍遍扔。有人认为婴儿是故意的，是一种破坏行为。其实这是婴儿进行练习性游戏的最初表现形式，属于亲子游戏中的一种，是对婴儿手臂大肌肉动作的锻炼。

任何一种游戏都是以肢体动作训练为基本的表达形式，或大肌肉，或小肌肉，在促进身体发展的同时，也能促进婴幼儿其他方面能力发展。就以“扔与捡”的游戏为例，这个游戏不仅可以锻炼婴儿“扔”的动作，还能够提高对物品的认识能力，如不同物品落地后的跳动、声音、状态（碎与不碎等）；理解事物之间的逻辑关系，如远近与用力大小的关系；逐渐掌握“玩”的规则，哪些可以扔；成人一次次捡给孩子，是婴幼儿产生世界安全感的重要途径；等等。一个看似平常的“扔与捡”的游戏，对幼儿身心发展影响巨大。大家可以结合自己的观察讨论一下：平常玩此游戏一般是由谁发起的？持续过程中幼儿的表现如何？这个游戏一般会因何而结束？

## （二）游戏促进幼儿运动能力的发展

幼儿通过游戏中的动作实现与外界的沟通。随着年龄的增长，幼儿运动能力不断提高，不断为探索未知提供必要的运动能力支持。幼儿运动能力包括幼儿控制肌肉的能力、身体平衡的能力和动作协调的能力等，这些都是在游戏的过程中不断提升、不断发展的。例如，攀、爬、追、跑、滑滑梯等促进了幼儿大肌肉的发展，使动作更协调；绘画、折纸、数珠子等促进了幼儿手部小肌肉的配合力，使动作更细致。另外，各种各样的游戏也包含了大小肌肉的运动，大肌肉包括移动性大肌肉，如跑、跳、跃等，又包括操作性大肌肉，如利用手部力量投掷、踢等，还包括平衡性大肌肉，如攀爬、旋转等。幼儿根据自己的实际能力水平选择游戏，并在游戏中逐渐发展运动力。

## （三）游戏促进幼儿的生长发育

学龄前是儿童建立良好身体素质的关键时期，要保证幼儿生长发育的良性发展。我国儿童的体格及身体素质虽总体符合儿童生长发育的基本规律，但灵敏度、力量、速度及柔韧性等体能指标下降，影响幼儿生长发育的整体水平提升。

生物体的器官经常使用就会变得发达，而不经常使用就会逐渐退化。就像大脑，越是勤思考、勤运用，便越灵活；而越是懒惰不动脑，大脑便会像生锈的链条，难以正常运转。在开展“老鹰抓小鸡”游戏时，幼儿在躲避“老鹰”时，不仅需要奔跑，还要注意相互之间的协调，可以从多个方面促进其生长发育。幼儿在自然环境下做游戏，还能提高身体的免疫力，更能促进身体器官的发育和成长。

游戏对幼儿的身体发育和各方面的协调有很大影响。游戏包括全身和局部的运动，这可以激活儿童的各种生理器官和系统，促进骨骼肌的成熟，加速身体的新陈代谢，促进肠道和神经系统的发育。游戏使幼儿身体器官得到发展，例如跑步和跳跃游戏可提高幼儿心肺功能。

## 二、游戏促进幼儿认知能力的发展

游戏对幼儿认知能力的发展也具有不可替代作用。认知能力是指人脑加工、储存和提取信息的能力，主要包括注意力、理解力、记忆力、逻辑思维和想象力等。

### （一）游戏促进幼儿感知能力的发展

人类活动离不开感知觉，游戏同样依赖于感知觉能力，而游戏对感知能力的发展也具有反作用。幼儿通过视觉、听觉、触觉感受游戏环境。例如，观察游戏类型，听同伴讨论的话题以及触摸游戏材料。不同的体验会影响幼儿选择不同的游戏。同样，游戏也刺激幼儿的感知能力的发展。通过观察游戏环境，幼儿看到四季的变化、区域的特点，甚至细微差异。比如，幼儿在“躲猫猫”游戏中，通过听声音，辨别同伴的位置；通过“触摸墙”，感受不同材质物品，丰富认知与体验。

### （二）游戏促进幼儿注意力与记忆力的发展

游戏是幼儿自愿的活动，是伴随愉悦体验的行为。在游戏中，幼儿注意需要高度集中、全情投入，提取生活中积累的各种表象，通过比对当前游戏情境和提供的材料类型，或选择建构游戏，或选择机能性游戏，或选择角色游戏，但无论何种游戏都是幼儿对当前情境的注意与头脑中记忆力的表现。

幼儿虽有一定的记忆力，但依然处在高速发展阶段，具有很强的可塑性，可以通过游戏方式促进幼儿记忆力的提升。幼儿的经验来源于其所见所闻，其游戏活动主要是幼儿对记忆的提取与加工。幼儿能详细记住故事情节，能在游戏表演时再现情景。此外游戏能促进幼儿积极主动地记忆游戏的玩法及规则，从而使游戏与幼儿记忆力相互促进。

### （三）游戏促进幼儿思维能力的发展

游戏中幼儿需要不断观察、思考、比较以及推理，以支撑游戏的开展，思维一直处于活跃状态。幼儿通过观察对比物体间颜色、数量或形状，从而获得需要或想要的物体以支撑幼儿游戏。如，幼儿探索天平时，通过比较物体形状大小，判断天平会向哪侧倾斜、如何才能使天平保持平衡；幼儿玩磁铁时，推断磁铁特性并验证磁铁可以吸哪种材质物体等。

### （四）游戏促进幼儿想象力与创造力的发展

游戏是一种假装行为，具有虚构性。如“假装是医生”，幼儿的这一假装行为便是儿童的想象。幼儿对头脑中已有的表象进行加工，为适应当前情境而进行想象。比如幼儿扮演小白兔时，会以蹦蹦跳跳、拿着胡萝卜的形象出现，这便是幼儿对小白兔特征的加工与运用。幼儿的游戏大多以模仿角色、再现情节为主，通过扮演不同角色获得不同角色体验，但模仿游戏中的部分现实物品无法呈现，这就需要“以物代物”。在娃娃家游戏中，幼儿将绳子想象成手拉面，将纸片想象成蔬菜等，以使游戏能够顺利进行。游戏的虚构性利于促进幼儿想象力的发展。

此外，游戏也能激发幼儿创造力的发展。游戏为幼儿提供充足的想象空间，幼儿在展开丰富想象时往往超出当前现状，从而促进幼儿自己创造以满足游戏需要。比如，幼儿用积木拼装汽车，如果没有圆形积木，幼儿就会用瓶盖、奶粉罐甚至方块积木代替；当幼儿对朗朗上口的儿童诗感兴趣时，同伴间往往会进行创编，不仅有利于培养创造能力，而且促进了儿童语言发展。这些都体现了游戏对幼儿想象力与创造力的促进作用。

### （五）游戏促进幼儿语言表达能力的发展

幼儿的游戏离不开语言。幼儿做游戏需要通过语言设计游戏情节，表达自己想法并与同伴交流，以促进游戏情节的发展。幼儿在不同游戏情境中会使用不同的语气、语调以及词汇，感受角色的特征。

## 三、游戏促进幼儿情感、情绪的发展

### （一）游戏促进幼儿积极情感的发展

#### 1. 幼儿情感自我调节能力的发展

幼儿容易受到环境的影响，情感出现波动，因此，幼儿情感自我调节能力的发展显得尤为重要。为了促进幼儿情感自我调节能力的发展，教师应使游戏呈现多元化。例如，建构游戏中积木材料的投放就可以起到调节幼儿情感的作用，由于积木材料自身的可塑性较强，而幼儿之间存在个体差异，因此幼儿在共同操作积木材料时，可能会受个人偏好和自身经验的差异产生一些冲突，出现有的幼儿喜爱搭建房屋，有的则可能倾向搭建机器人等情况。在这个过程中，幼儿之间的互相沟通与协作就显得至关重要，通过幼儿之间的良好互动与配合完成作品，就会进一步提升幼儿情感的自我调节能力。

#### 2. 幼儿情感社会化的发展

学前教育阶段，游戏作为幼儿最基本的活动，是促进幼儿情感社会化发展的最好方式。幼儿通过与家长、教师以及同伴产生的交往互动，同时逐步体验不同的社会环境，这促使幼儿社会情感逐步加深，使得幼儿的社会情感逐渐从萌芽阶段过渡到深化阶段。例如，在最常见的娃娃家游戏中，虽然有许多类似的布娃娃，但这些娃娃被幼儿赋予了不同的角色，有的扮演爸爸妈妈，有的扮演爷爷奶奶。幼儿凭借自我想象，还赋予不同的角色以不同行为，例如爸爸妈妈上班、爷爷买菜、奶奶遛弯等。在游戏中，幼儿再现了日常生活情景，能够从不同角色考虑和解决问题，无形之中促进了幼儿情感社会化的发展。与此同时，游戏过程中，幼儿间不断交流，为进一步提升幼儿社会情感奠定了基础。

#### 3. 幼儿成就感的提升

3～7岁幼儿处于情绪情感发展的高速期和敏感期。经常处于紧张和消极情绪的幼儿，同伴接受性差，容易在儿童期和青少年期出现不好的行为；而具有积极情绪的幼儿，愿意表达自己的观点、帮助他人。成就感是消除幼儿消极情绪、激发幼儿积极情绪的重要途径。比如，当幼儿在游戏中表现出一定的创造力或者能够熟练处理问题时，就能产生强烈的成就感。

#### 4. 幼儿情感的丰富化与深刻化

游戏中幼儿的情绪情感表现多样。比如在表演游戏中，幼儿通过扮演故事中的人物形象，通过语言、动作等方面的模仿，能够更深刻体会故事中的人物感受，并将这些感受与幼儿已有的情绪情感相联系，促进幼儿情感丰富化和深刻化。同时，在一些自由游戏里，幼儿能够很快进入游戏的情境，其支撑力量除了游戏本身的吸引力外，更多的就是游戏中体会到的情感。

### （二）游戏帮助幼儿情绪的释放

#### 1. 发泄情绪以达到自我满足

幼儿身心处于快速发展阶段，受到体力、能力、思维和心理的多重影响，时常出现因主观愿望得不到满足而不满的现象。而游戏恰恰是幼儿解决自我矛盾、抒发情绪的最佳途径。因为游戏的过程与幼儿情绪间存在更直接的相关性，所以，要特别注重幼儿的游戏过程，让幼儿通过游戏表达自己的情绪，通过想象完成自己未能实现的愿望，从而得到自我满足。例如，幼儿在游戏中想象自己成为宇航员飞上太空。

#### 2. 亲身体验以激发内在兴趣

在游戏中，幼儿发展了社会交往能力，体验到游戏的乐趣，极大激发了参与体育游戏的内在动机，进而激发了内在兴趣，甚至产生体育游戏的爱好。

#### 3. 团体氛围以缓解依恋情绪

我们总会发现小孩子喜欢跟着大孩子一起玩，即使处在平行阶段的小班幼儿也不例外，幼儿 3 岁以后乐于模仿，喜欢团体氛围并初步形成社会交往关系。而幼儿在与教师、同伴的社会交往类游戏互动中，能够正视自己的想法，拥有更多的机会表达自我，平衡自己内心的矛盾冲突，因此，在团体氛围中幼儿可以缓解依恋情绪，获得积极的情绪体验。例如，在娃娃家游戏中，安全的游戏区角和熟悉的同伴，共同营造出温馨舒适的团体氛围，幼儿感到安然自在，还可以体验到家庭的生活乐趣和情感关怀，从而适当缓解幼儿的依恋情绪。

## 四、游戏促进幼儿社会性的发展

### （一）游戏能有效增强幼儿的自信心

幼儿社会领域的学习主要包括人际关系和社会适应，这两种能力对幼儿身心健康发展以及知识、能力和智慧作用的发挥具有重要影响。在幼儿园一日生活中，教师可以带领幼儿进行一些娱乐性强的思维游戏，既能够有效帮助幼儿发展自信，又能引导幼儿进行有效的交流，培养幼儿社会性发展。例如教师可以在规则游戏过后，给表现好的幼儿奖励，以提升幼儿的自信心。即使幼儿失败了，也不会有太强烈的挫败感，反而能够激发他们继续努力探索，集中精力投入游戏，锻炼了幼儿的抗挫折能力，提高了幼儿的信心。幼儿游戏是一种符合幼儿身心发展要求的快乐而自主的活动，游戏可以巩固和丰富幼儿的知识，促进其智力、语言等各种能力的发展。

### （二）游戏能帮助建立幼儿正确的社会认知

儿童经常在角色游戏中扮演不同的身份，例如“娃娃家”游戏、“医院”游戏、“小吃摊”

游戏等，角色扮演可以激励孩子模仿和表现生活中的行为和规范。随着孩子们开始加深对这些角色特征的理解，他们对这些社会生活和社会角色的认知也得到了加深。通过丰富和改进社会认知，幼儿在大脑中记忆正确的模仿，形成正确的社会认知，以提高社会认知的总体水平。

### （三）游戏能增强幼儿社会情感体验

社会情感是在情感发展的基础上产生的心理体验和感受，包括情感和情绪。孩子可以在不同的情境中扮演不同的角色，体验不同的情绪状态，学会表达和控制情绪，丰富内心情绪。例如，扮演警察时体会到正义感，在扮演爸爸妈妈时感受父母的细致，扮演农民伯伯时体会节约粮食。幼儿们通过情景感知社会角色背后的价值，对社会角色表示敬意，促进幼儿的社会性发展。

### （四）游戏能培养幼儿社会交往行为

游戏是幼儿普遍喜爱的活动，也是最适合幼儿年龄特点的活动形式，它不仅接近幼儿生活，带给幼儿快乐，而且还能使其人格得到应有的尊重，使其各种心理需要得到满足，从而有效地促进幼儿健康发展。不同成长经历、生活环境的影响使每个幼儿的个性、爱好、习惯都有所不同。在日常交往中幼儿之间难免会出现一些矛盾和摩擦，由于幼儿的社会性发展能力不强，在遇到矛盾时幼儿往往措手不及。游戏涉及竞争与合作，幼儿之间难免会产生意见分歧、误会、摩擦，但为了使游戏继续进行下去，幼儿要学会理解他人，站在他人角度思考问题，通过交流与合作，共同解决问题。

**知识拓展**

“哨兵站岗”实验

苏联心理学家马卡连柯曾做了一个“哨兵站岗”实验，要求幼儿在空手的情况下保持哨兵持枪站岗的姿势。一种是非游戏情境：其他幼儿在一边玩，被试幼儿在一边站着。另一种是游戏情境：其他幼儿是糖果厂的“工人”，在包装糖果，被试幼儿现在是“哨兵”，在为糖果厂站岗放哨。结果发现，在游戏情境下，幼儿坚持站立不动的时间远远超过非游戏情境下站立不动的时间。

幼儿在不同情境下站立的时间

| 年龄 | 非游戏情境 | 游戏情境 |
|---|---|---|
| 4～5岁 | 41秒 | 4分17秒 |
| 5～6岁 | 2分55秒 | 9分15秒 |

# 第二节 游戏对幼儿园教育的影响

## 一、游戏在幼儿园中的地位

### （一）“幼儿园以游戏为基本活动”的提出与逐步推进

#### 1.“幼儿园以游戏为基本活动”的提出

中华人民共和国成立后，我国为建立社会主义的学前教育体系进行了多种理论探索与实践，游戏在幼儿园中的地位也是此时探索的重要方面。

在1955年，老一辈学前教育理论家翻译了苏联《幼儿园教养员工作指南》（1953），提出游戏是学前儿童的主要活动。1956年，学前教育规范性文件《学前教育工作指南》出台，提出游戏是学前儿童的主导活动，这一观点直到20世纪60年代仍处于主流地位，众多心理学工作者肯定游戏对幼儿身心发展的特殊意义时，也沿用此提法。

直到1981年，《幼儿园教育纲要（试行草案）》中指出，幼儿园的教育任务、内容与要求是通过游戏、体育活动、上课、劳动、娱乐和日常生活等各种活动完成的，不可偏废。由于幼儿生理、心理的发展特点，幼儿喜爱游戏，因此游戏成为幼儿生活中的基本活动。在游戏中幼儿最易接受教育，游戏在整个幼儿教育工作中占有极为重要的地位，是进行体、智、德、美全面发展教育的有力手段。1989年颁布的《幼儿园工作规程（试行）》中指出，幼儿园以游戏为基本活动，寓教育于各项活动之中。

#### 2.“幼儿园以游戏为基本活动”的逐步推进

1989年，《幼儿园工作规程（试行）》（以下简称《规程》）颁行后，越来越多的理论工作者和实践工作者更加重视将游戏贯穿于幼儿园一切教育活动中，改变了将游戏单纯看作一门

“课”的观念。此时游戏在幼儿园中地位的变化主要表现在：从法律法规、观念上强调重视幼儿游戏权利，重视将幼儿作为游戏的主体；从理论上探讨游戏对幼儿身心发展的重要意义和价值，重视探索我国游戏开展的现状，并构建适合我国学前教育发展状况的游戏理论。不过，虽然在理论和观念上对游戏有所重视，但是从实践来看，由于缺乏深刻的游戏观念引领，缺少对幼儿学习特点的深入研究，缺乏科学有效的游戏指导方法，幼儿园仍以集体教学活动为主，游戏成了“放羊式”的自由活动，缺少与集体教学活动之间的联系，更缺少了必要的游戏计划和指导。但不可否认的是，游戏的重要性逐渐深入人心，《规程》中的游戏观念也逐渐树立起来，影响深远。

2001 年，《幼儿园教育指导纲要（试行）》颁布，再次强调了“幼儿园以游戏为基本活动”，突出了游戏在幼儿园中的地位。尊重幼儿身心发展规律和学习特点、关注幼儿的个体差异、尊重每个幼儿的个性，成为幼儿园一切活动的出发点。在确立幼儿特点的基础上，关注幼儿园活动的整体性、多样性、师幼互动性、教育过程性等，关注幼儿兴趣和游戏体验的多元化发展，在关注作为结果的游戏的同时，也关注游戏的教育媒介价值和教育过程价值。游戏不仅被认为是对幼儿进行全面发展教育的重要形式，也与生活经验一起被认为是幼儿了解世界的重要途径。

在此后 20 多年里，多种法律规范性文件中都强调游戏的重要意义，如 2010 年《国务院关于当前发展学前教育的若干意见》、2011 年《教育部关于规范幼儿园保育教育工作防止和纠正“小学化”现象的通知》、2012 年《3—6 岁儿童学习与发展指南》等都不断重申游戏的重要意义和价值，都将“幼儿园以游戏为基本活动”作为幼儿园教育的主基调。

### （二）对“幼儿园以游戏为基本活动”的理解

“幼儿园以游戏为基本活动”的含义是什么？我们可以从概念层面和理念层面进行理解。

概念层面上，其核心要素就是要回答何为“基本活动”。基本就是根本，具有基础的、本质的性质，基本活动就是本质性活动，对一个人来说是最经常、最适宜、最必需的活动。游戏是幼儿最喜欢的活动，也就是幼儿最经常的活动；游戏是符合幼儿身心发展特点的活动，也就是幼儿最适宜的活动；幼儿的身心发展是在游戏中实现的，游戏就是幼儿最必需的活动。

理念层面上，就是要从儿童观、教育观、课程观、教师观、游戏观等多方面解读。

儿童观就是关于儿童是什么的问题。儿童是发展中的个体，是主体的人，是独立的个体等，都从多个侧面表明，幼儿在游戏的选择、游戏过程中的体验方面具有独特性和主体性，没有人能将幼儿在游戏中的愉快体验抹杀掉，也没有任何一个成人能将自己的想法真正强加给幼儿。对于幼儿在游戏中的体验，以及所见所闻、所感所触都是幼儿天性使然。幼儿吃饭时玩勺子、玩饭粒，刷牙时被不断挤出的牙膏吸引，睡觉前在床上跳来跳去，都是天性，是幼儿主体性的充分彰显。

教育观就是关于教育是什么，以及教育的作用的问题。幼儿的学习主要是意义建构的过程，游戏在建构内在世界与外部世界之间的联系方面发挥桥梁作用。游戏为幼儿提供重要的受教育环境氛围，并创造了最近发展区，促进了幼儿教育的顺利实施。

课程观就是对课程的各种认识和看法的总称，包括课程的概念、课程的编制、课程的实施、课程的评价等。不同的时代，甚至在同一时代，都存在着不同的甚至是相对立的课程观。比如“幼儿园教学游戏化”与“幼儿园游戏教学化”两种观点的碰撞，其实质就是两种不同出发点的课程观所致。多年来，我国对幼儿园游戏在课程中的定位在不断发展着。从1904年《奏定蒙养院章程及家庭教育法章程》将游戏作为蒙养院的保育项目，到1956年《幼儿园教育工作指南》将游戏作为幼儿园的教育项目与“语言”“算数”“美术”等课程并列，直到现在，人们普遍接受了游戏既是一种课程内容又是课程实施途径与方法的观点。

教师观就是人们对教师工作性质、教师职业特点等的认识和观点。教师是幼儿活动的协助者、观察者、引导者，需要为幼儿提供游戏材料，营造游戏氛围，为幼儿提供充足的游戏时间和游戏空间，鼓励幼儿在游戏中发现。

游戏观就是关于游戏的本质、意义、价值等的问题。在幼儿游戏过程中，应该追求游戏的轻松愉悦性、过程中的重复体验性等，强调游戏中的态度和游戏精神的体现。在幼儿眼中，游戏就是真与假、虚与实的事情，既可以把游戏当作认真的工作，又可以把游戏当作假的、不真实的场景一笑了之。

## 二、游戏对幼儿园课程的优化

游戏是童年不可或缺的生活经验，应该成为幼儿园课程内容的重要组成部分。游戏不仅是幼儿园课程的重要资源，也是幼儿园课程实施的重要途径。

### （一）游戏与幼儿园课程的关系

#### 1. 游戏是幼儿园课程的组成部分

幼儿园课程的根本目的在于帮助幼儿获得学习经验，促进幼儿身心全面和谐发展。游戏对于幸福快乐的童年来说是不可或缺的重要经验，有利于幼儿的健康成长和全面发展，游戏不仅是幼儿最喜爱的活动，也是重要的学习内容。幼儿在游戏中可以获得有利于身心全面发展的各种经验，也能学习到游戏技能，积累游戏经验。

#### 2. 游戏是幼儿园课程的重要资源

幼儿园课程体现着教育者的教育目的。教育目的作为隐性资源影响幼儿园各项工作开展。而在教育目的影响下的幼儿园课程，也在无形中推动着幼儿园游戏的多样化开展。

游戏、童话故事、良好且有质量的成人陪伴是能够保证幼儿健康成长的“三驾马车”，而儿歌、游戏、故事又构成了幼儿园课程的重要资源。国内外的教育家都重视将游戏引入幼儿园课程。福禄贝尔收集反映德国乡村生活的民间游戏，配以音乐，并将这些内容编订成册，帮助幼儿学习必要的社会技能和生活技能。陈鹤琴等人也在20世纪30年代编制的《幼稚园课程标准》中将规则游戏和教师引领下的团体游戏作为幼儿园课程的重要内容，陈鹤琴要求能够进入幼儿园课程的游戏应当是“我国各地方固有的各种良好的游戏”，那些游戏动作、语言特点等不符合幼儿身心发展特点的游戏，需要加以筛选和改编。

#### 3. 游戏是幼儿园课程实施的重要途径

游戏是构成幼儿园生活的不可或缺的重要内容，幼儿在游戏中探索、发现、思考、行动，积极主动地建构自己的经验，关注支持、引导、丰富和扩展幼儿在游戏中的经验建构是教师的重要任务，也是幼儿园课程实施的重要途径。

游戏化课程不仅是幼儿在园自主活动，还包括大型的集体活动，室内室外活动都包含在这门课程之中。游戏是由内部动机控制的行为，是幼儿自发的行为，在活动中能够充分调动幼儿的活动参与积极性，能够保证课程的顺利开展。但也需要注意的是，幼儿园教师有计划、有目的的教学活动也是非常重要的教育途径，游戏应贯穿于幼儿园教育的全过程，但并不是完全替代。为了避免课程完全被游戏所取代，在教育教学过程中，并不是完全采用游戏的方式，课程教学也是主要的方式之一，游戏化课程就是这两者的一种结合方式。

### （二）游戏与幼儿园课程融合的形式

目前，在我国幼儿园课程实践中，游戏与课程的关系主要有以下三种不同类型。

一是平行互补型，注重认知发展的教学活动与儿童发起的具有教育潜能的游戏活动在形式、时间安排及比例上各自独立，游戏与课程处于分离状态，因此该关系形式也被称为“分离型”。

二是交叉转换型，游戏与课程存在相互转换的关系，例如教师先让幼儿自由探索水的浮力，然后根据幼儿的发现和体会讲解其中的原理，并进行集中讨论，接着让幼儿再自行寻找材料进行探索，最后进行集体讲解和讨论。我国目前的集体教学活动中，绝大多数教师采用此类型。

三是相互融合型，教学和游戏的界限模糊，活动由儿童和教师共同发起，如教师在专门设计的教学活动中，注意运用角色游戏等使非游戏教学活动游戏化，教师和儿童在平等的基础上实现着双向建构，在此过程中，教师通过对幼儿的观察与反思获得了专业能力的提升，幼儿经过教师的引导和鼓励，获得了对周围世界的一定认识。

**知识拓展**

**游戏在“学”与“教”中的作用**

美国学者大卫·韦克曾经对不同的课程模式中接受教育的68名3岁幼儿进行了长达15年的追踪研究，分别比较了教师直接教学、师生互动学习、幼儿主动探索学习三个模式中幼儿的智力发展、社会性发展水平、犯罪率、学习态度、参加体育活动及校园社会活动的情况等各种因素，结果发现：教师直接教学在一两年短时间里对幼儿的智力发展是有促进作用的，而时间长了这种优势就有所下降；师生互动学习与幼儿主动探索学习模式在各种正向发展上都明显高于教师直接教学，而教师直接教学在各种负向发展上所占比例较大。这充分说明了将游戏因素与教育因素结合，符合幼儿认知发展的特征和需要。

## 三、游戏与幼儿园教育的融合

游戏与课程的融合是一个趋势。游戏与课程的融合表现在“预成”和“生成”上，也就是课程生成游戏和游戏生成课程两种表现形式。从游戏的角度来看，先有课程目标的引领，进而产生游戏活动，就是“预成”；而在幼儿游戏兴趣与游戏行为特点的基础上逐渐提炼出课程的目标，生成更为完善的课程内容，就是“生成”。

### （一）课程生成游戏

课程生成游戏指的是在设计课程方案时，按照课程的目标与要求，为幼儿创设与课程内容相关的游戏环境，选用或设计组织专门的游戏活动，在游戏中支持、促进和引导幼儿的学习与发展。把游戏融入预成性课程，以课程生成游戏，可以增强预成性课程的发展适宜性。因此这种情况在我国幼儿园中普遍存在。

### （二）游戏生成课程

游戏生成课程是指关注、追随、支持和引导幼儿在游戏活动中表现出来的学习兴趣和需要，通过师幼互动的过程逐渐形成和发展课程。游戏生成课程以幼儿兴趣为出发点，强调在坚持教师活动既定目标的前提下，对活动内容选择给予最大限度的开放，依据幼儿自由活动情况，教师通过观察及时调整既定教学计划，具有灵活性和适宜性，可以弥补预成性课程的不足。

案例分析

### 从“找衣服”到“买衣服”

秋季刚开学不久，小一班老师发现孩子们情绪逐渐稳定，能够投入活动，但是乱放衣服的情况太让人头疼。家长怕孩子着凉，经常给孩子穿很多衣物入园，每次户外活动之后，孩子们都是满头大汗，脱下来的衣服乱丢乱放，离园的时候时常出现衣服找不到或者穿错的情况。有一天，老师发现几个幼儿在玩买菜的游戏，于是就想把“买菜”变成“买衣服”。于是放学之前教师对幼儿们说：“我们今天来玩买衣服的游戏，看谁最能干。将自己的衣服买来放到书包里。如果买对了，还有小礼物。”结果幼儿争着来“买”自己的衣服，并放到书包里。随后的一段时间，老师依据这个游戏主线，还组织了“换衣服”“比比谁穿得快”“看谁最先放好”等小游戏，提升了幼儿的生活自理能力。

游戏是幼儿喜闻乐见的活动，能够激发幼儿活动参与的积极性与主动性，提升幼儿活动的效率。幼儿园课程是幼儿在幼儿园中获得的一切经验的总和，一日生活是幼儿在园重要教育内容，是维持幼儿良好行为习惯的必要环节。案例中教师及时发现幼儿习惯中的问题，以游戏的形式促进幼儿良好行为习惯的养成，把对幼儿的观察上升到课程组织的高度，采用游戏化的课程组织形式，以“课程生成游戏”的融合方式，组织幼儿认领衣服和整理衣物，起到了良好的教育效果。

## 第三节 游戏对教师专业发展的影响

尊重儿童、以游戏为基本活动、教师不能主导等基本理念已经深入人心。但实际上教师对幼儿游戏活动的指导仍存在理论与实践脱节，对于儿童游戏，教师的角色是什么、何时引导、如何引导，以及游戏指导对教师专业发展的影响等方面都应该得到重视，这些都涉及幼儿园教师的专业发展问题。

# 一、教师专业发展的含义与特征

## （一）教师专业发展的含义

国外学者佩里认为专业发展覆盖了教师专业生活成长的全过程，既包括信心的增强，也包括技能的提升，甚至还包括所教学科知识的拓展与深化。

国内学者叶澜认为，教师专业发展就是教师的专业成长，或者教师内在的专业结构不断更新、演进和丰富的过程，从结构上看，教师专业发展包括教育理念、知识结构和能力结构的发展。鲁洁和吴康宁认为，教师专业成长主要包括内化教师职业价值、获取教师职业手段、认同教师职业规范、形成教师职业性格等几个方面。

目前对于教师专业发展的含义有三种倾向：一是指教师的专业成长过程；二是指促成教师专业成长影响因素之间的系列联系；三是兼具专业成长过程本身与影响因素的含义。从教师专业成长含义的产生与发展过程来看，其不仅具有教师专业发展本身的含义，也具有教师专业成长过程中各要素之间的逻辑联系，还包括影响教师专业发展过程中的多种影响要素，三者之间相互影响、相互联系，因此目前比较认同第三种观点，即认为教师专业发展既包括教师专业成长过程及其各成分的发展，又包括影响教师专业发展的各因素之间的相互影响的关系。

## （二）教师专业发展的特征

### 1. 多样性

教师专业发展具有多样性的特点，所谓的多样性就是教师在专业发展的过程中，需要根据个体的个性特点以及能力构成特点，因势利导地进行专业发展。虽然教师专业发展仍然遵循一定的成长路径和阶段，但并不是一成不变或按部就班的，而是有快慢和能力倾向等方面的差异。尤其当前社会发展形势下，社会对教师的发展提出了更高要求，教师不再单纯承担传道授业解惑的职能，还需要承担教学、科研的任务，这要求教师的专业发展具有多样性的特点。

### 2. 自主性

教师专业发展的自主性主要指教师能够根据工作要求和特点，主动建构教育教学知识经验，通过各种途径的学习、培训，以及在教师教育教学工作中主动的经验积累，逐渐实现专业能力的提升。尤其当前对学前教育专业学生生源质量的提高和教师资格制度的严格执行，使幼儿园教师在专业素质、学历水平等方面普遍有所提升，而且国培计划等各种针对幼儿园教师职后培训政策的实施，使教师能够成为知识更新和创新的重要力量，教师也相对容易地能够接触到前沿理论和实践经验，这些都能对教师专业自主发展起到极大的促进作用。另外，现在幼儿认知能力的提升，获取知识途径多样，能够掌握各种知识，这也不断激励教师主动接受新鲜事物，不断追求前沿知识，拓展知识领域，开阔视野。

### 3. 持续性

教师专业发展是终身职业发展的过程，具有极强的持续性，即教师专业发展是一个持续不断的循序渐进过程，而且贯穿于教师的整个职业生涯。教师的专业发展并非一蹴而就，随着教育教学能力的不断提升，其专业能力也在不断发展，而且在发展过程中也会产生新思想和新观念，这些也都能推动教师持续不断地进行专业发展。

**知识拓展**

**钟祖荣等关于教师职业生涯发展阶段及其成长规律的观点**

我国对教师专业发展阶段的研究始于20世纪八九十年代，林崇德、申继亮等从认知心理学的角度对教师素质结构进行了研究。另外，叶澜等从教育学、伦理学的角度构建教师专业化理论，这些成果都为我国教师专业发展阶段的研究奠定了理论基础。

钟祖荣教师等人以教师素质和工作业绩、成果为依据，以骨干教师成长为参照点，提出了教师职业生涯发展的阶段及其成长规律，见表2-1。

表2-1 教师职业生涯发展阶段及其成长规律

| 成长规律 | 准备期 | 适应期 | 发展期 | 创造期 |
| --- | --- | --- | --- | --- |
| 时间周期 | 入职前9～13年的普通教育和专业教育 | 入职后1～3年 | 入职后5～10年 | 没有一个固定的时间周期 |
| 主要特点 | 以书本知识学习为主，缺乏实践经验；知识经验一般化和表面化；形成了一部分独特的优势素质 | 开始形成实际的、具体的、直接的知识和经验；教育教学实践能力开始形成；素质水平层次较低，不够全面和平衡 | 素质水平熟练化、深广化；素质项目全面化、整体化；素质倾向性上由注重“教”向注重“学”转变 | 创新型素质得到发展；教育教学活动具有探索性；形成了自己的教育思想 |
| 发展水平 | 新任教师 | 合格教师 | 骨干教师 | 专家教师 |

## 二、游戏特点对教师专业能力的要求

游戏是代表自由概念的自然行为，游戏的本质在于其给游戏者带来的一种自由、快乐、沉醉的美好体验。对于幼儿来说，这种美好的体验为他们提供了自由探索并与周围环境互动的机会。同时在体验过程中涉及的各种自主活动形式也为儿童的创造力、想象力、动手能力、自我调节能力及长期学习与生活提供了发展平台。可见，游戏在给儿童带来美好体验的同时，也使儿童探索周围的环境，以游戏的方式学习和了解周围世界，提升各种能力。

福禄贝尔认为儿童在游戏时可以通过直接的体验来促进本身的身体发育、情绪健康、心理能力、社会关系，并以此建立对世界的理解。蒙台梭利也曾提出游戏对儿童学习的重要性。陈鹤琴也主张顺应儿童好游戏的本性，以“做”为中心，把游戏看作儿童学习科目的入门途径或辅助方式。

我国相关政策也明确提出幼儿园应重视游戏的作用。2001 年教育部颁布的《幼儿园教育指导纲要（试行）》指出：“幼儿园教育应尊重幼儿的人格和权利，尊重幼儿身心发展的规律和学习特点，以游戏为基本活动，保教并重，关注个别差异，促进每个幼儿富有个性的发展。”2012 年教育部颁布《3—6 岁儿童学习与发展指南》（以下简称《指南》），也强调了幼儿的学习方式和特点——在游戏和日常生活中通过直接感知、实际操作和亲身体验获取经验，并明确要求教育者应当最大限度地支持和满足幼儿获取直接经验的学习需要。

从专家学者对游戏的重视程度以及国家政策中不难看出，游戏对儿童的发展起到了至关重要的作用。当今以游戏为基本活动、课程游戏化、引导游戏、自主游戏的趋势，要求教师把握好理论与实践的关系、教学与游戏的关系、教师与儿童以及教师专业发展与游戏的关系，这给一线教师带来了巨大的挑战，要求教师下大力气提升自己的专业能力。

## 三、游戏指导对教师专业能力的要求

### 1. 专业自觉

教师的专业成长依赖于教师的专业自觉。只有激发专业自觉，教师才能不断审视自己的专业理论水平与专业实践能力，才能不断突破自我，实现更高层次上的专业发展。教师专业发展强调教师的自觉学习，教师想学、懂学、有的学，就能建构良性循环的内生动力发展机制。教师只有意识到自己专业水平的不足，才会有学习的动机，对儿童游戏的认识才能实现“主动观察、要观察”的转变，从而解决“是否观察”的问题。

### 2. 知识积累

教师作为幼儿游戏的支持者，要不断丰富自己的知识体系。丰富的知识体系可以帮助教师解决“如何观察、何时介入”儿童游戏的难题。知识的积累来自理论知识的学习和实践中的学习。教师掌握了相关理论知识以及理论的要求，便会主动积累关于幼儿游戏中的理论知识和实践知识，并将这些知识拓展到其他能力方面，从而促进教师的专业发展。

### 3. 明确多重角色

幼儿游戏需要教师具备多元的角色：是组织者，为幼儿创设安全有序、有准备的环境；是观察者，及时观察幼儿的游戏行为，敏锐地察觉幼儿的游戏需要；是评价者，对幼儿的行为进行记录和分析，促进幼儿游戏水平的提升；是回应者，在幼儿游戏中适时给予幼儿支持。教师只有明确了自己的多重角色，才能接受并适宜地转变角色。除此之外，教师也可以是儿童游戏的参与者，放低“身段”参与到儿童的游戏中，以第一视角观察儿童的游戏活动，不但能够以同伴的身份给予儿童适时的引导提升，解决“如何介入”的难题，还能够在游戏中与儿童共同体验游戏的快乐，进一步了解儿童，增进师幼情感，促进儿童游戏水平的提升与自身能力的提高。

#### 4. 勤于反思

教师应勤于反思，在反思中不断发现新的知识、构建自己的知识结构。幼儿表达不清内心想法，因此，老师要用眼观察、用心感受，时常反思。反思是促进教师观察能力提升的重要途径。教师的反思是将观察到的问题进行回顾重新思考，这有利于发现新的问题，找到新的解决办法。

## 第四节 游戏对园所文化建设的影响

文化是经历了多年沉淀下来的精神气质，文化的最高境界是身处其中而无不适，身受其染而不自知。幼儿园文化是幼儿园立园的精神，是在整个社会大背景下形成的一个特定文化组成部分，并活跃于园所中，是幼儿园在建设、发展的过程中形成的精神文化的总和，为园所中的师幼所共同接受。其核心包括制度文化、课程文化、环境文化等方面，通常会通过幼儿园的物质环境及精神环境表现出来。

园所文化的理想状态是建立了自己的品牌，能够发挥文化熏染作用。试想当你走在大街上，看到某个孩子的行为举止，能够断言这个幼儿跟某个幼儿园有关，是正在该幼儿园就读或该幼儿园毕业的，并能得到确认，这就是成功的幼儿园文化，这也是一个幼儿园品牌的树立。幼儿园的品牌文化并不是通过广告宣传出来的，是通过本园幼儿的一言一行体现出来的，幼儿可以带动家庭行为的变化，进而影响社会行为的变化。游戏贯穿于幼儿园整个教育过程，因此游戏与幼儿园园所文化具有千丝万缕的联系。

### 一、游戏过程孕育了幼儿园文化

文化是经过长期积累才逐渐形成的，幼儿园文化的形成也是经过了一代代教师和园长的共同努力和长期积累的，属于幼儿园特有的精神风貌。游戏先于文化而生，且优于文化，但又受到文化的影响和制约，它们在长期共生中形成了独特的游戏样式和园所文化。由此而论，游戏过程是孕育幼儿园园所文化的重要过程。

### （一）游戏精神是幼儿园文化的重要来源

幼儿是以游戏的眼光看待和拥有世界，总是带有发现的、欣赏的、享受的心态对待周围事物，对他们来说，游戏是最喜爱的活动。游戏精神不能仅仅体现在“自由性”“愉悦性”“体验性”“过程性”上，更应该成为幼儿与教师对待生活的一种积极主动、乐观开放的态度，应该成为幼儿身心发展的重要精神食粮。

在游戏中体现出来的精神，能够成为幼儿园文化的重要来源。幼儿园的文化属性首先是具有教育性，教育要促进人的全面发展，提升全面人格。幼儿园文化还需要体现愉快的体验，以及愉快体验的弥散性，能让幼儿在这种轻松愉快的氛围中健康成长，而且能将在幼儿园中获得的愉快体验向家长传递，向整个社会弥散，这也是文化的应有之义。基于园所文化建构的幼儿游戏精神可以实现这样的过程，即幼儿在游戏过程中是愉快的，且这种愉快的体验是发自内心的感情，这应该是幼儿园文化的主基调，是凸显幼儿园特点的重要文化表现。

### （二）游戏开展是幼儿园文化的推进动力

文化需要在不断碰撞中产生新的生命力。按照生态系统理论的观点，游戏开展过程中，需要汇集幼儿、家长、教师、社区各行各业的人，以及渗透在人们行为中的文化，这些都是推进幼儿园文化建设的重要动力。以游戏为载体的幼儿园校本课程的开发，就是以游戏开展推动幼儿园文化建设的典型例子。所谓园本课程，相较于普适性课程，它以园所为基础，结合了当地的特色、现实需要，以及本园幼儿身心发展的实际状况，有针对性地进行课程设计，体现了幼儿园的文化建设。

### （三）游戏互动是幼儿园文化的表达途径

幼儿园文化作为一种隐性的教育资源，影响着幼儿的身心发展，教师要通过一定的媒介让幼儿感知到幼儿园文化，这种媒介是幼儿之间、幼儿与教师之间、幼儿与游戏材料之间的互动。

比如有幼儿园以“足球运动”为切入点，通过多种游戏形式围绕足球开展活动，如积分类的游戏活动（进球积分、失误扣分等），增强幼儿的团队意识、责任意识。园所文化就此产生，且能够实现累加效应。再如自主类游戏活动，如安吉游戏、森林游戏，不仅调动了幼儿的积极性，锻炼了他们的身体，还使幼儿对规则更加熟悉。虽然都是简单的游戏互动形式的变化，但长期进行，就可能形成幼儿园的文化。

有研究者认为，幼儿园文化的建设就是“培育载体丰富、师幼双赢的活动文化”，并认为“学校通过开展各种各类的活动，比如趣味运动会、手工制作、诗歌朗诵等，这些活动都属于益智类活动，既能够让学生参与到活动中去，提升学生的学习兴趣，也能够让学生在活动中学到知识。活动文化的举行以及开展，能够让学生感受到幼儿园教育的多元化。”❶

## 二、幼儿游戏中的园所文化传递

### （一）游戏中的幼儿园文化载体是教师

教师在幼儿园教育教学的过程中起着主导作用，幼儿园文化建设的过程中，教师的教育观念与教育行为一定程度上会影响幼儿园文化建设。例如，在幼儿园进行环境创设、组织集体活动的过程中，教师是否做到以幼儿为主体，活动开展过程中如何落实以幼儿为主体等方面，都体现着教师的教育意志、教育观念，进而向大众呈现出幼儿园文化。

### （二）游戏中的幼儿园文化组成是管理

幼儿园文化的形成、体现，以及其潜移默化作用的发挥，根本环节在于园所管理，体现在管理者长远的眼光和管理制度的一脉相承。

存在于文化活动中的文化观念，是“看不见、摸不着”的，许多园所的管理者认为，与其花时间建设“文化观念”这一“无形的手”，不如从根本上提高教学质量，抓住“有形的手”。有研究者在了解民办幼儿园文化建设后明确提出：“有些民办园园长认为幼儿园文化是虚的，开展文化建设是搞形式主义，浪费时间、精力和物力。”❷甚至很多幼儿园没有幼儿园文化这一概念，更不可能有建设幼儿园文化的具体计划。因此，许多的园所都不重视文化活动的开展。在文化活动的观念上，幼儿园管理者和教师缺乏正确的认知，不重视也没有对其进行专门的规划，这就会导致文化活动最终流于形式，失去教育意义。

### （三）游戏中的幼儿园文化催化剂是人际关系

文化从产生到形成，再到最后成为人们的约定俗成和自动化的行为习惯，都离不开人与人

❶ 张雪.浅谈以科学发展主旋律引领幼儿园文化建设[C].2022“双减”政策背景下的学前教育发展重庆论坛论文集，2022.

❷ 刘晓慧.基于情智文化的幼儿园游戏化课程建设策略[C].// 福建省商贸协会.华南教育信息化研究经验交流会2021论文汇编（十一）.[出版者不详]，2021.

之间的交往。而幼儿园进行文化建设，就需要和社会进行交流，如家长、社区以及一些社会主流价值观念。而对于交流中所获得的信息，我们要加以筛选，最终选用合适的信息加以利用，进行幼儿园文化建设。园所推进积极的幼儿园文化建设的途径主要根源于“游戏活动”，但这种游戏活动并不能专门开展，常隐含在幼儿园的各个方面，并通过不同的文化建设形式表现出来。幼儿园可以开展丰富多样的家园共育，鼓励在幼儿园的支持与指导下开展亲子游戏，增进教师与家长的联系，充分发挥幼儿园的引领、带动、制度化的功能，提升以游戏为载体的幼儿园文化建设顺利推行。

## 三、幼儿游戏与幼儿园文化的互动

游戏与幼儿园文化相互影响、相互促进、相得益彰，这也构成了幼儿游戏与幼儿园园所之间的互动局面。

### （一）游戏影响幼儿园文化的形成

一直以来，在学前教育发展的过程中，教育家的教育思想对之后学前教育的发展理念、幼儿园的文化建设等诸多方面都有重要的影响。甚至有的幼儿园直接以某位教育家的教育思想为理念，进行办园。如前些年盛极一时的“蒙氏园”“蒙氏班”，就是以蒙台梭利的教育思想为指导进行办园，在蒙氏教育影响下，幼儿园的文化快速形成，但这样的快餐式的文化并非源于幼儿园的实际，也缺乏坚实的社会文化引领，很快出现，又很快消失。

一些幼儿园以陶行知的生活教育理念为指引，打造“生活·学习”理念引领下的幼儿园文化建设。通过设立班级建设目标，建设了“厨房体验室”，开展“七彩园所节”文化活动、三月护绿节等活动，打造园所文化亮点，还通过具体的活动，如阅读节、艺术节等，丰富园所文化活动，内化“生活·学习”理念，多角度彰显“生活教育”文化内涵。再如一些实践者以陈鹤琴的“活教育”思想为指导，为当地园本课程的开发提供了思路。他们充分发掘可供幼儿去“做”的农村幼儿园物质资源、精神资源，发挥教师、家长人力资源的作用。由此，幼儿园文化逐步建立，并逐渐脱颖而出，成为幼儿园的品牌。游戏在此过程中不断修正幼儿园的文化方向，深化幼儿园文化的内涵。

### （二）幼儿园文化引领游戏活动的开展

幼儿园文化一旦形成，就会影响教师的游戏选择与创编，影响游戏材料的提供，进而影响游戏活动的开展。因为文化潜移默化影响人的行为，在文化引领下，幼儿园游戏开展的方向性更加明确。

## 思考练习题

1. 结合认知发展学派的相关理论，分析游戏对幼儿身心发展的影响。

2. 结合实例分析，在一次集体教学活动中加入游戏的时机是什么，并结合游戏与幼儿园课程、教育教学的相关原理进行分析。

3. 结合相关理论分析，游戏中的观察对幼儿园教师专业发展的意义。

4. 如何在游戏开展过程中发现、发展、确立幼儿园的园所文化?

## 【实践与应用】

结合当前城镇化进程中的教育发展特点，分析城乡接合部的幼儿园如何利用城市和乡村特点，利用特色化游戏活动的开展，确立本园的品牌，建设适合本地实际的园所文化。

游戏促进幼儿社会语言发展的实例

# 第三章

YINGXIANG XUEQIAN ERTONG YOUXI DE YINSU

# 影响学前儿童游戏的因素

## 【学习目标

知识目标：能针对幼儿园开展游戏的实际情况，分别从客观条件、主体条件、社会条件等方面分析影响学前儿童游戏的因素。

行为目标：能够根据幼儿实际表现，说出影响当前游戏行为的因素；能恰当地为幼儿选择合适的玩具；能根据相关原理创设合适的游戏氛围。

态度目标：深刻领会保证幼儿游戏时间和游戏空间的重要价值；体会为幼儿营造适宜的家庭、幼儿园游戏氛围的重要意义；感受社会文化对幼儿游戏的影响。

## 【问题导入

为了保证班级幼儿游戏活动顺利开展，小班的张老师利用平时的休息时间，搜集了大量建构玩具材料，投放到建构区，张老师觉得搜集的废旧材料和以前购买的积木就能够很好地支持孩子建构活动了。妞妞用各种材料，按照建构区中提供的拱形桥模型，尝试搭建一座桥。只见她已经搭好了桥面、桥墩，但两边的台阶怎么也搭不成。妞妞向老师投来求助的目光，说：“老师，我不会搭台阶。”张老师说：“你先好好看看模型上的拱桥台阶怎么搭的。”妞妞转身看了一会儿，高兴地说：“哦，我知道啦。”只见她把纸盒子和正方形积木块交叉着，一层一层往下搭，但搭到一半，台阶又垮了。妞妞重新搭了好几次都没有成功。反复几次后，妞妞又来问老师：“台阶总是搭不上，我不会。”老师耐心地鼓励妞妞仔细观察模型的特点，并给她加油鼓劲，可是仍然没有成功。忽然，“哗啦啦”的一声，妞妞把整座桥都推倒了，趴在桌子上大哭起来，一边哭一边说：“我再也不搭桥了。”

支持幼儿游戏的因素有很多，各种因素各司其职，又相互影响。案例中的老师尽可能多地为幼儿提供游戏材料，并不遗余力地引导幼儿观察实物的同时进行材料建构，但最后并没有起到理想的效果，原因是什么？本章就围绕影响幼儿游戏的因素展开讨论，并在完成本章内容后，大家思考：为什么妞妞最后“再也不搭桥了”？案例中张老师关注到了游戏的哪些影响因素，但又忽略了哪些因素？如何帮助张老师改进教育教学行为？

# 第一节 客观因素对学前儿童游戏的影响

## 一、游戏材料的适宜性

材料是保证学前儿童游戏开展的重要物质条件之一，能够起到游戏前激发幼儿游戏愿望、游戏中支撑幼儿游戏进程、游戏后保持下一次继续游戏动机的作用。如果投放游戏材料的质与量、时与度把握得当，能为学前儿童游戏的开展起到锦上添花的作用，甚至能够发挥引导幼儿游戏的作用。幼儿园最常见的游戏材料主要是低结构材料、高结构材料、无结构材料。

### （一）低结构材料

低结构材料是指在日常生活中常见的一些低成本的简单材料，如纸箱、酸奶盒、积木玩具等，无形象特征，内容广泛，可变性强，无具体规则玩法，能够满足学前儿童以物代物的需求，幼儿园大班主要投放低结构材料。通常情况下，小班教师不会在小班投放低结构材料，教师通常认为低结构材料无形象特征，幼儿也不认识，这些低结构材料会被幼儿忽视，但蔡璟烨的研究表明，低结构材料在小班幼儿的上学期中被使用的次数的确很少，到了小班下学期，低结构材料的使用次数逐渐增多，特别是建构类玩具，如积木、插塑、毛绒球、纸箱和瓶罐类，仿真玩具的选择次数降低了许多。中班幼儿对于低结构材料的使用多了起来，在进行游戏的时候，如在“娃娃家”做饭，如果幼儿发现少食材，就会拿积木或者雪花片代替食材，中班幼儿在进行游戏时对高结构材料的需求低于小班幼儿。

### （二）高结构材料

高结构材料是指具有固体形状和结构、操作单一的材料，通常是幼儿园直接购买的成品，如仿真玩具，具有高度的结构性和真实性，是根据学前儿童的生理特点和生活中所熟知的各种物体制作的微缩型玩具。仿真玩具是托班和小班幼儿最喜欢使用的游戏玩具，根据这一特点，教师通常提供充足的仿真玩具，以支持幼儿进行游戏。一线幼儿园教师的观察表明，仿真玩具会使学前儿童更加投入游戏。

### （三）无结构材料

无结构材料是指在幼儿游戏材料类型中，既无具体形象特征，其形象随其盛具或载具状貌而变化（这也是无结构材料与低结构材料的本质区别），且无固定玩法的材料，主要是那些没有经过特别设计、加工的自然界天然存在的物品，如雪、泥、沙、水等。无结构材料主要用于户外游戏，如沙堆，无论哪一阶段的幼儿都能够沉浸其中。无结构材料有助于幼儿创新能力的发展。随着年龄的增长，学前儿童沙堆游戏的规则会越来越多，越来越具体，并且学前儿童在进行沙堆游戏时能够进行肢体协调性的锻炼。

## 二、玩具选用的规范性

游戏材料是较为宽泛的概念，玩具是游戏材料的集中表现形式，我们可以将玩具看成是学前儿童游戏材料的具体化。结合教育目标遴选的玩具能够为幼儿提供适宜发展的物质条件，也能更好地促进幼儿在游戏中与材料“对话”，充分展现自己的内心想法，让幼儿的内心世界看得见，让幼儿的深层想法看得见，让幼儿的创造力看得见。

### （一）玩具选用的基本要求

#### 1. 安全卫生

安全卫生是对幼儿园各种用具的基本要求，无论什么材质的玩具，都应该保证安全无毒，保证表面涂层材料符合安全标准，如边角磨圆，表面光滑，无尖刺，较少包含细小部件。玩具应方便消毒，特别是入口的哨子、喇叭、气球等。此外，要严格控制能发射的枪炮、弓箭、弹力橡皮筋等具有伤害性玩具的数量。只有关注玩具的遴选，并教会幼儿如何正确使用玩具，以及在此过程中需要注意的问题，才能保证学前儿童的安全。需要注意的是，不能将玩具的安全卫生与学前儿童对玩具的冒险探索相对立，要在保证安全的前提下，鼓励幼儿自主探索，避免因过分强调安全，而忽视甚至剥夺了幼儿探索的需要与欲望。

#### 2. 符合学前儿童身心发展特点

玩具应符合学前儿童身心发展特点，这既包括符合幼儿的普遍特点，也包括符合幼儿的个性化特征，还要根据不同幼儿的兴趣需要，有的放矢地提供适宜的玩具。如给小班幼儿提供高结构玩具材料，以激发其在游戏过程中的游戏欲望，并引导幼儿游戏的发展进程，保证游戏具有一定的主题；对于中班幼儿，在提供高结构材料的同时，逐渐增加低结构玩具材料的投放；对于大班幼儿，就需要以低结构玩具材料为主，以激发幼儿的想象力和创造性的表达能力，促进幼儿抽象思维的萌芽与发展。

在判断玩具是否符合幼儿身心发展特点和个体特点时，可以从玩具的大小和重量、结构与形态、逼真程度、所含任务的难易程度四方面进行判断。年龄小的幼儿手掌小，力量弱，控制力差，认知经验少，需要为他们提供稍小且轻、结构完整且部件少、形象逼真、操作难度小的玩具。随着幼儿年龄的增长，玩具的操作难度也逐渐提高，但需要注意的是，玩具的难度是个相对概念，因为幼儿能力倾向不同，面对同一玩具时的表现有差异。

### 3. 具有教育性

玩具应具有一定的教育性，无论是有意识地为学前儿童选择特定情境下的玩具，还是无意识地为幼儿选择“适宜”的玩具，除了安全卫生以外，家长或教师绝大多数情况下都从玩具的教育性方面进行选择。成人都想通过具体的玩具达到某种教育目的，使幼儿在玩玩具的过程中不自觉地学到某方面的知识经验，实现潜移默化的教育。

玩具是连接幼儿内在世界与外部世界的纽带，是幼儿积累经验的重要媒介。适宜的玩具能够促进幼儿想象力、创造力的发展，能够促进幼儿积极情绪情感体验的获得与升华。具有教育性的玩具能为幼儿提供丰富的感知觉刺激和经验，帮助幼儿认识周围世界，学会与人交往，能够全面提升幼儿认知、语言、社会性、情绪情感、身体机能等方面能力发展水平。具有教育性的玩具应该具有功能的弹性化，即不同的幼儿玩同样的玩具能有不同的感受和收获；同一个幼儿在不同时间、场合中拿到同样的玩具，又有新的体验，都能在自己现有经验水平上，找到自己的最近发展区。玩具也应该具有多层次的挑战性，能够促使不同年龄阶段的幼儿找到不同难度水平的玩法，激发幼儿不断探索玩具功能和玩法，更好地发挥玩具的教育作用。

### 4. 具有可操作性

玩具既要能够成为教师的教具，成为幼儿园和家庭等场所的环境构成，更要成为幼儿的玩具，能够激发幼儿的操作欲望。玩具应该可把玩、可操作、可探究。仅供观赏的材料不是玩具，就像仅供观赏的幼儿园环境不是好环境一样。玩具只有能够直接被幼儿操作和控制，才是真正的玩具，其功能和作用才能得到充分发挥。

各年龄阶段的幼儿都喜欢可操作、可改变、可控制的玩具。在操作玩具的过程中，幼儿体验到自由探索过程中带来的自主感、成就感、自信心。在拼插、组装、变形类玩具面前，幼儿跃跃欲试，这体现了玩具操作性对幼儿的吸引力。

### 案例分析

叮当（一岁半，男孩）拿起家里的电话听筒，在键盘上乱按一通，然后把听筒放在耳边，郑重其事地听了一会儿，再把听筒放下，接着又拿起听筒，按键，听电话。他就这样一遍一遍地重复这些动作，能持续玩 20 多分钟。

随后，他来到大人正在用的笔记本电脑前，按按键盘，转转鼠标，看看屏幕，然后再拍拍、转转、看看。当屏幕上有所变化，他就会“哎、哎、哎”地发出惊讶的声音。当成人因担心屏幕刺激他的眼睛，而把电池拆下来之后，屏幕上一点反应都没有，他很快就放弃了。

叮当听电话、玩电脑，并不是因为他真正理解这些物品的实际作用，而是因为在自己的操作过程中，电话发出的声音、电脑屏幕上的图像变化引发了他的好奇心。但是当物品并没有因自己的操作而产生变化，一切的操作便也索然无味。在幼儿的眼中，通过自己的操作能够看到周围世界的变化，是其一遍遍探索和尝试的原动力，即使在成人眼中，幼儿的尝试很“幼稚”，是一种捣乱，甚至是破坏行为，也抹杀不了幼儿操作的积极性，这就是幼儿内在世界与外部世界之间的微妙关系。

#### 5. 应当经济实惠

不能简单地以价格来衡量玩具的价值，玩具价值的最大化并非表现在其外表的精美逼真，也不在于家长的面子，而在于幼儿与玩具的互动，在于激发幼儿的游戏兴趣，引导幼儿创造性的活动表现。结构简单、俯拾皆是的材料更能激发幼儿的活动欲望，更能让幼儿发现不一样的世界，也更能激发幼儿的活动积极性，比如大自然中的竹木树草、枝叶花果、沙石泥雪由于没有固定的形态，结构单一，却能给幼儿带来不一样的材料操作体验。幼儿可以根据这些材料的固有功能和状态，凭借想象和动手操作来编织不一样的世界。再如包装盒、易拉罐等废旧物品不仅具有形态各异的特点，而且容易获取、经济实惠，幼儿可以通过剪裁、重塑等方式创造性地为材料赋予新的活力。

### （二）玩具的种类与配置

#### 1. 玩具的类型

玩具种类繁多，性质和功能多样，在不同的环境下，同一玩具可以随着制作材料、功能的不同而有所变化，因此，对玩具类型的划分标准也是相对的、粗略的。结合已有的分类标准和方式，玩具可以分为以下几类。

##### （1）以玩具的功能以及特点分类

形象玩具：其形状类似真实物体，如各种交通工具、厨具类、动物类等，多以塑料、木头、金属等制成，颜色鲜艳，形象逼真，能激发幼儿活动的兴趣。

智力玩具：以引导幼儿感知、记忆、思维等能力发展为主，如拼图、棋类、魔方等。

结构玩具：以幼儿建构能力培养为主，如积木、积塑、插塑、黏土等。

体育玩具：以训练幼儿身体走、跑、跳、钻、爬、力量、速度、平衡等肢体动作能力发展为主，如大型组合器械（如滑梯、攀爬架、蹦床等）、中型体育器械（如单车、摇摇车、木马、平衡木等）、小型玩具（如球类、哑铃、投掷类材料等）。

音乐玩具：能够发出有节奏或旋律乐音的玩具，如快板、腰鼓、拨浪鼓、小铃铛、玩具钢琴等。

娱乐玩具：是模拟动物、人物造型，通过夸张、艺术化改造等途径，可以在游戏中营造良好气氛，激发幼儿游戏意愿的玩具，如不倒翁、卡通人物面具等，也有人将我国传统玩具归为此类，如风筝、布老虎、陀螺等。

#### （2）以玩具制作的材料进行分类

可以将玩具分为竹木玩具、金属玩具、布绒玩具、橡胶玩具、纸质玩具、陶瓷玩具、泥面糖玩具等。

#### （3）以玩具的内部结构特点分类

可将玩具分为静态玩具（结构固定，不能活动和自己发声的玩具）、机动玩具（部件结构上是可以活动的玩具）、电子玩具（电动类玩具）。

### 2. 入园前各年龄段婴幼儿玩具的选用

0～3 个月：婴儿还不能自主移动身体，眼睛的可视距离有限，手眼协调能力尚处于初级发展阶段，探索周围世界基本依靠抓握等先天性条件反射以及啃咬等。此时可以提供一些可供抓握的无棱角、轻柔的玩具。同时为了满足婴儿肢体条件反射练习的需要，可提供通过简单的挥臂、蹬踏等动作即可发声、发光、移动的玩具，鼓励婴儿不断进行肢体大动作训练。另外，为了满足幼儿视觉发展需要，可提供颜色鲜艳、视觉对比强烈、能够发出柔和的声音和光线、移动缓慢的悬挂物。

4～7 个月：大部分婴儿已经可以翻身，并逐渐能够独立坐着，视觉协调性逐渐加强，能够抓住静止的物品，表现出明显的好奇心，主动探索周围世界的意愿和能力都在加强。此时可以提供手动的、易抓握的发声、发光、活动玩具，但这些玩具需要靠手掌拍打、手指拨动、手掌按压、大臂摇动等操作实现发声、发光、活动效果，同时可以为幼儿提供材料质地多样、边角圆滑的轻质发声玩具，还可以提供色彩鲜艳、对比强烈、图案复杂的卡片或各种材质图书。

8～11 个月：婴儿能够爬行，逐渐能够凭借支撑物站起，手眼协调能力加强，手部动作更加灵活自如，能够理解物品之间的关系，开始练习吹气。可以为幼儿提供爬行垫、扶椅扶桌，以及玩具车、球、滚筒等。同时为幼儿提供积木、摇铃、拨浪鼓、玩具琴、玩具电话等。为加强幼儿对物品间关系的认识，可以提供瓶盖与瓶子、填充类玩具等。还可以为幼儿提供可供吹气的哨子、喇叭、吹气小丑面具等。

12～18个月：婴幼儿能够独立行走，手部动作更加协调多样，能够翻转手腕，对周围的事物更加充满好奇。此时可以提供在行走中能够推拉的小玩具、可供按压的琴类，以及玩具电话、套筒、套环、吹泡泡的玩具、可填充的插孔玩具、小鼓、书写绘画类玩具等，帮助幼儿积累经验。

19～23个月：幼儿走路更加平稳，并尝试跑跳、平衡、攀爬、滑等动作，上肢和手部动作控制能力增强，力量与控制性均得到较大幅度增长，同时手部小肌肉能力发展迅速，开始出现表征和符号思维，能够表征自己熟悉的物品，能理解简单的因果关系，对文字和书写充满兴趣。此时可以提供拖拉玩具、三轮车、平衡车、球等，引导婴幼儿肢体大动作发展；提供磁铁钓鱼、大小排序、各种图形对应、嵌槽玩具等，引导婴幼儿手部小肌肉群发展；提供玩具钢琴、玩具电话、发条类声动玩具、遥控汽车等，引导婴幼儿因果思维能力和符号表征能力发展；为婴幼儿提供角色游戏的装扮类玩具、模拟现实生活中的物品的玩具、书写绘画等工具类玩具。

### 3. 幼儿园各年龄班玩具的配备

#### （1）小班玩具配备

小班幼儿对大肌肉和小肌肉的控制已经达到较高的水平，能够随着音乐等节奏跳舞、扭动、转圈、跑动，能踢球、扔球，手部能进行旋、拧动作。可以为他们提供用于平衡、攀爬、跑、跳、扔、接等动作训练的室内外器械，如玩沙的铲子、推车，带有大按钮的按压玩具，带有大钩子的垂钓玩具，能够粘贴、撕贴的玩具等。

小班幼儿的游戏以独自游戏和平行游戏为主，幼儿对玩具和游戏的选择受材料和同伴的影响很大，因此，在为小班幼儿提供玩具时，应注意玩具的类别可以相对少一些，但同一种类玩具的数量应相对多一些，以免幼儿因相互模仿而出现争抢玩具的现象。

角色游戏材料主要围绕“娃娃家”主题，以真实物品或类似真实物品的玩具为主；益智玩具以测量发展感知觉、分类和排序能力等的玩具为主，如串珠、套筒类系列玩具、简单的拼图（块大、图案和分割线简单、块少，10～25片）等；建构材料的积木数量可比中班和大班少一些，形状较简单，插装类材料的插装方式简单，插装零件较大，易于幼儿把握。

#### （2）中班玩具配备

中班幼儿的身心各方面有了进一步的发展，游戏能力增强，表现出更强的目的性和计划性，自主选择和自主开展游戏的能力有所提高，因此，游戏材料的数量应增多，材料的种类应更多样，以给予幼儿更多的游戏选择。

增加多功能的运动设施和便携材料，提高任务难度，增加绳类材料；增加幼儿日常生活中经常接触到的、有一定生活经验和社会认知做基础的社会类主题，如“商店”“医院”“理发店”“餐馆”，并且增加低结构化的材料；建构游戏材料的种类和数量可增多，可提供中型和大型积木，积木形状可更丰富。

（3）大班玩具配备

在进一步增加游戏材料的种类和数量的同时，可提高玩具和游戏材料所蕴含的任务的难度，适当增加图书和益智玩具。

体育活动设施以复杂的、多功能综合的运动设施和便携材料为主，任务应多样且富有挑战性，并增加合作性、竞争性较强的户外团体游戏设施，如足球与球网、篮球与篮板等；角色游戏材料以社会类主题为主，以低结构化的、可转换的、可改变的材料为主，可增加废旧材料；建构游戏材料的种类和数量增多，积木形状多样化，并可增加采用铆接、磁力连接等方式串联的玩具。

## 三、游戏时间与空间的准备性

### （一）保证专属于幼儿的游戏时间

幼儿的一日生活主要是通过游戏进行，但并不是所有游戏时间都属于幼儿。教师组织的教学活动也是通过游戏进行的，但是这些游戏都带有一些目的性，教师希望通过这些措施帮助幼儿得到全面发展，但是正是这种想法剥夺了幼儿游戏所带来的快乐。幼儿的游戏虽然是无目的的，但不能否认的是，无外界干扰的幼儿游戏具有其独有的价值，所以教师应给予幼儿足够的自主选择权，以在旁边观察幼儿的动态为主，非必要情况下不打扰幼儿正在进行的游戏。

除此之外，教师应当减少不必要的过渡环节。比如在进行集体教学活动后，教师想让幼儿进行自主活动，此时教师只需要组织好幼儿的秩序，让幼儿自主选择活动的区域即可，但有些教师非要进行一些谈话活动，再组织幼儿进行自主活动。教师设置这样的过渡环节，出发点是好的，旨在帮助幼儿调节好状态，进入下个环节，帮助幼儿了解下一个环节的活动内容是什么。若是对于新入园的小班幼儿，这样做是有必要的，但是对于已经养成常规习惯的幼儿来说，就没有太大意义。

幼儿游戏的时间也应该经过合理的安排，根据具体情况进行调整，比如说北方的冬天和南方的夏天，当出现过冷和过热的天气就要适当减少幼儿的户外活动时间，减少的时间转移到室内活动上，而不是剥夺幼儿游戏时间。又如午睡前游戏时间不能过长，避免幼儿兴奋过度而无法入睡；除此之外，小班幼儿还不能完全控制身体，每隔一段时间就应该提醒幼儿是否需要如厕。幼儿的一日生活应当是动静活动交叉进行，这样既能保证幼儿游戏的顺利进行，也能保证幼儿的身心健康。

### （二）提供给幼儿足够的室内游戏空间

室内游戏空间不宜过小，否则，幼儿身体舒展不开，在游戏中容易影响到其他人，使幼儿的游戏质量降低。因此，合理安排室内游戏空间，不仅能保障幼儿游戏的有序进行，还能避免幼儿之间出现磕碰情况。另外，幼儿长时间在狭小的空间内游戏也不利于幼儿的情绪，会让幼儿产生“憋屈”的不舒服感。

**当前我国幼儿园活动室的空间结构主要有以下三种：**

第一种是课桌椅“秧田式排列”的空间结构。这样的活动空间更像是小学课堂，而学前儿童不需要长时间的课上学习，这种空间结构安排是非常不合理的，不利于幼儿游戏的展开，而且有偏小学化的“嫌疑”。

第二种是活动区与课堂“平分秋色”的空间结构。这种结构安排反映出游戏和课堂是“分离状态”的，幼儿只有经过教师的允许后才能进入活动区，空间的狭小会限制幼儿的游戏活动，这种安排在一定程度上也是空间的浪费，因为幼儿一旦进入活动区后，课堂空间就闲置，反而占据幼儿游戏活动的空间。

第三种是活动区“动态变化”的空间结构。这种结构是目前主流的活动空间结构，该结构以活动区中减少固定功能区为基本前提，将空间充分利用，以活动区为主的空间结构，活动室空间灵活调动，无论幼儿进行哪项活动，都能有足够的空间，不会给幼儿束手束脚的感觉。

**知识拓展**

**空间密度**

室内环境中，游戏的空间密度是指每个儿童在游戏环境中所占的空间大小，即室内拥挤程度。史密斯和康洛利将空间、儿童人数、环境设备都当作变量，在系统控制下，将空间密度定为每个儿童平均 1.4 平方米、2.32 平方米、4.64 平方米、7.0 平方米来检验。结果显示：将每个儿童的平均密度从 7.0 平方米降至 2.32 平方米时，会使儿童的大动作游戏如追赶混战等的活动量减少；再将空间密度从 2.32 平方米降至 1.4 平方米，则会使攻击行为增加，团体游戏减少。空间密度为 2.32 平方米，被认为是有效的可用空间，超出或者低于该数值一定范围的空间密度都不利于幼儿园活动的顺利开展。

## 四、游戏机会的充分性

### （一）给予幼儿充足的游戏机会

幼儿在进行区域游戏活动前，面对教师提供的新材料或教师制定的新规则，难免会出现对游戏材料的使用方法不清楚、对新的游戏规则无法彻底理解，甚至对游戏不感兴趣的情况，导致游戏进程缓慢或无法进行下去，所以教师要有足够的耐心，给予幼儿足够的游戏机会，让他们经过多次的游戏，逐渐理解和掌握游戏规则和游戏材料使用方法。幼儿不感兴趣的游戏材料，也不要直接回收，教师应当将游戏材料的使用方法等告诉给幼儿，而不是强迫幼儿去使用，幼儿在一次次的活动中产生新的游戏行为，这时游戏材料可能再次被幼儿关注到。

### （二）给予适合幼儿发展的游戏机会

游戏是幼儿学习和发展的有效途径，当幼儿无法完全理解教师组织的教学活动，或者幼儿在某方面的发展落后于其他幼儿的时候，教师应在游戏活动区投放能够促进幼儿发展的游戏材料，或者引导幼儿与其同伴进行有助于其发展的游戏，给予幼儿适合其发展的游戏机会。

教师需要注意幼儿在游戏过程中遇到困惑或者难以解决的事情都是正常的，要避免在发现幼儿出现困难时立即介入游戏以帮助其解决困难，这样不利于幼儿能力的发展，会导致幼儿失去游戏的乐趣，或者使游戏逐渐变为教师心目中的游戏。教师应当给予幼儿在游戏中发展能力的机会，当幼儿遇到游戏困难时，教师应当作为观察者、支持者，在幼儿来求助时鼓励其自己尝试解决问题。当幼儿的游戏真正无法进行时，教师可介入，但要注意介入游戏的方式，帮助幼儿解决完游戏问题后，教师应退出。

# 第二节　人的因素对学前儿童游戏的影响

游戏作为儿童的基本活动，是在一定的社会背景下发展起来的，必然受到诸多因素的影响。其中，人的因素对学前儿童游戏影响重大，主要体现在幼儿自身、幼儿园教师、游戏中的同伴、家长等四个方面。

## 一、幼儿身心特点是学前儿童游戏产生的基础

幼儿期是儿童身心发展的重要时期，在这个阶段，幼儿身体、心理、社会性都得到迅速发展。幼儿的身心发展特点是儿童游戏产生的生理和心理基础。

### （一）幼儿身体发展的特点是学前儿童游戏产生的生理基础

游戏是儿童的天性，是一种积极的身体活动，儿童在游戏中可以自由地变换动作，重复自身感兴趣的动作，是促进幼儿身心发展的重要手段。3～6岁是儿童身心发展的黄金时期，具体体现在身高、体重、营养、神经、动作技能等的不断发育。当儿童骨骼肌肉逐渐成熟，能够对肌肉运动进行一定的控制和协调，具有了基本的动作技能，例如跑、跳、钻、爬等，就可以更好地进行游戏。由于幼儿身体发展的连续性和阶段性，儿童进行游戏的内容也不尽相同。由于幼儿身体发展的差异性，游戏也会有一定的差异。如患有心脏病的儿童就不适合进行运动量太大的游戏，视觉较差的幼儿会更倾向于进行操纵物体的游戏，语言损伤的儿童进行象征性游戏的频率就会比正常儿童低。

### （二）幼儿的好奇心和求知欲是学前儿童游戏产生的心理基础

幼儿的好奇心和求知欲是打开幼儿一切活动大门的钥匙。由于幼儿对周围一切事物好奇，他们就会自己或者和同伴一起探索周围的事物，模仿生活中或者电视节目里面的角色等，这些都是幼儿进行游戏的表现。幼儿对警察、教师等角色好奇，所以开始扮演，产生了角色游戏；幼儿对身边的建筑物具有好奇心，就会进行建构游戏。成人可以引导幼儿欣赏世界各地著名建筑的图片，感受不同的建筑风格，从而进一步激发幼儿的好奇心和学习兴趣，并引导他们把这种好奇心和学习兴趣转化为参与建构游戏的兴趣和持久探索的动力。这种强烈的好奇心所支持的兴趣通常能持久，而持久的兴趣能激发幼儿不断探索、创造的欲望，提高克服困难、解决问题的能力。

由此可见，幼儿的身心特点是影响幼儿游戏的基础。教育者应依据幼儿身心特点，考虑儿童的身心需要，为儿童营造一个自由快乐的游戏世界。

## 二、教师教育风格是学前儿童游戏发展的保障

游戏作为儿童在幼儿园活动的基本形式，最受儿童欢迎和喜爱。教师在儿童游戏中既是教育指导者，又是参与者。教师由于性别、教龄、个人性格特点的不同，所表现出来的教学风格也不尽相同。教师的不同教学风格是学前儿童游戏发展的重要保障。下面分别论述几种不同教学风格对学前儿童游戏的影响。

## （一）不同水平教学风格对学前儿童游戏的影响

### 1. 全局型教学风格

具有这种教学风格的教师喜欢处理全局性、抽象性的问题，比较偏好概念性和观念性的教学任务。对于幼儿教育来说，这类风格的教师更注重让学生整体性把握知识，在组织幼儿游戏过程中更倾向于将各领域融合的游戏，以及规则性比较强或者注重同伴合作的游戏。这种风格的教师能促进幼儿在游戏中身心发展的整体性以及和幼儿合作交往的能力。

### 2. 局部型教学风格

具有此种教学风格的教师比较注重教学过程中的细节，具有清晰、明确、具体的教学目标和任务，在教学过程中能够及时观察到幼儿的反应。这类风格的教师教育的幼儿，在游戏过程中比较专注，在遇到困难时不容易轻易放弃。这类教师在儿童游戏过程中能够注重游戏材料以及场地布置的细节，确保儿童的身心安全，及时观察到幼儿的情绪，及时帮助幼儿顺利完成游戏。

## （二）不同倾向教学风格对学前儿童游戏的影响

### 1. 激进型教学风格

具有这种教学风格的教师，喜欢突破一成不变的教学任务，喜欢面对一些自己不熟悉的情境，甚至超出已有的规则或程序。这类教学风格的教师属于创新型的教师，具有独立的见解，会感染到儿童，在一定程度上能够促进幼儿在游戏中大胆创新，对幼儿提出的大胆想法和游戏规则有较高的容忍度。但同时也会存在一定的问题，如果过于追求创新而忽视了儿童的身心特点与需要，就会导致舍本逐末的结果。所以，这类风格的教师需要有依据地创新，经过实践和修改，促进自身教学能力的提升以及幼儿在游戏过程中的创造性发展。

### 2. 保守型教学风格

这类教学风格的教师希望按照已有程序和情境来进行教学，喜欢用传统的教学方式教学，喜欢做熟悉的工作。在儿童游戏过程中，这类教师的指导太过循规蹈矩，不利于幼儿创新意识的培养。

## （三）不同功能教学风格对学前儿童游戏的影响

### 1. 立法型教学风格

具有立法型教学风格的教师喜欢创造和提出计划，习惯按自己的方式做事，喜欢鼓励儿童创造性地解决问题。这类风格的教师能够充分重视学生的主体地位，会影响学生的学习动机，有利于培养幼儿的规则意识；能够为儿童创造新颖的游戏规则，在游戏过程中鼓励幼儿创造性地解决问题；习惯引导幼儿进行探索性游戏；游戏的开展以儿童的兴趣为基础，从而有利于幼儿在游戏中主动探索、动手、想象，发展其创造性。

### 2. 司法型教学风格

司法型教学风格的教师喜欢判断和评价已有的事物、规则和方法，喜欢在教学活动中进行分析与评价；习惯在儿童游戏活动中让其思考并提问，习惯开展小组合作与讨论的活动；能够提高儿童思考、解决问题的能力，在游戏中促进儿童与同伴之间关系的提升。

### 3. 执行型教学风格

执行型教学风格的教师喜欢按照既定的规则、程序、结构做事，喜欢按计划好的教学方案去开展活动；在活动的过程中，习惯让幼儿解决给定的问题，按照自己的计划去开展幼儿游戏。这种教学风格的教师能够保证幼儿游戏活动的质量，但是缺乏一定的灵活性，不利于幼儿创新性思维的发展。

综上所述，教师不同的教学风格会对儿童的游戏产生不同的影响，是学前儿童游戏发展的重要保障。教师应当充分利用自身教学风格的优势，在实践中不断修正、改进，从而促进幼儿在游戏中全面发展。

**知识拓展**

教学风格与教师的认知风格密切相关，认知风格分为场依存型和场独立型两种。

场依存型个体主要表现为以下行为特征：依赖于周围的感知场景；倾向于对周围环境做出整体把握，易受当时场景的影响；相信权威；把周围人的脸部表情作为一种信息来源；对人有兴趣；与相互交往的人有密切联系；对他人很敏感，并通过这种方式获得社会性技能；喜欢与人打交道的职业。

场独立型个体主要表现以下行为特征：感知物体时，能把物体从场景中区分出来；能解决在不同场景中出现的同一问题；不服从权威，有自己的评判标准和价值观；不合群，有较好的分析能力；喜欢自己能独立工作的职业。

## 三、同伴关系质量是学前儿童游戏延展的条件

同伴关系是影响幼儿游戏发展的重要条件。在游戏过程中，同伴之间相互影响、相互促进，

通过直接参与或强化的方式对游戏产生影响。另外，同伴的年龄、性别、熟悉程度都会对学前儿童的游戏产生影响。

### （一）同伴的年龄对学前儿童游戏的影响

相同年龄的幼儿对事物的理解方式相似，一起开展游戏会更加顺利。年龄不同的幼儿一起进行游戏，可以促进其认知经验的整合，促进合作、分享等良好品质的形成。与同龄儿童相比，儿童更喜欢与比自己年长的儿童一起游戏。原因是大一点的儿童各方面的能力发展都优于年龄小的儿童，而儿童喜欢模仿，所以不同年龄的儿童在一起游戏，可以促进儿童的合作、分享、谦让等社会性行为的发展。年长的儿童在与年幼的儿童一起游戏时，可以展现出自己的游戏经验和技能，年幼的儿童在此过程中可以学会更多的知识和技能，提高语言表达能力，以及学会很多新颖的玩法。另外，年幼的儿童会在大孩子的帮助下做一些具有挑战性的事，游戏更加具有趣味性。年长的儿童为年幼儿童提供的游戏经验也会促进幼儿游戏水平和游戏质量的提高。其实在这样的游戏过程中，年长儿童在教授年幼儿童或为他们提出建议时，自身的知识和技能也会进一步巩固，有利于培养其责任感和组织领导能力。

### （二）同伴的性别对学前儿童游戏的影响

同伴的性别也会对学前儿童游戏产生影响。同性别的儿童在一起进行游戏时，要比单独游戏或者和异性一同游戏时，对事物更感兴趣，对新奇的事物更好奇，游戏的持续时间更长。同伴的性别还会影响幼儿对玩具的选择和游戏的风格。儿童一般渴望得到同性同伴赞同，并与其一起进行游戏。当幼儿与同性别的幼儿一起游戏时，会较多地选择与自己性别相符的玩具和游戏；与异性同伴一起游戏时，会做一些与自己性别不符的游戏；当同性伙伴多于异性时，则更倾向于开展同性的游戏。如男孩在进行“娃娃家”游戏时，如果不能够扮演爸爸的角色，他们宁愿选择扮演娃娃，也不扮演妈妈的角色。由此可见，同性同伴游戏持续时间较长，有利于同性之间积极交往；异性同伴游戏有助于儿童性别角色的互补。

### （三）同伴的熟悉程度对学前儿童游戏的影响

儿童喜欢与自己熟悉的同伴一起进行游戏。对于自己比较熟悉的同伴，儿童会很快投入游戏，而对于不熟悉的同伴，儿童则需要一段时间与其熟悉，而且儿童与熟悉的同伴一起游戏时比与陌生的同伴一起游戏时更倾向于彼此之间的合作、分享。儿童和自己熟悉的同伴进行游戏时，会开展更为深入、复杂的合作性游戏；而对于陌生的同伴，短时间内很难出现合作性游戏。

综上所述，同伴之间的关系会对幼儿的游戏水平产生影响，在教育过程中，教师应当为幼儿创设丰富的情境，促进幼儿同伴间交流，多开展小组合作的游戏，从而促进幼儿同伴间的积极交流以及游戏水平的提升。

## 四、父母教养方式是学前儿童游戏升华的催化剂

家庭是儿童进行早期教育的主要场所，家庭教育在儿童的发展过程中起着不可估量的作用。在儿童发展的早期，这种作用主要体现在游戏上。良好的亲子关系和教养方式会促使家长和幼儿之间进行更为丰富的游戏。家庭教养方式是指父母在抚养教育孩子时所使用的一系列方法，是父母各种教养行为的特征概括，是一种相对稳定的行为风格。不同的教养方式对儿童游戏的影响也不尽相同，具体体现在以下几个方面。

### （一）不同教养方式对儿童游戏的影响

#### 1. 民主型教养方式对学前儿童游戏的影响

这种类型的父母对儿童持积极肯定的态度，会积极回应儿童的愿望和要求，会尊重儿童的想法，也会和儿童一同进行讨论，征求儿童的意见，会对其不良行为进行纠正，对其良好行为会提出表扬和肯定。这种教养方式有利于儿童的成长，也会对儿童游戏产生积极的影响。在这种教养方式下的儿童往往具有一定的独立性，善于交际，和同伴关系友好，在游戏过程中往往能成为主角，游戏能力较强，可以适时在游戏中组织领导其他幼儿。在游戏进行中遇到困难时，儿童也会和同伴积极协商解决，更爱玩社会性角色扮演的游戏。这类教养方式在一定程度上能够激发幼儿的好奇心和求知欲，挖掘儿童自身的游戏潜能。

#### 2. 专制型教养方式对学前儿童游戏的影响

这种类型的父母对儿童缺乏一定的热情，总是喜欢干涉儿童的一举一动，让儿童按照自己的规划去进行。若是孩子不听话，违反规则，就会采取一些强硬措施。这种教养方式下的儿童在家庭中不占据主动地位，时间久了就会形成两种极端的性格：一种是对父母百般顺从，缺乏自信，做事唯唯诺诺，没有自己的主见；另一种可能会产生强烈的逆反心理，容易做出一些出格的事。这样的儿童在游戏过程中不善交际，会经常选择独自进行游戏，不喜欢和其他伙伴一同进行游戏，和其他伙伴一同游戏时也对同伴十分冷淡，严重些的甚至会在游戏过程中对同伴产生攻击性行为，希望用武力来解决问题。这种类型的家长应适当调整家庭教育策略，尊重孩子的个性发展，多与儿童沟通交流，为儿童树立良好的榜样，培养其独立性。

#### 3. 放任型教养方式对学前儿童游戏的影响

这种类型的父母对孩子的爱和期望过多，百般溺爱，只要儿童开心，就会满足儿童的各种需要。这样的教养方式会导致儿童没有规则意识和责任心，具有一定的冲动性。当他们所做的事和自己预期的效果或与愿望不一致时，就会用哭闹等方式来寻求即时的满足。这类儿童在游戏过程中缺乏一定的独立性，与别人一同游戏时缺乏主见，往往听从其他幼儿的安排，或者旁观他人。这种类型的儿童缺乏规则意识，在游戏中经常不遵守规则，顺心而为；一旦游戏过程

中与他人发生争执或争抢，就会哭闹。这种类型的儿童会影响其在游戏中的同伴交往与创造力的发展。家长应把尊重孩子和溺爱孩子区别开来，增加儿童与其他儿童交流的机会；培养孩子吃苦耐劳的精神；应当了解儿童的发展阶段和身心特点，为其制定合理的发展目标。

#### 4. 冷漠型教养方式对学前儿童游戏的影响

这种类型的父母对孩子缺乏关心、爱护，经常忽视孩子，既不对孩子产生期望，也不提出要求。当孩子想要与其交流时，会以各种借口拒绝。这种教养方式下的幼儿容易性格内向、对人冷淡、情绪不安。在集体活动中容易不合群，有自卑感，攻击性强，甚至可能会欺负其他同学。这类儿童在游戏过程中缺乏一定的社交技能，经常独自进行游戏，集体游戏时也可能会欺负或者攻击其他同学。家长应当增加与儿童接触的时间，多听儿童的倾诉，减少对孩子的拒绝；应加强对孩子的了解，站在孩子的立场去考虑问题。

### （二）父母对待不同性别儿童教养方式对其游戏的影响

父母对待男女儿童的不同方式对儿童游戏中的性别差异会产生极大影响。父母对男女儿童的期望不尽相同，通常会鼓励女童学习跳舞、打扮、玩洋娃娃等行为，引导男童进行卡车、积木等游戏，不鼓励他们玩洋娃娃。这就导致在 5 ～ 6 岁的幼儿中，男孩更愿意玩结构更加复杂、更具挑战性的建构性游戏，女孩则更愿意玩活动规则较为简单的游戏。男孩在游戏过程中扮演的角色大多是涉及冒险和一些困难的身体活动，女孩则会经常扮演与家庭和社会相关的角色。

父母对不同性别儿童房间布置的差异也会影响儿童的游戏。已有研究结果表明：在书籍、动物玩具、家具的布置方面，男女儿童的情况大致相同，但女孩房间里更多的是娃娃，男孩房间里更多的是汽车、磁铁、宇宙飞船等。但这也并不能说明男孩就比女孩更喜欢玩汽车，女孩比男孩更爱玩洋娃娃。有实验结果发现，18 个月大的男童和女童玩汽车花费的时间一样多。这就说明，父母给儿童布置房间的时候并没有关注到儿童自身的兴趣，这就导致了男女儿童在选择游戏类别上的差异。

### （三）父亲和母亲不同的教养方式对儿童游戏的影响

弗洛伊德认为，儿童与母亲之间的关系是最早的，也是最独一无二的。母亲的教养方式对儿童游戏的产生与发展具有重大意义。母亲在教养儿童的过程中，通常会让儿童进行一些传统性较强的玩具和游戏。例如，一位母亲给孩子一个毛绒玩具，一边引导动作，一边对孩子说："宝宝，你看到了吗？这是一只小狗，你摸摸它的皮毛、尾巴，再拥抱它、亲吻它。"在妈妈的指导下，通过观察、模仿和自己的探索，孩子做出行为。此外，在母亲的陪伴和鼓励下，幼儿可以勇敢地参加游戏活动，从事要求更高的游戏活动，玩得更久。母亲善良温柔的性格也影响着儿童游戏中沟通、分享、合作等品质的发展，母亲对幼儿游戏过程的参与程度也会影响幼儿的游戏水平。当孩子有玩耍困难时，母亲的适当参与和指导可以给孩子带来新的想法，提高他们的游戏水平。

和母亲相比，父亲在和幼儿相处时则更加鼓励较粗犷、独特的大肌肉游戏，更喜欢运用不同方式与幼儿进行游戏，如让幼儿骑在自己的脖子上，和幼儿在地上一起打滚儿，在这些游戏中幼儿拥有了刺激、快乐的游戏体验。幼儿和父亲玩体能游戏时，运动量较大，有利于幼儿增强体质；幼儿和父亲进行组装模型等游戏时，儿童的动手操作能力和逻辑思维能力得到培养。

# 第三节 社会因素对学前儿童游戏的影响

影响学前儿童游戏的社会因素主要表现为以下两方面。

## 一、社会风俗习惯为学前儿童游戏提供客观素材

### （一）节日风俗

传统节日文化在幼儿德育发展、智力开发、游戏活动等方面都有着极其深远的影响。在幼儿游戏活动方面，将游戏活动与传统节日文化教育相融合，既能寓教于乐，又能寓乐于教。如在元宵节，可举办元宵花灯展，让幼儿在楼道内布置具有特色的元宵花灯，了解花灯的来源、花型、制作方法等方面的知识；在小厨房开展搓元宵活动，让孩子们在活动中更深入地了解元宵的相关知识和做法。又如，重阳节也是我国传统的重要节日之一，在重阳节来临之前，可以以班级为单位，邀请幼儿的祖父母、外祖父母参与，为老人端茶，送手工纪念品，使幼儿了解重阳节的传统习俗，对重阳节的意义有更加深刻的认识。

总之，在游戏精神的引领下，开展各种与传统节日有关的游戏活动，可以使幼儿在游戏的过程中，更好地了解我国传统节日的典故和文化元素。由此可知，传统节日不仅具有一定的教育意义，而且在一定程度上也为幼儿的游戏活动提供了素材。

### （二）传统游戏

传统游戏是不可多得的民族文化教育资源，传统游戏所表现的内容往往来自人们的实际生活和劳动，因此传统游戏贴近自然，贴近儿童的实际生活。

在幼儿园中，传统游戏的渗透主要体现在体育游戏和区域游戏两方面。

开展幼儿体育游戏时，可借鉴传统游戏的活动形式，或对其加以改编，使体育游戏在培养幼儿动手能力的同时，又能培养幼儿的创新意识。不同学段幼儿的身心发展规律各不相同，因此教师在进行游戏的过程中，切忌生搬硬套，要根据不同学段幼儿的不同特点进行科学化、多

样化的改编，使改编后的传统游戏更符合当前幼儿的发展状态。比如，教师把传统游戏中的“踩高跷”“撞拐”等游戏生搬到幼儿体育活动中，既不科学，也不安全。

对于区域游戏，教师可以借助传统游戏活动形式，保证区域游戏内容丰富。如“翻绳”游戏，教师可事先准备一些色彩鲜艳的细绳，放在角落里，先详细讲解游戏过程，再引导幼儿自主开展活动，在幼儿全身心地投入游戏的过程中，既能调动幼儿的想象力，又能提高幼儿的动手实践水平。

### （三）饮食习俗

饮食习俗是中华民族特有的文化标识，也是开展幼儿游戏活动的有效素材，教师在进行幼儿日常游戏活动时，应全面立体地培养幼儿的民族精神，灵活运用饮食文化素材，以丰富多样的游戏活动促进传统饮食文化的创新发展。

丰富多样的饮食习俗文化资料，无一不在时间的检验之中流传至今，但事物都有两面性，首先，教师要对饮食文化有正确的认识，分析其适不适合用于幼儿教育活动，对其教育价值进行深度挖掘。幼儿园对饮食习俗的运用主要体现在主题游戏和角色游戏上。在主题游戏上，精心设计饮食习俗素材，形成有系统、有逻辑的主题游戏体系，精心设计具体的活动方案和目标，如在端午节期间可以开展与饮食有关的游戏活动等。在表演游戏中，幼儿可以围绕某一饮食习俗开展角色游戏，如在“习俗餐饮”游戏中，每个班级需要设置一个有厨师、餐厅服务员、售货员等角色的美食摊点，幼儿在各个摊点中根据自己的能力层次、兴趣爱好选择不同的职业。主厨以制作美食为主，售货员负责在这个摊位上宣传美食、招揽客人，服务员帮客人找位子、做清洁和整理等工作。例如，顾客在“桂林米线”的摊位前提出要买碗米线，售货员问得很认真：“你准备加点啥调料啊？是不是加点葱花就可以了？花生要不要加？花生到底要吃多少粒呢？酱油到底要烧几成？”在这样的游戏交流中，幼儿关注他人需求的同理能力得到了提升。

## 二、社会大众传媒为学前儿童游戏提供媒介

### （一）印刷媒介

在孩子感兴趣的视觉信息提供媒介中，书是幼儿感知世界的最佳印刷媒介。首先，书的最大好处是信息量大，资讯更规范、更全面，能给孩子更系统的成长知识和成长过程中的教育引导。其次，书中还提供了儿童游戏的媒介，孩子们在阅读绘本、故事书等书中，会通过模仿和想象的方式再现书中的内容和情节。比如：孩子们在表演《三只羊》时，为了表现自己的性格特点，努力模仿作品中每个角色的语言、动作等。扮演三只羊的孩子们语言各异，动作千奇百怪。对待大灰狼，他们不屑一顾，恨之入骨；对待同伴语言亲切有礼。而扮演大灰狼的幼儿则尽力表现出狡猾、贪婪的特性。

## （二）电视媒体

电视媒体是指以电视为宣传载体、传播信息的媒介或平台。电视媒体包括电视、录像机、碟机、照相机等，是现代社会生活中必不可少的组成部分，是教育儿童和青少年的重要手段。电视节目的优劣对孩子的心智启蒙、情感培养、人格塑造以及社会认识等有影响。

电视媒体在一定程度上拓宽了儿童获取信息的来源，改变了传统儿童接受知识的方式，幼儿作为信息接受者可以自由地对信息进行提取和消化，不需要家长和老师的强制灌输，不受条条框框的约束，电视媒体中的各种信息也给孩子们带来了一个全新的文化环境和更广阔的社会视野，从而为儿童游戏提供丰富的素材。比如：在电视里看到一部动画片《小蝌蚪找妈妈》，小朋友在看的过程中会模仿小蝌蚪喊妈妈的神态和语言、小蝌蚪游的动作。但是，任何事物都有其两面性，看电视时间过长会造成幼儿视力、认知、社会性发展的损伤。

## （三）网络媒体与多媒体

网络媒体是一种传播信息的载体，即在传播信息的过程中，从传播者到接收者之间，以各种形式携带和传递信息的物质工具，具有感觉、表示、显示、储存和传输等多种功能。利用多媒体辅助教学，将电脑、电视、录像机、录音机、游戏机、投影仪等多媒体集中在一起，集声、像、图、文于一体，通过多种媒介，为幼儿主题活动提供良好的视觉、听觉的交互式语言环境，既能引起幼儿学习兴趣，又能烘托游戏的气氛，对提高活动效果有很大的帮助。

幼儿的思维具有具体形象性的特点，将多媒体课件合理地运用于不同的游戏区域，可以将幼儿带入一个有趣的世界，使他们兴致盎然、深入持久地参与各种游戏。网络媒体展示有直观、色彩鲜明、动静结合以及生动活泼的特点，为孩子们创造了丰富多彩的游戏氛围。如：在表演区，运用各种信息技术手段，把各种风格的歌曲、舞蹈展示给幼儿，让幼儿在动一动、唱一唱、跳一跳的过程中，感受动作之美、音乐之美、节奏之美。又如在《小白兔与大黑熊》音乐游戏中，教师利用多媒体巧妙地将音乐的奇趣与人物形象融为一体，使孩子们被声画效果吸引，对小白兔轻快跳跃的音乐、大黑熊笨重的音乐有了清晰直观的感知，在表演的时候兴致盎然，形象到位。

此外，教师可以利用多媒体技术拍摄儿童需要了解的实际场景，减少参观，减少讲解时间，提高活动效率，可谓一举多得。比如小班的超市游戏，我们把超市营业员在生活中与顾客的对话、沟通用视频的方式记录下来，然后引导幼儿思考通过看视频了解顾客都做了些什么，应该说些什么，幼儿有了直观和感性的体验之后就会模仿起来，超市游戏也变得更加生动。

## 思考练习题

1. 如何为新入园的托班幼儿选用玩具？为什么？
2. 如何整合家庭与幼儿园中的游戏影响因素，更好地促进幼儿游戏的发展？
3. 如果在大班开展“医院”的角色游戏，请分析哪些因素会影响游戏的结果。

## 【实践与应用】

结合学前教育研究方法的相关原理和技术，设计一次影响幼儿园游戏开展过程的因素的研究方案，可以自选研究方法。对比几种不同研究方法所获得的最终结论，深刻分析不同研究视角下影响游戏的因素。

幼儿游戏的空间和时间

# 第四章

XUEQIAN ERTONG YOUXI LILUN LIUPAI YU YOUXI SIXIANG

# 学前儿童游戏理论流派与游戏思想

**【学习目标**

知识目标：能够说出各游戏理论学派的基本观点，并能对理论进行评价；能够说出国内外学前儿童游戏理论的代表人物及其核心思想。

行为目标：能够根据具体的幼儿游戏行为，从不同的理论角度进行深入分析，如游戏产生的动机、游戏中的角色选择、游戏材料使用、游戏中的认知表现等。

态度目标：感受我国游戏思想发展的趋势，增强学生探索游戏发生、发展的积极性和主动性。

**【问题导入**

在幼儿园区域活动中，豆丁加入了“医院”的游戏。在平时，豆丁是很调皮的，自控力差，不服管教。但是当他领到“挂号员”的岗位后，非常认真地给“患者”服务，还主动提出并制作了“挂号卡”，说他上次去医院看病就是这样的。

幼儿喜欢游戏，而且在游戏内外的表现差异较大，一些老师眼中的“问题孩子”，在游戏中也表现出色。就像案例中的豆丁一样，能够在游戏中表现出与日常不同的行为，也能够充分、大胆地表达自己的想法，这是什么原因呢？本章围绕幼儿游戏的动机、游戏中行为表现的动因，以及幼儿为什么选择这种角色而不愿承担另外的角色等问题展开讨论。在学习本章内容后，大家可以尝试分析：为什么豆丁在游戏内外的表现差异较大？能否用多种理论对他的行为进行解释？为什么豆丁喜欢玩“医院”的游戏？为什么他会在游戏中充分展现自己？日常生活经验给他的游戏内容带来了哪些改变？

# 第一节 学前儿童游戏的理论流派

## 一、生物进化论视野下的游戏理论——经典游戏理论

生物进化论是 19 世纪“三大发现”之一，开拓了人们认识世界的新视野，也为游戏理论的研究提供了新的理论基础。其中包括剩余精力说、生活预备说、松弛消遣说、复演说、成熟说、生长说等，下文主要介绍前四种。

## （一）剩余精力说

剩余精力说又称精力过剩论，其雏形可以追溯到 18 世纪德国诗人、哲学家席勒的著作中，到了 19 世纪，英国社会学家、心理学家斯宾塞发展了这一思想并形成理论。该理论认为游戏的产生是由于机体内剩余的精力需要释放，机体在满足了其基本的生活需求后，仍然有多余的能量，游戏的动力则来源于机体的剩余能量。

### 1. 席勒的游戏思想

席勒在探索文化和艺术的起源过程中发现，游戏和审美活动有着同样的本质，它们都是非功利性的自由活动。游戏的实质是一种自由的美学行为，人只有在游戏中才能成为真正完整的人。游戏虽是一种自由活动，但其前提是基本物质生活的满足。由于小动物与人类的幼儿不需要承担责任，所以他们把所有能量用在了游戏上。

此外，席勒也在他的著作中提到了许多问题，至今很多游戏的核心观念仍围绕这些问题展开。第一，他认为游戏是一种象征意义的活动，通过这种活动，参与者可以改变或超越现实而获得对于世界新的象征性表征。第二，他将游戏分为两类：一类是体力方面的精力过剩引起的游戏，如动物性的机能性游戏；另一类是精神方面的精力过剩引起的游戏，如人类特有的想象或审美的游戏。在这两类游戏活动中，最先出现的是动物性的机能性游戏，在此基础上才逐渐上升到人类特有的想象的或审美的游戏。而第二类游戏可以帮助人类改造或超越现实，使人们看到自身的力量。

### 2. 斯宾塞的游戏思想

斯宾塞基于生物进化论的思想对游戏的起源和发展进行了阐释。他把游戏看作人类和动物普遍的行为，但根据人类和动物在不同的物种进化系统中的地位，游戏的本质也不同。低等动物不游戏，因为它们会将所有的时间和精力都放在生存活动上，没有多余的能量来游戏。只有高等动物才有剩余精力进行游戏，因为高等动物用来满足基本生活需要的时间和神经系统的能量少于低等动物，才有更多的时间和精力去做与生存毫无关系的游戏。因此，游戏和审美活动的共同特点就是非功利性，它们都不直接推动有利于生命的过程。而游戏与审美活动的区别在于，在游戏中表现较低层次的能力，而在审美活动中表现较高层次的能力。

斯宾塞同时也是一名本能论者，他运用“本能论”对儿童和小动物的游戏进行了阐释。他指出，游戏是与生俱来的本能，是潜意识的结果。由于儿童不必像成年人一样进行有实际意义的本能活动，因此，在本能的驱使下，他们从事着与成人本能活动相类似但并不具有实际意义的活动，即游戏，游戏就是精力的无目的的消耗。

此外，斯宾塞把游戏划分为四种类型，分别是感知运动器官的剩余精力活动、艺术审美性的游戏、具有较高协调能力的游戏以及模仿，与巴特勒和皮亚杰所提出的感知运动游戏、象征性游戏、规则游戏以及模仿相对应，并且可以通过各种与生俱来的本能加以解释。

### 3. 评价

尽管有些心理学家对剩余精力说提供了理论性的支持，但是大部分当代的学者仍对该学说进行了批判。有学者指出，剩余精力说只得到了经验性的支持，缺乏实证性的证据。也有学者认为，它虽然从进化论的角度提出了一些观点，但是这些观点似乎与进化论存在着冲突，如该理论认为，有机体的剩余能量会使生物体进行无意义的活动，而不是所有无意义的活动都是利于有机体发展的，从进化论的观点来看，只有那些对种系发展有利的机体行为才能代代保持并加以进化。

## （二）生活预备说

生活预备说也称作预演说，由19世纪德国学者格鲁斯提出。他根据“本能论”的思想，对剩余精力说没有充分地认识到游戏的价值进行了批判，提出儿童游戏是对未来生活的一种无意识准备，是为成熟做预备性练习的活动。

### 1. 理论依据

游戏期的长短与动物在种系演化的阶梯中所处地位的高低有关。通过观察发现，低等动物的本能行为生来就是成熟的。这些动物无幼稚期，因此也不需要游戏。游戏是幼稚期特有的现象，因此，游戏只限于幼稚期比较长的高等动物。同时，动物机体越复杂，幼稚期越长，游戏期也就越长。

游戏是一种练习本能的普遍冲动，它与模仿有着紧密的联系。在游戏中，通过模仿，使那些基于本能的能力得到锻炼并趋于完善，为成年后参与各种活动奠定基础。

格鲁斯将游戏分为练习性游戏和社会性游戏。练习性游戏包括感知运动游戏和高级的心理能力练习，可以促进儿童的自控能力的发展。社会性游戏包括追逐打闹和模仿性游戏，促进儿童在发展过程中形成人与人之间的关系。

### 2. 评价

生活预备说是对剩余精力说的发展，进一步说明了游戏的生物适应机能。首先，格鲁斯认为高等动物不能完全依靠其与生俱来的“本领”来适应生活，而是要不断地学习和实践，这一点符合事实。其次，生活预备说对转变当时的儿童观和游戏观起到了积极作用。最后，格鲁斯相信儿童期的可塑性和游戏的重要性，具有正面意义。但仅凭“本能”这一概念是无法解释儿童游戏的本质的，格鲁斯过分依赖“本能”概念，把“本能”作为发展的中心驱力，把动物游戏与人类游戏等同。他过分注重生物理论，但游戏不单是生物理论能完全解释的，不能将儿童游戏等同于小动物的游戏。另外，成人已不需要为生活做准备，成人仍有游戏的需要和游戏活动，对此，这一观点无法解释。

## （三）松弛消遣说

松弛消遣说也称娱乐说，与剩余精力说的观点相反，提出游戏是恢复精力的一种方式，而不是释放精力，即游戏和娱乐活动可以使机体消除紧张状态，具有一种恢复精力的功能。松弛说的代表人物有德国哲学家拉扎鲁斯和伯屈克。

### 1. 拉扎鲁斯的游戏思想

拉扎鲁斯认为游戏或娱乐性活动能够使人从工作中解脱出来，消除疲劳，恢复精力。同时，儿童需要游戏，成年人也需要游戏。游戏与工作的不同在于，工作是消耗精力的活动，而游戏是储存精力的理想方式。因此，成年人需要游戏，劳动和工作使他们身心俱疲，而游戏能够把他们从工作压力中解脱出来，放松身心。

### 2. 伯屈克的游戏思想

德国哲学家伯屈克提出游戏是儿童自然积极的生活。儿童做游戏既不是因为精力过剩，也不是要为未来的生活做准备，更不是要复演种族演进的历史，而是因为他们生来就是“游戏的动物”。比如幼儿在海边玩沙石、玩洗衣服的水、玩布娃娃等，以自我娱乐的方式，使得身体和精神得到一种安抚和平衡。

### 3. 评价

松弛消遣说能够在一定程度上解释儿童游戏的动机，但这一理论无法解释以下两种现象：一是如果说体力劳动比脑力劳动消耗的精力少，那么为什么体力劳动者也会游戏；二是如果游戏的基本功能是让人摆脱工作压力，让自己的能量得到补充，那为何“不工作”的儿童也要游戏？此外，这种游戏理论提出儿童缺乏心理能力，因此无法工作。按照这一观点来推断，儿童游戏也必然缺乏认知的内容或功能，然而，研究结果显示，这是不符合儿童游戏的实际情况的。总体上，该理论较好地说明了工作与游戏、“静态活动”和“动态活动”的关系，但不适合解释儿童游戏。但该理论指出游戏能为工作起到“松弛—恢复”的作用，能把人从工作压力中解脱出来，与现代体育活动具有调节、宣泄、中和、放松情绪等功能是相通的，对人的生活是有积极意义的。在幼儿教育中，这个理论可使幼儿的生活处于动静交替、劳逸互补的有序结构中。松弛说的观点为后来的复演说所认同，并加以扩展，推动了游戏理论的发展。

## （四）复演说

复演说的代表人物是美国的霍尔，他深受达尔文进化论以及斯宾塞的影响，将生物进化论引进人类心理的领域，并结合胚胎学关于“人类胚胎发展史是动物由低等到高级进化过程的一个复演”的观点，认为个体的心理发展过程也可以看作或多或少复演种系进化历史的过程。

### 1. 主要观点

游戏是远古时代人类祖先的生活特征在儿童身上的复演，比如，儿童会玩打猎、捕鱼以及建房子这样一些游戏，复演了原始人类的社会。人类的文化经验是可以遗传的，游戏中所有态度和动作都是遗传下来的，比如，儿童会喜欢玩爬树、攀爬等游戏，这也是复演了类人猿在丛林当中的生活。儿童在游戏中摆脱原始的、不必要的本能动作，为当代复杂活动做准备。如儿童在沙土坑当中进行农耕，用泥土做工具，可以看作复演农耕时代的生活；儿童玩各种各样的攀爬游戏，是对攀岩时期生活的复演。

### 2. 评价

复演说的理论依据是上一代所获得的技能可以遗传给下一代。但这种学说至今尚未得到证实，被认为是一种缺乏可靠的科学依据的学说。另外，复演说也不能解释现代社会儿童游戏的内容。

**知识拓展**

精力过剩说和松弛消遣说将游戏视为能量的调节，而预演说和复演说则把游戏解释为本能。由以上四种理论，我们看到一种非常有趣的现象，同一种活动竟然可以用相互对立的表述得以成立：精力过剩和精力亏空，预演未来和复演过去。但撇开具体的表述，深入细究一下的话，便可抽象出其中的哲学意义，统一就蕴含在这种对立之中。一种精力的亏空正是另一种精力的过剩，两种精力互补，便可求得平衡，工作和游戏就是通过劳逸互补而协调的。同样，预演未来也意味着复演过去，复演过去的同时在预演未来。从现在来看，儿童在游戏中演的是他的未来；从将来看，他在游戏中复演着他上代人的过去，他未来的生活技能已经达到更高的形式，他的后代又复演着他的历史。就是这样不断重复地复演过去、预演未来，人类社会便从原始进入文明，从低级走向高级。

## 二、心理发生视野下的游戏理论——现代游戏理论

### （一）精神分析学派的游戏理论

精神分析学派的游戏理论，又称为发泄论或补偿论，在现代西方心理学派中，精神分析学派是最重视游戏问题的一个派别。

### 1. 弗洛伊德的游戏思想

#### (1) 游戏的发泄补偿说

弗洛伊德是精神分析学派的创始人。他提出游戏是消极冲动的发泄，儿童做游戏是为了追求快乐、发泄挫折感。弗洛伊德以人格理论为基础解析儿童游戏。他认为人格由本我、自我和超我三部分构成。

**知识拓展**

本我即本能的欲望，是人格中最原始的部分，遵循快乐的原则，由一些与生俱来的冲动、欲望和能量构成。本我不知好坏、善恶，只要求立即得到满足，因此是无意识的、非道德的。

自我即现实性人格，是个体出生后，在外部环境的影响下逐渐形成的，遵循现实的原则。个体出生后，很多的需要受条件的影响不能够被及时满足。在个体与环境的关系中，儿童逐步形成自我。自我能够使本我不断适应现实条件。除此之外，还调节着本我与超我的关系，是人格的心理成分。

超我即社会规范，在社会道德规范的影响下，将其内化成道德观念而形成，包括自我理想与良心、遵循道德原则。自我理想是一套引导儿童努力发展的理想标准，良心由父母的禁令（如“你不可以”）构成。儿童由于畏惧成人的惩罚，便接受成人的规则并遵守，进而转化为自己行为的内部规则，形成“良心”。因此“超我”遵循道德原则，是人格的社会成分。

从人格结构上来看，本我与超我是矛盾对立的，只有自我对两者起着调节作用，既能满足欲望，又能避免痛苦。儿童的自我在游戏中得到发展。对于儿童来说，最主要的愿望就是变成大人，做大人能做的事，如“当警察”“当妈妈”，但在现实生活中是不可能的，于是游戏作为一个途径使儿童的愿望得到满足。除此之外，有机体内部的一些其他的本能的欲望在外界条件的限制下可能会受到压抑，但是却需要得到满足、发展。对于儿童来说，捣乱、发脾气等不良行为同样是客观条件限制其为所欲为的行为导致的，这时儿童需要一个安全的途径来发泄情感，减少不良行为，对心理进行补偿。因此“游戏”对于儿童来说也是一种保护性的心理机制。

#### (2) 游戏的动机是唯乐原则

儿童在游戏中获得快乐，这是唯乐原则的一种体现。但是一些与生俱来的、本能的欲望、能量也在游戏中得到满足与宣泄，因此弗洛伊德认为不愉快的体验也往往会成为儿童游戏的主题。这是唯乐原则的另一种体现，具体表现为儿童喜欢玩与伤害性事件有关联的游戏来克服创伤性事件。例如现实生活中自己去医院打针，产生了不愉快的经历，于是在游戏中自己就扮演医生，给布娃娃打针。通过角色扮演游戏，儿童从不愉快体验的被动承受者转变为主动执行者，将这种不愉快的体验转嫁到布娃娃身上，以得到消极情绪的缓解。儿童之所以产生这种非愉快的情绪体验，是强迫性重复动作导致，这是一种使儿童应对伤害性事件的心理机制。儿童的自我结构与心理防线是脆弱的、敏感的，不足以抵御伤害性事件，因此会在游戏中显示出强迫性重复动作。

#### （3）游戏的时期是短暂的

理性思维会束缚游戏的发展。弗洛伊德认为，游戏随着理性思维过程发展的开始而结束，因此儿童游戏的时期是短暂的。本我的愿望不会再以游戏的方式进行表达，而是在一些可被现实社会接受的创造性的艺术活动中发展。

因此，根据弗洛伊德的观点，游戏是儿童协调本我和超我的平衡机制，通过补偿现实中不能满足的欲望和克服生活中的创伤事件，推动和促进人格的正常发展。

### 2. 埃里克森的掌握论

埃里克森是新精神分析学派的代表人物，从积极的方面发展了弗洛伊德的观点。他认为游戏是自我的一种机能，是一种身体的过程与社会性的过程同步的企图，游戏可以降低焦虑，使愿望得到补偿性的满足。他把游戏当作系列未被展开的心理社会关系加以探讨，提出了三个阶段。

第一阶段是自我宇宙阶段。婴儿以自我的身体为宇宙。这一阶段又分成两个时期。第一个时期是探索活动的中心，儿童试图重复或重新体验各种动觉和感知觉。第二个时期将探索的活动范围扩大到他人和客体上。第二阶段是微观阶段。学步幼儿用小型玩具和物体来表现主题，学会在微观水平上操纵和驾驭世界。第三阶段是宏观阶段。儿童与他人共享这个世界，这一阶段的儿童起初把其他儿童当作客体来联系，以后逐渐发展为合作性的角色游戏。

#### 知识拓展

埃里克森认为，儿童的游戏形式随着年龄的增长和人格的发展而不同。人格的发展是心理性欲（生物因素）和社会因素相互作用的结果。良好的母子关系是产生信任感的基础。他将人格的发展划分为八个阶段。一个阶段向另一个阶段的发展过程中，游戏起着重要的作用。另外，每一个阶段都有自己的发展任务，发展任务解决得好，就会形成对应的理想人格，反之就会形成与理想人格相反的人格。

埃里克森认为，游戏中自我必须积极主动协调本能需求和外部社会要求之间的矛盾，因此游戏是生物因素和社会因素的调和剂，有助于儿童形成积极的人格特征。

### 3. 佩勒的游戏理论

#### （1）角色扮演

佩勒认为，许多儿童游戏隐藏着深刻的情绪原因。儿童对角色的选择，往往基于对某个人（或角色原型）的爱、尊敬、嫉妒或愤怒的感情。通过模仿成人或事物等，儿童的愿望得到了满足。儿童模仿的角色一般有三类。

第一，儿童喜欢模仿他们热爱和敬佩的人，希望自己快快长大成人，如常常在游戏中扮演警察、医生等。

第二，儿童常模仿引起他们恐惧的人或事物，以克服恐惧。

第三，儿童喜欢模仿“不符合身份”或“低于身份”的角色，在游戏中做自己想做而在现实生活中又不允许做的事情。如扮演婴儿、动物、小丑等角色。

#### （2）儿童游戏结构随心理性欲发展变化的阶段

佩勒把心理性欲的发展分成四个阶段，每一个阶段的矛盾不同，游戏内容也不同。

第一阶段，孩子的焦虑主要集中在与机体有关的挫折方面，这种焦虑在游戏中的表现是独自玩，往往是玩弄自己身体的某个部分。比如婴儿独自玩耍时喜欢吃自己的手指头。

第二阶段（前恋母阶段），孩子开始与母亲游戏，孩子的游戏主题是“我能够做妈妈要我做的那些事情”。比如婴儿稍大一些，看不到妈妈就很着急，有妈妈在身边就感觉很安全，还会和妈妈嬉戏。

第三阶段（恋母冲突阶段），孩子在游戏中扮演成人的角色，试图补偿他们无法与成人相匹配的无能的地位。比如小女孩扮演布娃娃的妈妈，以补偿自己在现实生活中是妈妈的孩子这个事实。

第四阶段（后恋母阶段），孩子通过与伙伴共同参与的规则游戏，从外部的超我形象中获得了独立。这种规则游戏的作用在于创造一种自我控制的社会秩序，幼儿通过严格认真地执行游戏的规则，可以从外部的超我形象中获得自由。比如小男孩在过家家的游戏中知道要照顾小女孩，渐渐成为一名男子汉。

### 4. 门宁格的宣泄说及相关研究

门宁格强调游戏的益处在于宣泄和降低焦虑，认为游戏最重要的价值就是为释放被抑制的攻击性提供了机会。门宁格突出了游戏对减低被抑制的过分冲动的价值。他认为人身上天生存在着一种本能的攻击性驱力，此驱力不断寻求表现，如果在哪里被否定，就会在哪里形成病症。因此，为了发泄这种攻击性的驱力，必须找到一个合法的、社会所允许的途径，游戏正是这种发泄的合法途径。因此，儿童玩攻击性或侵犯性的游戏可以降低攻击性行为。

#### 5. 评价

精神分析学派对于游戏理论的发展有着重要的贡献。

第一，精神分析学派把游戏的研究与发展理论密切联系。后来的一些游戏理论家都在不同程度上受到这一学派的影响。

第二，精神分析学派的游戏理论是一种和儿童的心理发展相结合的游戏理论，对人们重视儿童的模仿游戏及象征性游戏、角色扮演等有促进作用。

第三，精神分析学派重视游戏对儿童社会性和情感发展的价值，促进游戏治疗技术和人格研究方法的发展，把游戏作为一种评价工具来使用，已成为公认的对儿童情绪状况进行精神病理诊断的方法，推动我们重视儿童游戏和儿童早期经验，重视儿童游戏的动机，对后世影响极大。

第四，精神分析学派强调早期经验对健康的成年生活的重要性，强调游戏对人格发展、心理健康的价值，引起人们重视想象性的游戏在儿童发展中的作用，具有积极的意义。

当然，精神分析学派的游戏理论也有明显的缺陷：它是一种典型的泛性论，将人生物化，带有明显的临床诊断色彩；注重个案研究，缺乏普遍代表性；把研究者自己的思维模式强加给游戏者，使研究缺乏客观性。

### （二）认知发展学派的游戏理论

瑞士心理学家皮亚杰是认知发展学派的创始人。皮亚杰基于认知发展阶段理论，提出游戏是认知水平的一种表现形式。

#### 1. 游戏的产生

皮亚杰提出生物对外界的适应有两种途径：一是同化，二是顺应。同化和顺应的协调是个体智力活动的特征。儿童早期认知结构发展不成熟，因此不能保持同化和顺应的平衡。在同化大于顺应时，就会发生游戏；在顺应大于同化的情况下，会发生模仿。游戏的实质可以通过联想方法来记忆，如持有不同的意见，两个人协商一致，比一个人盲目顺从要好得多（同化大于顺应）。

儿童游戏的发展反映了儿童认知发展水平的变化，其发展程度是由儿童的认知发展程度决定的。例如，感知运动时期，儿童主要通过身体动作、摆弄有形的物体来进行练习性游戏；在前运算阶段，儿童发展了象征性功能，出现象征性游戏；在具体运算时期，主要是规则游戏。

皮亚杰认为，游戏的作用有两个：一是练习和巩固不完善的心理机能，使它得到丰富和发展；二是帮助儿童处理情感冲突，实现在现实生活中无法实现的愿望。

#### 2. 游戏的发展阶段

皮亚杰不同意格罗斯关于游戏是一种对基本本能的准备性练习的观点，他认为游戏的发生要以动作能力和心理发展的一定水平为前提，把游戏的发生、发展分为以下六个阶段：反射练习期、练习性游戏发生期、有目的的动作逐渐形成期、手段与目的分化并协调期、为了看到结果而行动期、象征性游戏形成期。

### 3. 评价

皮亚杰的认知动力理论对儿童游戏理论的贡献主要表现在三个方面：一是从认知的角度来考查游戏，改变了人们对游戏和学习对立的这种传统；二是引发一系列游戏与儿童认知发展关系的研究；三是引领学前教育实践走向游戏与认知发展的融合。

然而，皮亚杰的认知动力理论也具有明显的局限性，表现在：否认游戏是一种独立的活动形式，仅仅是一种认知行为的衍生物；强调认知发展对游戏的制约作用，忽略了游戏在儿童认知发展中的促进作用；强调儿童作为活动主体和这个环境之间的互动，忽略了儿童和成人之间的相互作用。

## （三）社会文化历史学派的游戏理论

社会文化历史学派是苏联的心理学流派之一，其代表人物是维果茨基、列昂节夫和艾里康宁。他们在研究心理学思想的时候，涉及儿童游戏的主要观点有：第一，游戏是学前儿童的主导活动；第二，儿童与成人的交往对游戏的发生发展起着决定性的作用，没有教育的作用，游戏就不会产生或发展。

### 1. 维果茨基的游戏思想

关于儿童游戏的起源，维果茨基认为儿童在发展的过程当中，儿童游戏阶段的发展与活动的诱因和动机是有关的。儿童发展到当他有大量的超出其实际能力的愿望不能立即实现的时候，就产生了游戏，即游戏的本质是实现愿望。

关于游戏发展的价值，维果茨基认为要符合两个条件：首先，游戏是一种符合儿童需要的教学活动；第二，游戏是一种符合教学大纲的教学活动，应符合儿童的需要，这种教学活动不是老师单边地传授，而是一种双边互动。

儿童现有的发展水平与儿童通过自己的努力和成人的帮助能达到的水平之间的范围就是儿童的最近发展区。游戏创造了儿童的最近发展区，而学习就发生在最近发展区里。儿童在游戏中常常表现出超出其实际年龄和高于其日常生活的行为，所以，游戏就像是一个放大镜的焦点，凝聚着儿童所有的发展方向。

### 2. 列昂节夫的游戏学说

列昂节夫认为游戏是学前儿童的主导活动，学前儿童游戏与动物的游戏明显的不同之处是，儿童的游戏不是本能的，而是人类的及物活动。随着儿童的成长，他们所接触的物质世界将越来越广阔，儿童的心理发展就表现为对这个广阔的物质世界的认识和掌握。由于儿童的心理特点决定了他们还没有抽象的理性思维，无法完成抽象的静态活动，他们的认识就通过用手操作物体（及物行为）表现出来。当及物行为的动机不在于结果而只在于行为过程时，就是游戏。

列昂节夫认为儿童游戏的特点在于注重行为过程本身。在儿童游戏中，儿童的行动和操作总是实际的和社会的，儿童就是在游戏的操作和行动中掌握着人类的现实。比如儿童玩积木，是用各种方法搭建积木的过程，并不在于最终要建成什么。

#### 3. 艾里康宁的游戏学说

艾里康宁认为，角色游戏是学前儿童的典型游戏，研究儿童的游戏应当以角色游戏为主要对象。

关于角色游戏的起源，从社会起源上来看，儿童的角色游戏是在历史发展的特定阶段由生产力的发展引起的儿童在社会生产劳动中的地位变化的结果。但儿童的角色游戏不是自发的，是出自社会的需要。因此，游戏不是一种本能，而是社会性的。从个体起源上看，角色游戏的产生是由于儿童与成人关系的改变，因此，角色游戏的内容是成人活动的反映。

关于游戏中角色的发展，艾里康宁认为角色是在成人与儿童的协同活动中发生和发展起来的。随着对物品使用方法的掌握、动作的形成，儿童开始注意到作为动作主体的人，于是模仿成人的活动，也就出现了角色。

#### 4. 评价

社会文化历史学派善于把研究成果应用到游戏的实际活动当中，以游戏来组织一日生活，构成有机整体的活动。他们认为游戏是促进儿童全面发展的重要手段，这一点弥补了皮亚杰认为游戏不能促进智力发展的局限。

但社会文化历史学派过于强调成人的作用。他们认为儿童在游戏当中，必须通过成人示范，才能模仿进行游戏，这忽略了儿童在游戏中的自主性。

## 三、本体观照视野下的游戏理论——当代游戏理论

### （一）游戏的觉醒理论

游戏的觉醒理论的主要代表人物有伯莱茵、艾利斯、亨特、费恩等人，该理论试图解释游戏的生理机制，是从学习的内驱力理论中演化出来的，又称为内驱力理论。

#### 1. 理论背景

内驱力理论属于行为主义理论，内驱力是身体需求的一种状态，它的作用是引发或激发某一行为，或者使某一行为产生推动力。内驱力主要包括基本的原始内驱力和习得内驱力。内驱

力理论是从人的生理需求，也就是原始的内驱力出发，来解释人的行为。这种理论认为，学习是由刺激与反应结合导致的，随着身体生理需求的满足，这种基础的动力会减少。

然而，原始的内驱力无法解释人类与动物的所有活动，如探索、调查、游戏等，这些活动与原始的饥饿、干渴等内在动力没有关系，但在保持体内平衡状态方面，却有着同等的生理作用。一个视觉正常的人被关在一间黑暗的房间里，就算是有水和食物，他也不能长期待在这里，因为他的身体不仅有进食和睡眠的需要，还有探索、寻找刺激和了解的需求。在外部的激励条件下，这种需求能激发内驱力、探究内驱力。儿童的游戏与探索就是这种内在动力的结果。游戏的觉醒理论就是基于这种内在动力而产生的。

#### 2. 基本观点

“觉醒”是中枢神经系统的机能状态，也就是身体的驱力状态。觉醒理论的观点有：一是环境的刺激对人的觉醒起着很大作用；二是机体自身的自我调节机制使其保持平衡。

当外部的刺激对人的感官产生影响时，感官会对刺激做出感知和分析。当刺激有了新的变化，并且与以往的体验有差别时，它就会给身体带来不确定的影响，从而引起更高的觉醒程度和身体的压力。当一种新的刺激令觉醒的程度增强时，它就是一种探索，可以通过对事物的感觉属性进行直接的感知。反之，如果刺激太过单一，没有新异性，身体就会感到厌倦，此时的觉醒程度就会降低到最好的觉醒状态，因此，中枢神经系统就会做出某种行动，以促进觉醒程度的提升；当缺少新异性时，这种行为就像是一场游戏。游戏的功能是寻找刺激，防止无聊。

总之，游戏与探索都是身体为了保持其最佳的觉醒状态而做出的努力，是身体调节觉醒程度的双翼系统。

#### 3. 评价

游戏的觉醒理论可以更准确地描绘出游戏的细节，强调环境与儿童的互动，要求人们在一定程度上给予儿童丰富的环境刺激。另外，在一定程度上应重视环境刺激的合理性和适宜性，因为过度新鲜的刺激会引起儿童的焦虑和紧张，使他们的行为僵硬。因此，游戏的觉醒理论给我们的启示有：第一，要注重合理组织幼儿园的教育环境，并将其置于人与环境互动的背景下进行考查；第二，在组织儿童进行游戏的时候，要充分考虑到游戏材料的数量、新异性等方面的组织安排；第三，在适当的组织下，让儿童拥有一定的自主能力，并促进其与周围环境的互动。

### （二）游戏的元交际理论

人类学家贝特森运用人类学、逻辑学、数学等理论对游戏进行了研究，提出了游戏的元交际理论，尝试揭示游戏的意义以及信息传递的本质。

#### 1. 基本观点

贝特森指出人的交流有两种形式：一种是意义明确的语言交流，另一种是意义含蓄的元交际。元交际是一种抽象层次的交流，取决于交际双方之间的关系以及对其所传达的隐喻信息的识别与理解，而这些隐喻的含义往往是“言外之意”或者“不言之意”。比如，儿童用一根木棒做马，他的行为其实就是在说“我在骑马，但那不是真正的骑马”。这个比喻，或者说“不言之意”正是元交际的对象。游戏只有在参与者带着具有象征意义的信号进行交流时才会发生，也就是说，游戏是一个以元交际为特点的信息传递与操纵的过程。因此，游戏过程中要有元交际，且游戏也是培养幼儿元交际能力的最佳方式。

此外，贝特森认为，儿童角色游戏的价值在于儿童可以学习角色的概念，区分角色之间的差别、角色的行为模式和行为环境的限制。

#### 2. 评价

贝特森的游戏元交际理论从游戏内部心理活动入手发掘游戏价值，他认为游戏本身就是有价值的，不但对文明的发展起到了推动作用，也是一种进入人类文化、表现世界的方法和必要的技巧。该理论为后来的游戏研究开辟了一个新的视野，并对后来的游戏研究产生了重要的影响。

### （三）游戏的生态学理论

1979 年，心理学家布朗芬布伦纳提出了发展生态学理论，将人类的行为和发展置于一个相互联系、相互作用和相互依赖的稳定的生态系统中，并认为应该探讨生态系统中不同的生态因素对人类行为和发展的作用，以及人类与不同生态因素之间的相互作用。由此他提出一个生态环境的“同心圆”多层次理论模型，该模型由四个主要系统组成：微观系统、中间系统、外部系统和宏观系统。每个层次之间相互作用、相互影响，形成一个由中心向各个方向延伸的网络系统，个体的发展就是通过不同层次环境的相互作用而实现的。

20 世纪 70 年代至 21 世纪初，是儿童游戏研究的多领域交叉研究阶段。代表人物是帕顿、哈特勒和雪尔等人，形成了游戏的生态学理论。这一理论关注游戏环境如何影响儿童的行为，从生态学的角度来分析儿童游戏，辨明各种影响游戏的因素。

#### 1. 基本观点

幼儿在游戏活动中体验到的活动、角色、人际关系的样式是影响幼儿园游戏开展的重要因素。人类发展生态学中，微观系统是指发展着的个体在特定客观环境中所体验到的活动、角色和人际关系范式。体验是微观系统的重要特征，是环境与个体联系的必要前提。儿童在游戏活动中所体验到的不是外显的活动过程，而是扮演的不同角色以及这些角色间形成的人际关系结构的体验，这些才是影响儿童游戏的直接因素。

幼儿游戏是具有内容、结构、过程的社会性活动。活动是个人发展最重要的直接表现，也是促进和影响个人发展的最重要的环境因素。幼儿通过与教育工作者和同伴的互动，在活动中发展情感和社交技能。

幼儿游戏活动主体与游戏环境之间互动共生。人与环境之间的作用过程是双向的，呈现一种互动的关系。人通过改变环境而对环境产生影响。幼儿作为游戏活动的主体，与教师、同伴之间进行互动，同时不断地与所处的心理环境互动。

幼儿游戏的有效开展需要活动主体多元的角色定位。角色是活动参与者进行人际关系的行为起点，构成活动和人际关系的有机整体。参与游戏的教育者与幼儿不仅承担着组织者和参与者的角色，而且承担着游戏里的多种角色。角色的多样性有助于创造一个民主和公平的游戏环境，有效地开展幼儿园的游戏活动。

#### 2. 评价

对于游戏，生态心理学家们的研究有独到之处，即对于游戏发生和发展过程没有停留于单纯的自然描述上，而是将儿童游戏视为儿童社会生态环境的一种表现，希望了解生态环境（家庭、教育机构、同伴群体和社区）对儿童行为的影响。

游戏的生态学理论给我们的启示：一是营造良好的幼儿游戏生态应充分考虑儿童主观体验；二是幼儿游戏要有时间的延伸和空间的拓展；三是要鼓励幼儿游戏活动中各主体之间进行积极的对话；四是教师要建立多元角色观，让幼儿有机会体验不同的角色。

# 第二节 我国关于学前儿童游戏的思想

我国从先秦诸子百家起，就有大量的关于“乐”“嬉”“游”的论述，而且能够将其与儿童学习过程相结合。由于篇幅所限，仅选取先秦的孔子、明代王阳明、民国至中华人民共和国成立后的陈鹤琴，以及当代的愉快教育为例，管窥我国的儿童游戏思想。

## 一、孔子的乐学、乐教

### （一）乐学、乐教的含义

早在我国春秋时期，孔子就主张将情感渗透到学习过程和教学过程并从中获得愉快的情绪体验，所谓“学而时习之，不亦说乎”“学而不厌，诲人不倦”。既重视“学”过程中的乐趣，又重视“教”过程中的乐趣，充分彰显了孔子的乐学思想和乐教精神。“学而时习之，不亦说乎”谈及对乐学的认识，简明扼要地指出学习本身就是一件快乐的事情，学习的过程也是充满乐趣的，学习者能够感受到学习带来的快乐。孔子还提出了“知之者不如好之者，好之者不如乐之者”的治学理论，把学习状态分为三种：知学、好学和乐学。孔子将乐学看作学习过程的最高境界。

知识拓展

乐学与苦学

尽管乐学在孔子时就得以崇尚，但社会普遍认为学生的学习态度应当以苦为主。长期占据中国教学实践主导地位的恰恰是与乐学相对立的苦学思想。“书山有路勤为径，学海无涯苦作舟”中的“苦”如果意味着一种进取精神、一种克服困难的毅力，是可取的；如果它意味着学习主体的一种感受、一种学习态度和方法，那么，还是“乐”好。苦学是一种认知态度，而乐学是一种包含着认知因素的审美态度。

乐学思想指向学生要体验学习的快乐，在快乐中学习；乐教精神指向教师要乐于教学，进行启发式教学。

### （二）乐学、乐教与幼儿游戏

乐学与乐教思想的本质就是学生快乐学习、教师快乐教授。幼儿在教师的启发引导下，有充足的时间和空间去直接感知，亲身体验，实际操作，能够自己动手操作，感受学习的乐趣，体验游戏的乐趣，真正做到乐学。

当幼儿在游戏中遇到问题、思维受阻时，教师要及时对幼儿进行启发式诱导，让幼儿在教师的启发下解决问题，体会游戏乐趣。

## 二、王守仁的顺应性情

### （一）顺应性情的教育目的

在王守仁看来，圣人之所以为圣，只是良心常在，天理纯化，一切行动无不由其良心上发出，而所发出来的无不合于天理。教育的目的在学圣人，即在恢复个人固有的良知推行于人伦日用上，所以教育的宗旨就是“致良知”。这里的“良知”从本体意义上说就是“天理”，它包含无限的生机，具有纯全的美德，所有人皆有。

王守仁提倡培养主义教育，主张高等教育从学理方面讲培养，儿童教育从兴趣方法讲培养，要将儿童培养成爱动、爱唱、爱游戏、活泼、生气勃勃的儿童，他认为这样的儿童才是有用的人才，培养这样的儿童才是有价值的教育。

知识拓展

王守仁（1472—1529），字伯安，号阳明，浙江余姚人，明朝中期思想家、教育家。王守仁重视教育，热心办学，不仅重视大学教育，也对童蒙教育十分关注，提出了许多有价值的儿童教育主张，其中就包含较为丰富的倡导儿童游戏精神的思想。

### （二）顺应性情的教育形式

王守仁认为，好的教育应该是根据儿童心理，发展他们的个性，培养儿童的性情，使其有活泼好动的性格，对周围事物充满兴趣。比如，儿童爱唱，就教他们诗歌；儿童好动，就教他们舞蹈；儿童爱游戏，就教他们习礼。这样，儿童就会将学校看成是乐园，视师长如父母，非常喜欢来学校学习，喜欢在这种环境下接受教育。他反对不顾及儿童身心发展特点和个性特点的教育。

### （三）顺应性情的教育方法

王守仁认为，儿童教育要注意其身心发展特点，否则会影响他们的正常身心发展，据此他提出顺应性情的教育方法。教育儿童，必须顺应他们的性情，激发他们的学习兴趣，极大地提高学习积极性，真正理解学习内容，从而达到预期的效果。

## 三、陈鹤琴的教学游戏化思想

### （一）教学游戏化思想的理论探索

#### 1.“做中教，做中学，做中求进步”

陈鹤琴主张游戏化教学法，他认为，把游戏和读书对立起来的教育观念是错误的，认为幼儿喜欢游戏是一种自然而然的天性本能，符合心理发展特点，要使读书生活变得津津有味，学习进步迅速，就要做到游戏化。

#### 2. 教学游戏化要回归儿童的成长

“活教育”理论是陈鹤琴教育思想的核心内容。在“活教育”领域中，以发展、培养人的目标的教育活动除了关注教育的固有功能外，也关注儿童喜好游戏的心理特点和需求。要加强儿童知识技能的训练和学习，更要意识到儿童的生活应该是此刻的、当下的，在读书和生活中注入游戏精神，也应值得推崇。

3. 游戏就是工作，工作就是游戏

陈鹤琴提倡让儿童“自由工作”。儿童的游戏与工作划分不开，将儿童带有一定任务的动作看作很有教育价值的游戏，让儿童在游戏过程中既获得自由的发展，又具有教育价值。

知识拓展

陈鹤琴一生研究成果颇丰，研究领域广泛，涉及儿童心理、家庭教育、幼儿教育、小学教育、特殊儿童教育、文字改革等。陈鹤琴在学习国外优秀教育思想的同时，不忘结合中国国情，构建了本土化的幼儿教育思想体系，毕生致力于推进中国儿童教育科学化。陈鹤琴的游戏理论是其教育思想体系中非常重要的组成部分。他主张以儿童特点为前提，以大自然、大社会为课堂，以实现“做现代中国人”为根本宗旨，以游戏为主要方式，充分发挥儿童的自主性，促进儿童的全面发展。教学游戏化思想是在中国幼儿教育实际情况的基础上提出的，具有较强的适宜性，这一思想也奠定了近代中国幼儿教育的理论和实践基础。

## （二）教学游戏化思想的实践

1923 年，陈鹤琴创办了鼓楼幼稚园，这是我国第一个幼教实验中心。陈鹤琴教学游戏化的探索正是在此进行的。陈鹤琴将游戏与课程教学逐步融合，使游戏回归教育，将游戏的教育价值最大化发挥作用。

从儿童观来看，教学游戏化中的游戏不仅仅是玩，更是儿童内在生命力的表现，是儿童认识世界、理解世界的手段。从家庭教育来看，教学游戏化式的家庭教育法不仅能够促进父母与子女之间的感情，同时也能提醒家长注意儿童的动作和游戏，使家长贴近儿童的生活，使游戏从抽象的理论走进家庭的实践。从幼儿园课程来看，教学游戏化能够促进游戏与课程教学的融合。将游戏纳入课程范围之中，能够促进游戏的制度化和形成正确的游戏观念，使更多的幼儿能够在游戏中受益。从活教育理论体系来看，教学游戏化能够将“做”的精神内核与游戏的精神高度联系在一起，围绕“做”的活教法，让幼儿去获得直接经验，进行自主学习。

## 四、当代游戏理论与实践

21 世纪以来，更多的理论学者开始关注游戏的价值，尤其重视游戏中幼儿精神世界的探讨，在此基础上针对学前儿童游戏问题进行了理论上的研究和实践上的探索。

### （一）课程游戏化和游戏课程化

游戏与课程的关系目前集中在课程游戏化和游戏课程化上。

虞永平提出课程游戏化的观点，认为应在保证幼儿园游戏活动时间的前提下，将游戏的精神、游戏的观念融入课程中，以游戏的思维指导幼儿园各类活动开展。[1] 主张通过环境创设激发幼儿活动积极性与主动性，调动幼儿的参与动机，以利于活动的顺利开展。[2] 可以通过明确理念、改造课程方案、创建课程游戏化环境、构建活动区域、开发资源等方式提高课程游戏化能力。[3] 这样可以使教师在组织课程的过程中，知道教什么、怎么教、为什么这么教，幼儿学什么、怎么学。

王振宇提出游戏化课程的观点，他认为游戏与课程的关系应该是产生于游戏，经过课程的转化最后又回归游戏形态，也就是说，游戏化课程是依托游戏对幼儿的兴趣的激发，将课程元素充分融合在游戏形式之中，以游戏的形式表达出来。[4]

课程游戏化以课程为体，游戏为用；游戏化课程以游戏为体，课程为用。课程游戏化强调预设，游戏化课程强调生成；课程游戏化强调玩中学，游戏化课程强调学中玩；课程游戏化强调教在前，游戏化课程强调教在后。但是二者都强调激发幼儿的兴趣，强调寓教于乐，强调游戏与课程相融合。

### （二）乡土游戏

安吉游戏和利津游戏是我国乡土游戏的典型代表，都是因地制宜发展起来的游戏模式。

安吉游戏立志于因地制宜地建造一个特色的游戏环境，让幼儿的游戏有意义、有价值。安吉游戏是一种让幼儿接触自然、自由选择游戏材料，顺应幼儿发展特点，让幼儿自主进行的游戏。专家们将安吉游戏的主要特征概括为反思、投入、喜悦、冒险与爱。安吉游戏的价值在于它不仅像其他游戏一样给孩子们带来了快乐，促进了他们的成长，最重要的是它“使游戏回归自然”的教育理念。

---

❶ 虞永平 . 课程游戏化的意义和实施路径 [J]. 早期教育（教师版）.2015（3）：4-7.

❷ 邱学青，高妙 . 传承与超越：从教学游戏化到课程游戏化 [J]. 学前教育研究 .2021（4）：3- 10.

❸ 黄小莲 . 和而不同：课程游戏化与游戏课程化辨析 [J]. 上海教育科研 . 2020（1）：65-68.

❹ 王振宇 . 游戏课程化：实现游戏手段与目的的统一 [J]. 山西教育（幼教）.2019（11）：8-11.

利津游戏本着“游戏开发本土化、实用化”的原则，将中国传统游戏（如老鹰捉小鸡、跳皮筋、翻绳、舞龙灯、跳房子、老狼老狼几点了等）和现在的幼儿园户外游戏活动融为一体，对千篇一律的游戏形式进行了改造、创新，在游戏领域形成了其独树一帜的风格。

“南有浙江安吉，北有山东利津”是对当代基于我国本土化游戏模式探索模式的概括，也是在当下对国外各种学前教育理念趋之若鹜的“回头看”，我们还有很多本土化资源可以开发和利用。

## （三）愉快教育

虽然目前游戏作为课程的实施手段和课程的结果一直被讨论，但愉快教育将成为学前儿童游戏理论研究的重要内容之一，无论课程游戏化还是游戏课程化，都是将游戏作为课程实施的手段，而游戏的动因是愉快，游戏的结果也是愉快，愉快才是游戏的主基调。愉快教育是游戏的应有之义。

孔子首开乐学之风，把乐学视为最高境界；陶行知也提倡重视幼儿的兴趣，指出了兴趣的重要性。我国目前的愉快教育思想并非某个人提出的，而是在整体关注幼儿游戏和彰显幼儿游戏精神的教育背景下，理论研究者和实践者集思广益形成的游戏思想。

王育培认为尊重幼儿的天性，尊重幼儿身心发展规律，是进行愉快教育的前提，兴趣是愉快教育的关键，教师乐教是愉快教育的根本保证，幼儿园教育教学是一项十分琐碎辛苦的工作，所以需要教师具有爱心和耐心，并且能够调节自己的情绪。[1] 汪凤玥也提到良好的学习氛围和环境对幼儿的愉快教育非常重要，是前提和基础。在幼儿自主探索性学习的过程中，要让幼儿在整个教学过程中始终有轻松、愉快的感觉，对整个教学过程产生浓厚的兴趣，教师应抓住时机及时对幼儿进行启发、引导，鼓励他们去探索、去发现。[2]

愉快教育与其说是一种对待儿童的态度和对待课程的态度，不如说是一种游戏思想。我国的愉快教育思想源远流长，在当前学前教育事业发展迅猛势头影响下，突出强调幼儿的主体地位，愉快教育思想的理论阐述将更加完善，愉快教育在幼儿游戏的实践中将更加丰富多彩。

[1] 王育培．幼儿园愉快教育探析 [J]. 幼儿教育，2001（10）:10.

[2] 汪凤玥．幼儿教师如何进行愉快教学 [J]. 青海教育，2013（5）:50.

# 第三节 国外的学前儿童游戏思想

## 一、福禄贝尔的游戏思想

福禄贝尔的游戏思想深受剩余精力说的影响，他开创了浪漫主义思想的先河，将理论上的幼儿游戏变成了实践，将游戏以鲜活的面貌呈现在了人们的眼前。

福禄贝尔继承了席勒游戏的“剩余精力说”，并结合裴斯泰洛齐的教育实践以及自身的生活学习经历，提出了以游戏为基本活动的教育观。他把席勒描述的过剩审美能量作为他对儿童进行“自然”教育的途径，并运用游戏材料把游戏信念转化成实际的教育活动。福禄贝尔首先阐明了游戏的特征：自然性。他所谓的“自然”包含两个层面的意义：游戏的目的是实现儿童对自然世界状态的理解，即体验“宇宙精神”和“神的统一”；自然的假装游戏反映具体的文化观和社会观，并且这种假装游戏超越了文化的界限，成为文明社会普遍的活动。福禄贝尔认为，游戏更多的是教育，而非自然的部分，实现了游戏从纯粹理论到实践的过渡，使游戏不再是哲学家称道的抽象和直觉的活动，而成为具象的、具有实际教育价值的活动。

福禄贝尔倡导的“自然”的游戏形式类似亲子游戏，虽然福禄贝尔没有对游戏的概念及其如何在课堂教育实践中开展做出具体的解释，但他设计的游戏材料和活动对后世的儿童教育影响深远，如积木、球和手指游戏。值得注意的是，福禄贝尔的游戏观和游戏实践是建立在他对游戏的 “自然”属性和游戏生物学理解的基础之上的，忽略了游戏的文化根源，这也就为后代的游戏研究者提供了新的研究课题。

## 二、蒙台梭利的游戏思想

在蒙台梭利的思想中，儿童工作思想是其重要的组成部分，为此她设计了一套教具，并设计了模式化的教学程序，即蒙台梭利教学法。但是在其著作当中，她也经常把工作称作游戏。蒙台梭利认为儿童“工作”的价值、内容、过程、指导策略以及身体活动等都具有游戏性。

蒙台梭利认为，在儿童身上有一种天生的积极力量和敏感性，促使他们感受到自己内部的成长，意识到自己的成就，并产生进一步发展的需要。儿童的各种本能只要在适当的、“有准备的” 环境中，通过适当的活动，就可以被激发出来，不需要外部的强化。除了为儿童身体活动提供安静、整洁、井然有序的物质生活环境外，还需要精心设计适合儿童身材、体力的设备、用具，提供有系统的感觉训练的教具材料和运动器械，以引起儿童的积极活动。

蒙台梭利理论中的游戏与“工作”密不可分。在蒙台梭利思想中儿童主要有两种活动方式：一是游戏，二是“工作”。儿童的一个活动流程可以表示为兴趣、开始操作、出现专注、获得发展四个阶段，只具备前两个阶段流程的活动就是游戏，而“工作”需要上述四个阶段的全部特征。因而，游戏的功能主要在于愉悦儿童身心，儿童的发展主要是通过“工作”实现。同时，儿童喜欢“工作”甚于游戏，是因为“工作”是基于儿童内在要求的主动自由活动。这样，“工作”就成为儿童发展的基本形式。

蒙台梭利明确反对幻想类和想象类的游戏，认为这些游戏是对现实生活的逃避。对这类游戏的反对会让儿童缺失游戏精神的充分表达。

## 三、瑞吉欧的游戏思想

以马拉古兹为代表的瑞吉欧人尝试运用和借鉴了许多领域的理论与思想，其中最核心、影响最大的是美国教育家布鲁纳和杜威、瑞士心理学家和教育家皮亚杰、俄国心理学家维果茨基等的理论和思想。在这些理论的影响下，瑞吉欧工作者吸收众多先进的理论，在实践中总结经验，逐步形成了瑞吉欧课程模式。

在瑞吉欧教育的游戏实施过程中，教师引导儿童在精心创设的环境里采取“项目工作”或者“项目活动”的方式开展教育活动，具体而言，瑞吉欧的游戏实施包含四部分：环境，教师，项目活动，幼儿园、家庭和社区的共同合作。其中，环境是幼儿园的第三任老师，儿童在与环境的相互作用过程中生成课程、建构知识。教师的主要任务就是倾听儿童的言语，观察他们的行为方式。在此基础上，教师还承担着合作者、指导者、联系者的角色，帮助儿童进行自主探究，以实现自我发展。项目活动以小组活动的方式，围绕某个“课题”，在教师的支持和引导下进行。幼儿园、家庭以及社区被看作一个整体，没有非常明显的界限，共同促进儿童的发展。瑞吉欧强调游戏的不确定性、开放性、动态性。

## 四、华德福的游戏思想

华德福教育强调以人为本， 主张幼儿教育要顺应儿童的生理与意识的发展趋势，注重与儿童天性合作和促进儿童心灵平衡发展；重视培养儿童的感恩之心，提倡真、善、美的和谐教育；强化儿童亲近自然的意识；要做儿童的知己，倾听儿童的心声。华德福重视教育中的自然主义、榜样模仿、节律重复、故事滋养和艺术陶冶，教师对学生起到引导和启发的作用。

在婴幼儿阶段（0～7岁），儿童是通过模仿来学习，所以在华德福的保育班和幼儿园里，没有正规的训练和指导，尤其是学术智力方面的教学。玩耍是儿童的生活和学习，让孩子做家务，玩家家，扮演各种人物和做游戏，以及尽力去探索大自然。在华德福早期教育中，活动和游戏是教育内容的主要形式，在幼儿园，孩子的主要工作内容是游戏，游戏的经验是孩子日后智力发展的根基，任何种类的游戏都对其身、心、灵平衡发展具有关键的影响。

游戏是意志行为，是幼儿对环境印象的远而广的发现，同样也是模仿行为。华德福早期教育强调我们必须明白，游戏是一种强烈的、发展的内在需求。当游戏被孩子之外的人和事物所操纵时，就不是真正的游戏。

华德福早期教育游戏理念中的游戏是指创造性游戏，是由儿童自己想出来的游戏，目的是发展儿童的主动性和创造性。它具体可以分为：角色游戏——幼儿通过扮演角色，以模仿和想象创造性地反映周围的生活；建筑性游戏——利用积木、砂石等材料建造各种建筑物从而发展幼儿的设计创造才能，培养有关的技能技巧；表演游戏——让幼儿按照童话、故事中的角色、情节和语言进行创造性表演。儿童在游戏中能提高自我表述和自我引导的能力，这两种能力又能增强孩子的自信和自尊。

## 思考练习题

1. 请依据佩勒的角色扮演理论分析，幼儿扮演警察、教师、医护人员的动机是什么？是敬佩还是恐惧？并据此分析理论存在的价值，以及理论与实践的逻辑联系。

2. 皮亚杰认为游戏是同化超过顺应的优势，维果茨基认为游戏创造最近发展区，试结合两个学派基本观点，分析两种观点的区别与联系。

3. 依据相关原理结合实例分析，幼儿开展角色游戏的动力，以及选择扮演某种角色的动机。

## 【实践与应用】

分小组让学生观看一个或几个幼儿游戏的场景视频案例，并尝试从多种理论角度对视频中幼儿的行为进行分析。

陈鹤琴眼中的幼儿游戏与游戏作用

# 下编/实务篇

# 第五章

XUEQIAN ERTONG YOUXI DE XUANZE

# 学前儿童游戏的选择

**【学习目标**

知识目标：能详述“选择”在学前儿童游戏活动开展中的作用；掌握游戏的选择方法；能根据早教、小班、中班、大班儿童的游戏特点，分析儿童游戏选择的要点。

行为目标：能够在实践中结合不同阶段儿童游戏特点，为儿童选择适宜的游戏与材料。

态度目标：感受为学前儿童选择游戏的重要性；体会在教育实践中帮助儿童增强行使游戏权利的重要意义。

**【问题导入**

小孩子最喜欢蹦蹦跳跳，为了锻炼小班幼儿双腿的弹跳能力和身体协调能力，王老师设计了户外游戏“小白兔采蘑菇”。在游戏中，以小白兔跳小沟、钻山洞、爬山坡的情节为主，幼儿练习了双脚向前跳跃的动作，发展了身体的协调能力，尽情地玩耍，大胆地表现。

成人要有针对性地选择幼儿游戏，让幼儿远离不适宜的游戏，使他们能够在游戏中获得某种教益。如上述的游戏案例中，教师为什么为小班幼儿选择“小白兔采蘑菇”游戏？不同年龄阶段的幼儿游戏又有哪些特点？又该如何为幼儿选择适宜他们的游戏呢？这也是本章学习的主要内容。本章介绍学前儿童游戏的意义与方法、不同年龄班游戏的特点及选择要点。

# 第一节　学前儿童游戏选择的意义与方法

## 一、学前儿童游戏选择的意义

什么是选择？人的时间、精力等资源是有限的，根据个人需要，计划着将有限的资源价值最大化，以换取最大化利益的决策过程就是选择。对于儿童的游戏，人们从来都认为是需要选择的。选择游戏的主张在西方最早可以追溯到古希腊时代，如柏拉图主张儿童的游戏是对儿童进行道德与法制教育的过程，应该选择有经验的人去组织管理和指导儿童的游戏，对儿童的游戏不能“放任自流”，通过游戏培养儿童勇敢、聪慧、严肃和守法的性格，这样才有利于国家的安定。随着柏拉图思想的延续，更多的教育家、思想家的观点中蕴含着“选择”，如捷克著名的教育家夸美纽斯不建议儿童玩拳击、掷骰子、游泳和跳舞等游戏，而是应当注重儿童的身心健康，提倡进行安全的身体运动性游戏；英国政治家、思想家洛克则提出儿童的游戏应以培养儿童良好习惯为主。随着时间的推移，越来越多的人认同游戏是需要选择的，选择有如下意义。

### （一）满足学前儿童身体生长发育的需要

游戏对促进儿童的新陈代谢、促进机体生理功能的发挥有着重要的作用，不同年龄阶段儿童的身体生长发育有着不同特点，如小班儿童大肌肉发展较快，身体动作比以前灵活，开始协调发展；中班儿童精细动作发展，如能够自如地控制手腕；大班儿童动作的灵活性增强，能熟练地做大肌肉动作，平衡能力提高，能攀爬、滑行等，同时精细动作水平得到较大提高等。选择游戏时首先考虑孩子们的身体发展特点，满足学前儿童身体生长发育的需要，如跳绳游戏促进新陈代谢，滑板车游戏促进身体协调与平衡，雪花片、积塑积木、折纸、捏泥、穿珠促进手部精细动作的发展。

### （二）满足学前儿童认知发展的需要

学前儿童选择游戏有助于满足其认知发展的需要，如为幼儿提供积木、骑车、玩沙、戏水、拼图等游戏可以培养儿童对形状、离心力、空间知觉、万有引力、大小等关系和物理概念与活动之间关系的建构，儿童在游戏中也学会了多、少、相似、不一样等关系，有利于理解能力、预测物质世界能力、逻辑能力和智力的发展；在“找不同”的游戏中，幼儿通过发现两幅图中的不同之处，促进了视觉观察力的发展；在“摸物体，猜名称”的游戏中，将一些物体，诸如苹果、橘子、帽子、手表等放在一个口袋里，请幼儿摸，然后猜一猜是什么，能发展幼儿的触觉；“抢椅子”“击鼓传花”等音乐游戏促进了儿童听觉的发展；大陀螺、平衡木等的操作使幼儿的感官得到了大量的练习。可见，学前儿童游戏的选择有助于促进幼儿认知的发展。

### （三）满足学前儿童社会性发展的需要

社会性是作为社会成员的个体为适应社会生活所表现出来的各种心理和行为特征。游戏为学前儿童提供了社会交往的机会，有助于发展他们的社会交往能力。在游戏过程中，学前儿童逐渐从他人的角度去看问题、去理解别人，学会分享、助人和合作等社会性技能。在选择游戏时，可以通过表演故事的方式让幼儿懂得为人的道理，形成良好的品德。因此，学前儿童游戏的选择可以满足幼儿社会性交往的需要，也是创设游戏的重要原则之一。

## 二、学前儿童游戏选择的方法

### （一）学前儿童游戏选择的思路

#### 1. 激发幼儿兴趣，选择游戏内容

教师在选择游戏时，首先要以幼儿的兴趣来确定游戏的内容，否则，不能激起幼儿想玩的

欲望，同时也会失去游戏原本的意义。因此，教师可以尝试在选择游戏前与幼儿做一次“我喜欢的游戏”主题讨论，选出幼儿最感兴趣的游戏内容，使游戏内容更贴近幼儿的想法，幼儿主体性提高的同时也会积极参与到游戏中。如给小班幼儿提供报纸，通过让幼儿摆弄报纸、撕、揉、团报纸等，发展幼儿的小肌肉群。

### 2. 顺应心理需求，创建游戏空间

幼儿在游戏空间里，可以自由选择游戏、选择同伴。教师应鼓励每一名幼儿都能参与其中、发表自己的观点，提供材料、工具等，并将幼儿的想法组合在一起，如在“巴士到站了”游戏中，有的幼儿找来卡纸做零钱，有的幼儿找又长又宽的纸箱做巴士，有的幼儿搭建站台，调动了幼儿的主观能动性，让幼儿产生归属感。

### 3. 以幼儿为主体，把控游戏节奏

选择游戏时要站在幼儿的角度，从“假如我是幼儿的话”的态度去探索幼儿的游戏需要。此外，教师还要鼓励幼儿去探究、验证自己的想法，即使是不正确的想法，也要允许幼儿通过不断地“试误”去寻找问题的解决办法。不同的孩子，接受游戏的速度是不同的，不要急于用成人的想法去“帮助”幼儿，要把握住游戏节奏，使游戏达到选择的目标。

### 4. 调动幼儿情绪，注重游戏评价

教师为幼儿选择游戏时很容易将游戏评价这个环节忽视。游戏评价是幼儿园教育工作不可缺少的一部分，准确、有效、客观的游戏评价有利于了解幼儿游戏中存在的问题，以调整和改进幼儿的游戏活动，促进幼儿游戏的发展。多数游戏主要是以教师评价为主，其实年龄大点的幼儿已经具有进行评价的能力，可以让他们谈谈游戏中的愉快或不愉快的经历，表达自己对游戏的愿望和想法。同时在交流中，既可以培养幼儿养成倾听他人发言的好习惯，观察他人活动的情况，丰富自己的认知经验，又可以帮助教师发现当前幼儿的认知水平，为接下来游戏的选择与设计提供依据。

## （二）学前儿童游戏选择的策略

自主学习、探索解决问题等能力是可以借助游戏来提高的，为儿童选择增进其能力以及身心健康发展的游戏也是十分必要的。然而，由于儿童的发展具有独特性与普遍性共存的特点，

并不是所有儿童都适合同一种游戏，也不是所有游戏都适合某一个儿童，游戏的“选择”不再是简单统一的，而是需要适合特定儿童。因此，我们需要相应地选择策略方法，以保证幼儿园游戏选择和创设的科学性。具体而言，学前儿童游戏选择的策略包含四种，分别为筛选、改造、再造、创编。

#### 1. 筛选

对于儿童的游戏来说，筛选即从众多的游戏中，依据某种规律或准则选择出适合儿童的游戏，如为了锻炼小班儿童的腿部大肌肉力量，小班教师利用了传统的“跳格子”的游戏，并一步步将游戏的规则传达给儿童：一个跟着一个跳，跳在格子里，跳到一个格子就两脚并拢，两个格子就两脚分开等。对于游戏的选择，该教师根据实际需求直接选择游戏，不做任何改变，这就是筛选。

#### 2. 改造

虽然经过筛选的游戏可以满足部分儿童、场景的需要，但是有必要对所选择的游戏进行进一步的改造，呈现更符合幼儿发展以及教育意图的游戏。改造指的是已经成型的游戏样式在材料、场地、规则等方面存在改变的必要条件，或者因为幼儿能力变化，教师对这些游戏条件或规则进行一些修改，促进游戏的开展。福禄贝尔是改造游戏的代表人物，他将游戏中的有价值的因素抽取出来，并且与教育内容结合，形成游戏材料，并相信通过游戏材料可以帮助幼儿循序渐进地认识自然，然而游戏材料的使用方法都是由教师预先决定的，改造后缺乏相应的创造性和自发性，因此研究者并不认为其是真正的游戏。

我们再以“跳格子”游戏为例，当小班儿童进入中班后，还是很喜欢“跳格子”游戏并且可以很熟练地双脚跳入格子中，因此教师再次选择“跳格子”游戏并进行了初步的改造，在格子当中添加数字，将游戏规则改为：按数字的顺序一个一个跳，单脚向前跳，另外一只脚不能踩到线。再加上教师提供的情境，孩子们在体验游戏带来的快乐的同时也锻炼了平衡能力。可见，教师在选择游戏的同时进行改造也是一个重要的方法。

#### 3. 再造

当所选择的游戏不能满足游戏的需要，也很难通过改造以适合当前儿童活动特点时，就可以采用再造游戏的策略。再造游戏即结合幼儿的游戏兴趣、游戏客观条件等实际情况，结合一些当前成型的游戏，提取有益成分，重新形成新游戏样式的过程。再造的游戏要能够激发儿童游戏的兴趣与好奇心，儿童通过积极探索，在与材料或玩具相互作用中，形成对周围世界的认识和理解。又如“跳格子”游戏，大班的孩子对格子的各种玩法都已熟悉，因此，教师选择对“跳格子”游戏进行再造，从儿童的兴趣点出发，把石头剪刀布、抛纸球、跳格子这三个游戏组合到一起，并由教师和幼儿共同制定新游戏的规则。对所选择游戏进行再造，会给孩子们及教师带来新的体验与收获。

#### 4. 创编

由于幼儿好奇心强，易对新事物感兴趣，教师在选择游戏时考虑到重新设计游戏，创编出更多的游戏，以促进幼儿在智力、情感、社会性和身体等方面的发展。游戏的创编是以教育目标的实现为出发点，没有具体的游戏作为参考。对于中大班的孩子，教师应转换为游戏的引导者，注重幼儿的探索—发现—创造的过程，鼓励和支持幼儿挖掘身边的游戏资源，选择创编游戏。

同时，创编游戏也是灵活的，可以将游戏与其他各个领域的活动相结合，让幼儿更好地理解和掌握所需的内容。如为了促进幼儿运用方位词进行空间方位的描述，正确识别空间方向，大班教师选择创编了“新跳格子”游戏，教师提供路线图，路线图上有箭头，让幼儿根据路线图跳格子，两人一组，一名幼儿发指令，另一名幼儿跳格子。幼儿也可以自己设计路线、设计格子的摆放等，在掌握了空间方向的同时，也激发了设计和参与游戏的兴趣，让全新的游戏变得更加有趣。

以上为学前儿童游戏选择四种策略，从具体实施上来看，并无难易之分。如果不了解幼儿特点或者兴趣点所在，且缺乏坚定而正确的学前教育理论做支撑，只是一味从教师个人的兴趣出发去选择游戏，“筛选”就会困难重重。反之，如果教师有坚实的游戏理论做支撑，有一定的教育教学经验，依据幼儿身心特点和兴趣爱好选择游戏，就能够较为容易地创编游戏。虽然筛选、改造、再造、创编四种策略在儿童游戏选择的做法上有所不同，但是教师在操作时要牢记从幼儿的角度出发，遵循以幼儿为本位，选择适宜幼儿的游戏。

# 第二节 不同年龄班游戏的选择

## 一、0 ~ 3 岁婴幼儿游戏特点与选择要点

研究表明，新生儿脑重量约 350 克，1 岁时约 950 克，已达到成人脑重量的 63%，3 岁达到 80%，这意味着婴幼儿在 3 岁前的智力、个性等已经可以定型在 80% 以上，如果这时能够丰富婴幼儿的生活，针对婴幼儿的年龄特点给予正确的教育，就可以加速其智力的发展，并且为良好的行为习惯和个性品质的形成奠定基础。

### （一）婴幼儿游戏特点

#### 1. 以感知运动为主，呈循环反复的特点

0 ～ 3 岁婴幼儿通过感知运动意识到外部世界与他们自己是独立存在的。动作和玩物游戏

是他们主要的游戏形式之一。在保证安全的前提下，色彩鲜艳、图案多样的积木可以帮助他们建立和提升色彩、材质的感知能力。此外，叠叠乐、套圈积木、绕珠玩具都比较合适。0～3岁是婴幼儿身体迅速发展的时期，从整天只能躺着到会抬头、翻身、坐、爬、站、行走，从粗动作到逐渐掌握一些精细动作，婴幼儿会通过游戏不断练习和提高自身的动作能力；随着骨骼肌肉及大脑神经的发育，婴幼儿逐渐可以控制自己的动作和身体；循环反复练习性游戏不断增加，也反映了婴儿认知能力的进步和发展。

#### 2. 易受情绪支配，出现单独的游戏

0～3岁婴幼儿的认知主要受外界事物和自己的情绪支配，开始出现社交性微笑。他们的许多游戏是带有情绪化的，比如在游戏中很容易激动，喜怒无常，游戏停止时可能哭泣。这个阶段的婴幼儿的认识很大程度上要依赖行动、实物去培养。两三岁婴幼儿的单独游戏表现最为明显，即独自玩，不会在意也不关心周围人的存在，如在花园里，幼儿和小花小草玩得专心，旁若无人。

#### 3. 模仿能力强，成人是游戏的主导

游戏为0～3岁婴幼儿接受教育的主要方式，提供多元化的游戏可以培养婴幼儿的想象力、创造力、语言表达能力和积极主动性。同时，婴幼儿的年龄小、能力有限，游戏活动中必然会有成人的参与。因此，亲子游戏是幼儿出生后最常见的游戏形式，如做各种表情、动作、身体按摩等。成人在婴幼儿的游戏中扮演着重要的角色，也是婴幼儿与物质世界之间的中介。成人可以通过玩具和游戏材料的提供以及与婴幼儿的共同游戏来促进婴幼儿游戏的发展，还可以增进亲子感情，对婴幼儿的身心健康发展有着重要作用，如在成人的逗引下，婴幼儿可以学习和练习抬头、坐、爬、站、行走、跑、跳等基本动作。可见，婴幼儿为游戏的主体，成人在游戏中发挥主导作用。

与此同时，爱模仿也是这个年龄阶段幼儿的特点，如模仿身边的人和动物等。婴幼儿通过模仿不断地学习、成长，同时展现自己的情感与个性。因此，成人首先要理解和接纳幼儿不自觉的模仿行为，并挖掘其中的积极因素。

### （二）早教班游戏的选择要点

#### 1. 感官游戏

婴幼儿从出生开始运用感知认识世界，适应周围的环境。因此，婴幼儿游戏在选择上应以感官游戏为主，最早接触的感官游戏是听觉游戏和触觉游戏。听觉游戏中，婴儿听到声音后出现注意的神情。随着年龄的增长，听觉游戏的难度也可以增加，如让幼儿闭上双眼，家长分别可从上、下、左、右、前、后等方向发出声音（如铃声、哨声、拍手声等），让幼儿判断声音来源于哪个方向。如果回答错，则将声音加大，并重复发音，直至判断正确。

触觉包含运动觉和皮肤觉，是全身性的。与触觉直接关联的知觉有形状知觉、大小知觉、距离知觉、运动知觉、自我知觉等。在婴儿期，洗澡是最好的全身接触游戏，也可以让婴儿接触不同触感的平面，如硬的地板、软的爬行垫、毛茸茸的羊皮、有弹性的床垫等。年龄大一点的幼儿玩触觉游戏时可以加大难度，如2岁以上的幼儿可以玩“魔法袋子”的游戏，即在布袋里放入有不同触觉感受的物体，让孩子把手伸进袋子里找找看，袋子里有什么好玩的玩具，拿出来之前可以让幼儿猜猜是什么东西。此外，成人可以为婴幼儿提供形状和色彩各异的玩具（触觉球、积木、手摇铃等），这些材料可以有效促进婴幼儿感觉器官的发育。

### 2. 动作游戏与玩物游戏

对于0～3岁婴幼儿来说，动作游戏是指以大肌肉动作为主的身体运动游戏，玩物游戏是指以小肌肉动作为主的游戏。婴幼儿动作的发展为婴幼儿游戏创造着可能性，同时，婴幼儿游戏也能提高婴儿动作的能力。婴幼儿的动作游戏是通过基本动作和机体运动表现出来的，如抬头、翻身、抓握、蹬腿、坐、爬、站、走、攀登等。真正的游戏是从婴幼儿会爬以后开始的，成人要注重利用游戏让婴幼儿去看、拿感兴趣的物品，为婴幼儿创设轻松、安全的环境，并以支持的语言激励他们进行动作的练习，如爬、站、走。3岁前是婴幼儿精细动作能力发展极为迅速的时期，成人可以为婴幼儿提供探索的玩具和材料，引起婴幼儿探索的兴趣。如准备容易撕的纸，让幼儿把纸撕成小纸片，扔向空中，等纸片散落到地上再捡起来；准备一些橡皮泥，让幼儿随意地按压、揉捏，也可以提供一些模具，让他们印出各种图案；提供简单的、容易操作的镶嵌式拼图，让幼儿将拼图块取下来，再放进相应的洞里。

### 3. 亲子游戏

社会性游戏是以人际互动为特征的游戏，亲子游戏为最初的社会性游戏，随着婴幼儿伙伴意识的发生与发展，伙伴游戏也逐渐发生与发展。在亲子游戏中，对于0～1岁的婴儿，成人可以选用彩球逗引婴儿，发展视觉的追踪能力；提供彩色图片或物体，给予视觉上的刺激。语言游戏也是早期亲子游戏的一种表现形式。起初婴儿对声音的无意识的玩弄往往会激发起母亲的模仿。成人一遍遍地重复，婴儿渐渐地参与到“对话”中来，从而形成了真正的交流活动。对于1～3岁幼儿，成人可以选择亲子阅读游戏，开展角色表演游戏。

## 知识拓展

### 0～3岁亲子游戏

#### 1. 坐秋千

妈妈坐在床边或者凳子上，宝宝面向妈妈，坐在妈妈腿上。游戏开始，妈妈双手拉着宝宝的手，两脚上下、左右晃动，宝宝则跟着妈妈的腿一起晃动。

效果：发展宝宝的运动能力、平衡能力。

适合年龄：9个月以上。

#### 2. 拨浪鼓

叮叮咚咚的拨浪鼓是每个婴幼儿的最爱，声音清脆，婴幼儿可以拿着它尽情地晃动。

效果：锻炼手与手臂的灵活性，感受自身动作与物体变化之间的关系以及声音的产生。

适合年龄：4～12个月。

#### 3. 吹羽毛

通过画线或其他合适的方式将光滑的桌面一分为二，妈妈和孩子分别坐到线的两边。之后把准备好的羽毛放在线中间，妈妈和孩子都努力把羽毛吹到对方的桌面上。也可以把羽毛拿在手中，抬头将羽毛往高处吹。

效果：增强肺活量，感受羽毛的轻柔。

适合年龄：2～3岁。

#### 4. 盲人摸象

妈妈和孩子一个当盲人，一个当大象，玩盲人摸象的游戏。

妈妈可以先当盲人，让孩子当大象，方便孩子了解游戏规则。

游戏开始，妈妈把眼睛蒙上，然后四处摸孩子，摸到哪里，就高兴地和孩子说“这是头”“这是耳朵”等。

之后把孩子的眼睛蒙上，孩子来摸妈妈，摸到什么就说什么，并问妈妈对不对。当孩子熟悉游戏后，可以把游戏升级为“盲人找象”，即把孩子的眼睛蒙上，妈妈站在离孩子不远的地方，让孩子通过摸索去找妈妈。

为方便孩子寻找妈妈，妈妈可通过发声给予线索，让孩子根据声音去寻找。

效果：锻炼幼儿的触知觉、听觉、记忆力及快速反应能力。

适合年龄：2～3岁。

## 二、3 ~ 4 岁幼儿游戏特点与选择要点

3～4 岁，幼儿的身体组织结构和器官的功能都有所增强，在动作、感知、思维、社会等方面都有了较大的进展，在身心发展水平及学习上呈现出好奇、好动、好模仿等特点，表现出对事物的关注和探索的兴趣。

### （一）3 ~ 4 岁幼儿游戏特点

#### 1. 交流沟通不足，单独游戏向平行游戏过渡

单独游戏指幼儿独自专心地玩，不关心也不关注别人的游戏。平行游戏即幼儿在游戏中仍为独立游戏，相互间没有合作，但是这个阶段的幼儿可以在同一空间里玩耍，玩相同的玩具，玩相近的游戏以及相互模仿。3～4 岁幼儿的社会交往能力不足，往往不善于与他人沟通、合作，正是由单独游戏向平行游戏过渡的阶段。

#### 2. 以象征性游戏为主，反映现实生活

象征性游戏多为幼儿园中的角色游戏，是幼儿以模仿和想象扮演角色，完成以人代人、以物代物为表现形式的象征过程，是反映现实生活的一种游戏形式。3 岁前后是象征游戏高峰期，这类游戏的特点就是借助身体或者其他物品来再现不在眼前的事物和生活情景，幼儿在象征性游戏中获得自身的满足。如幼儿拿着奶瓶给“宝宝”喂奶，把椅子当作车，把水瓶当作话筒等。通过象征性游戏，幼儿可以脱离当前对实物的知觉，以象征代替实物并学会用语言符号进行思维，体现着幼儿认知发展的水平。

#### 3. 游戏无目的性，依赖材料的支持

3～4 岁幼儿处于直觉行动思维阶段，不会提前思考和计划游戏的内容，在游戏的过程中通常没有目的，往往重复某个相同的动作。如在建构游戏中幼儿通常没有想好搭建的形象，就进行无目的搭建，在被问到搭的是什么的时候，会说不出来或者根据自己的搭建物的形象临时命名。在角色游戏中也没有明显的主题，意识不到自己正在扮演的角色。

3～4 岁幼儿的想象力和创造能力还不足，在游戏中会更依赖形象直观的操作材料、玩具的支持，并且对材料的运用和玩法比较单一，多为简单的摆弄、变化，且持续的时间非常短，在材料的刺激或者成人的指导下才能表现出低水平的创造性。如，小班幼儿的绘画以涂鸦为主，他们喜欢在纸上乱涂乱画，成人可采用平行介入游戏等方式参与幼儿游戏，增加幼儿的游戏经验，促进幼儿的身心发展。

### 案例分析

今天金金来到了蛋糕店，一个人坐在蛋糕店的桌子旁边。服务员问：“你要吃什么呀？”他看了看服务员，没有反应。不一会儿，服务员也不管他要还是不要，就在他的桌子上放了一个甜甜圈。金金还是一动不动地看着甜甜圈发呆。我看到了，也走进了蛋糕店。“服务员，我要一个甜甜圈，在这里吃。”机灵的服务员立刻给我送来了一个大大的甜甜圈，于是，我拿着甜甜圈对金金说：“呀，我们买的都是甜甜圈，让我们一起吃吧。”他默默地看着我。于是我开始吃甜甜圈，金金很仔细地看着我。我说：“我的甜甜圈真甜呀，你的呢？你也尝尝看吧！”他也开始拿起了眼前的甜甜圈，就这样我们边聊边吃，最后还一起溜达。

结合以上案例思考 3 ~ 4 岁幼儿游戏有哪些特点。

## （二）3 ~ 4 岁幼儿游戏选择要点

### 1. 角色游戏

真正的角色游戏出现在 3 岁末 4 岁初，并且具有表征、社会性、自主性以及创造性的特点。由于幼儿由于缺少生活经验，在游戏中所扮演的角色不贴近现实生活，角色之间也缺少语言交流，游戏气氛不够活跃。在选择角色游戏时，要注意：首先，“娃娃家”为 3 ～ 4 岁幼儿最感兴趣的角色游戏，在游戏开始前几天教师可以先让幼儿观察父母在家都会做些什么事情，在游戏前进行讨论，并将观察到的内容迁移到游戏中去；其次，小班幼儿的游戏依赖于具体的玩具，教师要为幼儿提供数量多、种类少并且形状相似的玩具，如仿真材料，这类玩具与幼儿的日常生活比较贴近，幼儿们会非常喜欢操作，能够进行简单的模仿；最后，为了使 3 ～ 4 岁幼儿能够明确自己的角色身份，在游戏前提供角色标记，让幼儿能够知道自己扮演的是谁，行为和任务是什么，以此让幼儿领略角色游戏的精彩。

### 案例分析

小班角色游戏：小吃店

幼儿园周围有许多蛋糕店、小吃店等，店里有很多幼儿喜爱的食物。为提高幼儿的兴趣，开展了“小吃店”的角色游戏。

**活动准备**

（1）经验准备：请爸爸妈妈带孩子品尝小吃，初步了解小吃的种类、名称等；教师与幼儿一起参观小吃店，帮助幼儿了解小吃店的人员安排、分工职责等。

（2）材料准备：门牌、灶具、锅、碗、收银机、各种小吃。

（3）环境准备：运用栏杆、小桌等摆设布置小吃店；根据不同的店面，设计不同的门牌。

**活动过程**

（1）引导幼儿欣赏小吃店的照片，帮助幼儿回忆小吃店的布置以及人员的分工和安排。提问：这么多的小吃店，你们想开哪些店？小吃店是怎么布置的？厨师、招待员分别是怎么工作的？小吃店里有哪些人？

（2）介绍游戏材料：灶具、碗、勺子、各种小吃（如鱼丸、什果等）。

（3）幼儿游戏，教师指导：教师以“小吃店”经理的身份介入游戏，协助幼儿布置“小吃店”场景，引导幼儿根据厨师的工作步骤和顾客的就餐程序进行游戏，提醒招待员要及时收拾餐具，并保持餐桌的整洁。

### 2. 结构游戏

随着幼儿小肌肉动作的发展和手眼协调能力的发展，幼儿的玩物游戏也在不断发展。3～4岁幼儿的结构游戏往往具有盲目性、无意识性、不稳定性，并且他们对简单的重复的动作感兴趣，如喜欢对结构材料的垒高，建成“高楼”后又推倒，如此不断重复。因此，教师在为幼儿选择结构游戏时要考虑到材料的结构，如大小、形状，引导幼儿学习铺平、延长、围合、盖顶、加宽、加高等建构技能，可以带领幼儿认识建构材料，通过边讲解边示范的方法反复说明难点，有意识地搭建简单的物体，供幼儿模仿。教师在指导幼儿游戏时，让幼儿在建构之前说出自己的建构意图，引导幼儿给自己的建构物命名，以促进幼儿逐渐明确目的。

### 3. 动作游戏

3～4岁幼儿不但可以很好地走和跑，而且可以用脚尖走路，单脚站立，但仍有动作不够平衡、灵敏、协调，自我控制能力较差的特点。动作游戏不仅可以使幼儿掌握运动技能，提高对自己身体的控制能力，而且可以使幼儿体验到自己的力量和技巧，增强自信心与自主感。应选择内容比较简单、动作技能要求不高、活动量较小并且情节单一的动作游戏，如“老鹰捉小鸡”“切西瓜”“青蛙跳”等躯体动作游戏，数鸭子、捡豆子、手指操等发展小肌肉的游戏由教师承担主要的角色。教师在游戏前要向小班幼儿讲解动作并示范，帮助幼儿学习游戏；在游戏中肯定幼儿的积极表现，鼓励幼儿总结新的游戏玩法，激发幼儿的兴趣。

游戏举案

动作游戏举例

1. 切西瓜游戏

游戏规则：幼儿围成圆圈，师幼共同有节奏地念儿歌：“切、切、切西瓜。我们的西瓜香又甜，要吃西瓜，切开来。”与此同时，教师边走边有节奏地在幼儿拉手处做切西瓜状。儿歌念完，教师的手停留在哪两位小朋友中间，哪两位小朋友就把手放开，拉着其余小朋友的手往圆心跑，表示西瓜被切开了。此时，大家做吃西瓜状。游戏继续。

2. 老鹰抓小鸡

游戏规则：一人扮演老鹰，一人扮演鸡妈妈，多人扮演小鸡。小鸡们一个接着一个地拉着鸡妈妈的衣服。老鹰去捉小鸡，鸡妈妈两臂张开护着小鸡们，不让老鹰捉到，小鸡如果被老鹰捉到，就算输了。

3. 小兔采蘑菇

游戏规则：蘑菇地就在那边，请幼儿用刚刚学到的“小脚并并拢，膝盖弯一弯，轻轻向前跳”的方法一个个地跟着老师去采蘑菇。采到蘑菇以后，把蘑菇放在两腿之间夹着，跳回来，并把蘑菇放进筐中。五分钟后，数一数，采了几个蘑菇，比一比，看看谁采得蘑菇多。游戏结束后，引导幼儿揉腿，做放松运动。

4. 小兔找山洞

游戏规则：每两个幼儿一组，手拉手，站在场地周围扮“山洞”，另外的幼儿蹲在“山洞”里扮“小兔”，“小兔”比“山洞”多两个，多出的“小兔”站在场地中央。游戏开始，“小兔”从“洞”中跳出，一齐念儿歌：“小白兔，没有洞，一二三，三二一，快快找个小山洞。”边念边按儿歌的节奏，四散地双脚向前跳，念完最终一个“洞”字，“小兔”赶快跑去找“山洞”，钻进“洞”里蹲下。没有找到“洞”的“小兔”与做“山洞”的幼儿从排头依次交换位置，游戏可反复进行。

## 三、4 ～ 5 岁幼儿游戏特点与选择要点

4 ～ 5 岁幼儿的有意性行为开始发展，可以按照既定的目标持续游戏，表现出自信、表现欲强的特点，在动作、思维、社会性等方面都不断地发展，不但爱玩，而且会玩。

## （一）4～5 岁幼儿游戏特点

### 1. 沟通交流能力增强，出现合作游戏

4～5 岁幼儿的游戏能力与水平都有所发展，与同伴的合作性游戏也逐步发展起来，即以集体共同的目标为中心，有组织、有分工地游戏。游戏中，幼儿逐渐学会了交往，懂得了与同伴共同分享快乐，还获得了领导同伴和服从同伴的经验。

### 2. 游戏自主性增强，有初步的目的计划

4～5 岁幼儿能够提出自己的想法，对自己将要做什么和怎样去做有了初步的计划，如在角色游戏中，幼儿开始尝试自己制订计划，安排一些游戏情节和内容，对角色分配非常感兴趣，尽力表现所扮演的角色，有主动参与活动的热情与能力，能努力完成自己选择的活动。

### 3. 游戏水平提高，具有一定的创造力

4～5 岁幼儿在游戏中具备了一定的创造意识，喜爱象征性游戏，开始用不相似的物体做替代物材料，对同一个材料有多种玩法，如在建构区，幼儿从原来的仅仅用搭建积木，发展到运用多种建构技能来操作多样化的材料，对材料的玩耍有自己独特的创造性。

**拓展思考**

建构区开放了，孩子们听到进区音乐后，进入自己计划好的区域进行游戏。今天建构区新投放的材料是“一次性纸杯”，孩子们比较感兴趣。小泡等 6 个孩子分别拿着几个纸杯开始搭建，齐齐突然去抢小泡的杯子，小泡眼看着自己的杯子被拿走了，想了一会儿说：“杯子太少了，没意思，不如我们一起玩吧。”这个建议得到了其他 5 个小朋友的认同，于是孩子们把纸杯集合到一起，准备拼搭，他们商量着什么，不一会儿齐齐说：“有了，我们不如叠罗汉吧！”他开始给伙伴们讲解拼搭方法。3 分钟后，叠罗汉成功了，就在孩子们很开心的时候，果果由于兴奋地跳了起来，把成品撞倒了，这时齐齐冲上前去使劲推了果果一下，果果愤怒地对齐齐大喊：“我又不是故意的，你推我干什么？我告诉老师去。”小泡看此情况赶紧劝说：“我们重新再拼吧。”可是齐齐和果果谁也不理谁，齐齐更是发脾气不玩了，果果也走了。

以上案例说明 4～5 岁幼儿游戏有哪些特点？

### （二）4～5岁幼儿游戏选择要点

#### 1. 角色游戏

4～5岁幼儿的角色游戏相对丰富，但是仍存在游戏不稳定的情况，如会经常被外界的因素所吸引而更换主题。因此，教师在选择角色游戏时要注意：在创设游戏环境时可以选择一些半成品的游戏材料，如积木、纸箱、水瓶、雪糕棍等，鼓励幼儿动手探究，根据主题、情节的需要自制玩具；在角色游戏中要有效地参与指导，启发幼儿拓展主题、分配角色、设计游戏情节、与同伴共同制定规则等；游戏结束后，教师组织幼儿展开讨论。

#### 2. 表演游戏

表演游戏作为象征性游戏之一，有助于促进幼儿的创造性、语言、想象力等方面的发展。通常来说，3岁前的幼儿不会玩表演游戏，幼儿到了4岁才能分配好角色，但仍有角色意识不强的问题。因此，教师在为中班幼儿选择表演游戏时要注意：在游戏开始前，教师应当为幼儿准备一个固定的封闭或者半封闭的空间，给予幼儿充足的认同感和安全感；为幼儿提供的材料要简单容易搭建，以免给幼儿造成干扰；在表演游戏过程中，教师要提示幼儿选择游戏主题，并且引导幼儿做好角色的分配，讲解游戏的规则，鼓励幼儿讨论。

#### 3. 结构游戏

4～5岁幼儿可以进行结构游戏，并可以建构一些复杂的物体，运用已有经验进行再现和创作。教师在选择结构游戏时，要注重幼儿对建构知识的学习和对建构技能的训练，可以提供构造图，引导幼儿学会看图，在搭建的过程中学会桥式、架空、塔式以及覆盖等技能。

## 四、5～6岁幼儿游戏特点与选择要点

5～6岁幼儿动作灵活，控制能力明显增强，情绪稳定，创造能力及想象力的丰富程度都有了较大的提高，其生理和心理的发展促进了游戏的开展。

### （一）5～6岁幼儿游戏特点

#### 1. 社会交往能力提高，以合作游戏为主

5～6岁幼儿游戏为典型的合作游戏，这个阶段的幼儿有了合作的基础，有和同伴一起共同游戏的愿望，在游戏前有明确的目的，事先组成小组进行游戏任务的分工，为了实现同一个活动目标，会共同克服困难完成游戏任务。比如：幼儿商量一起搭建一个游乐园，即使有的孩子想搭建高楼，他也会遵从游戏分工，完成用小插片搭建游乐园花坛的任务。

### 2. 幼儿创造能力的飞跃提升

5～6岁幼儿的生活经验已经十分丰富，能够有效地迁移原有的经验进行创造性的游戏，比如建构弹珠轨道、建构高架桥。他们的想象力丰富而自由，想象的过程中会产生创造性想法，在游戏活动的替代物材料上也表现出更多的创造性。如在角色游戏中在没有实物出现的情形下，会用动作和语言来表达意思，动手能力的增强，不断地创造出不同的玩法。

### 3. 游戏的目的性和计划性更加明确

在游戏开始前，5～6岁幼儿会去设想在游戏中承担什么角色、计划哪些事情，在玩角色游戏时会明确自己的角色；在表演游戏中，会顺利进行角色分配，即使在遇到问题时同伴之间也会协商决定接下来做什么；在结构游戏中，往往围绕一个主题进行；在规则游戏中，规划游戏，商量角色分配，明确规则和要求，用规则解决纠纷，这是幼儿具有明确的计划性的一个表现。

**拓展思考**

晨间活动是玩报纸，要求幼儿找到一个好朋友一起来运球，两人用一张报纸把球运到对面去，看哪组最先到达终点，中途不能让球掉下来，否则要重新开始游戏。游戏开始了，幼儿自由找朋友。小敏很快地找到了可盈，虽然可盈平时不怎么爱讲话，但是游戏时还是有朋友邀请她一起玩。她们俩很快地把报纸拉好，然后把球放在报纸上，两个人一前一后开始向前移动了，但是因为两人是面对面走的，可盈走得慢了点，球掉下来了。她们又重新开始玩。这次是小敏在前面，而且两人都是面向前面走，嘴里还一起数着“一二一”，眼睛向着前面看，这下她们很快就到了终点。平时不怎么爱讲话的可盈也参与了游戏，并感受到了胜利的喜悦。

结合以上案例，思考大班游戏有哪些特点。

## （二）5～6岁幼儿游戏选择要点

### 1. 角色游戏

5～6岁幼儿角色游戏的主要特点就是游戏的情节丰富，主题新颖而多样，可以反映相对复杂的人物关系，摆脱了现实生活中同伴关系的干扰。教师在选择角色游戏时要注意：游戏主题从日常生活到社会关系。像“奥运会”“中秋节”“地震”这样的主题更容易吸引幼儿。教师在游戏开始前，带领幼儿利用社区资源或者幼儿园课程去丰富幼儿的经验，如通过观看电影、走访等方法拓展幼儿的视野，丰富幼儿的见闻，为游戏的开展积累素材。另外，教师应提供多层次、多样化的材料，以便于幼儿在游戏中运用材料创造性地解决问题。在游戏过程中，教师以语言建议、询问等方式介入游戏，给予适时的帮助和指导，如在理发店中幼儿的角色意识不强，教师可以作为顾客，提醒幼儿“谁能帮我洗头发啊”。最后，在游戏结束后，教师鼓励幼儿对游戏评议，讨论并解决问题。

### 2. 表演游戏

5～6岁幼儿表演游戏的特点为有目的，有计划，合作成分增加，有一致的游戏目标，共同完成任务，出现了“游戏头儿”，并且可以根据情况运用语言、动作及表情等手段来重现故事内容，有一定的表现技巧。教师可以选择既利于表演又具有一定文学性的作品，如《小蝌蚪找妈妈》《金鸡冠的公鸡》《三只小猪》《白雪公主》等。在材料准备上，教师要为幼儿提供种类较多、结构性较低的材料，表演时间不少于30分钟。在角色分配上，让幼儿自主决定。游戏中，教师要提供关于角色表演的反馈，提高幼儿的表现能力，鼓励幼儿根据自己的想象和理解进行对话和动作，创造性地表现作品。同时，教师还要注意在游戏中尽量不干预幼儿的游戏，如需介入，可采用语言指导。

### 3. 结构游戏

5～6岁幼儿具备了一定的建构能力，掌握了一些拼搭的技巧。同时，游戏目的性和计划性的增强，使得他们可以围绕一个主题建构，游戏能持续几天，直至达成目的。教师可以引导幼儿选择停车场、水库、公园、幼儿园等大型主题搭建活动，从中学习转向、穿过、平视联结以及交叉联结等构建技能，掌握对称、平衡等构造方式。在搭建前，教师要引导幼儿明确游戏主题和任务分工，如在“我们的幼儿园”主题建构活动中，大家分工合作，有的搭建操场，有的搭建楼房，有的搭建游戏器械，有的搭建花草树木等，合力完成。

## 思考练习题

1. 依据“儿童是游戏的主人”，教师应如何帮助幼儿选择游戏？为什么？

2. 如何理解幼儿游戏选择的自由与规则？

3. 结合你的理解，分析游戏选择过程中的筛选、改造、再造、创编，哪个更容易？为什么？

4. 请分析如何引导5～6岁幼儿选择游戏。

【实践与应用】

运用学前教育研究方法的相关知识，以小组为单位，采用一两种研究方法设计一份有关当前幼儿园教师选择幼儿游戏方式的调查方案，进行调查并撰写报告，分析教师选择幼儿游戏的不同方式以及教师扮演的角色。

不同年龄班幼儿游戏选择的依据

第六章

XUEQIAN ERTONG YOUXI YU JIAOSHI ZHIDAO

# 学前儿童游戏与教师指导

## 【学习目标

知识目标：能叙述教师在游戏指导中的作用；能说出学前儿童游戏指导的一般方法；初步掌握对儿童游戏观察与讨论的内容。

行为目标：能够在实际工作中通过观察幼儿游戏，运用所学知识采用适当的介入方法，促进幼儿游戏的发展。

态度目标：深刻领会教师在游戏中发挥的重要价值；感受讨论在儿童游戏后的影响；感知不同介入方式、时机在幼儿游戏中所发挥的重要作用。

## 【问题导入

今天的娃娃家可真热闹呀，小朋友们一进区域就开始分工，戴上胸饰，扮演起各种角色。加加扮演奶奶，把饺子放在锅里。小叶子做妈妈，左手抱着一个娃娃，右手拿着梳子，正在给宝宝打扮。依依说："我上班来不及了，不吃饭了。"小叶子说："好的，爸爸，你早点回来。"这时，教师看到扮演哥哥的小泡和扮演爷爷的齐齐动手能力比较弱，他俩在玩的时候显然没有其他孩子熟练，有时显得手足无措，有时又在拿着玩具乱敲，这里转转，那里看看，不知做什么好。

维果茨基认为游戏创造了幼儿的最近发展区，幼儿在游戏中的表现总是超出他的实际年龄，高于他在日常生活中的行为表现，游戏就好像是放大镜的焦点，凝聚和孕育着发展的所有趋向。而教师也理应比幼儿更加主动地认识目标并积极达成目标，幼儿的游戏发展水平离不开教师的指导。学习完本章内容后，尝试针对案例中的小泡和齐齐的行为，阐述对待上述在游戏中动手能力较弱的幼儿，教师是否需要介入幼儿的游戏？何时介入比较合适？采取什么介入方法最好？

# 第一节 教师在游戏指导中的作用

游戏是幼儿的基本活动，是幼儿园促进幼儿身心全面发展的重要方式，幼儿园应该以游戏为基本活动。幼儿园教师作为参与教育的主要人员，对幼儿的身心发展有重要影响。研究表明，教师参与指导游戏有助于幼儿在游戏中获得有益的学习经验，教师指导是推动幼儿园游戏发展的重要力量，教师指导的价值不可小觑。那么，教师如何发挥在游戏中的指导作用呢？本节将围绕这个问题展开。

## 一、渗透在环境中的隐性指导

隐性指导是指教师将与幼儿游戏有关的内容与方法隐含在环境中，借助环境的作用实现对幼儿的有效引导，主要有标志制约法、材料提供法、场地规划法。

### （一）标志制约法

标志是指表明特征的记号或事物。在幼儿园中，标志制约法即游戏环境创设中通过标号、照片、符号、示意图及说明书等直观记号或事物的引导，达到激发、引导和规范幼儿游戏的作用。标志制约法在游戏中起着规范行为、提示规则、示意步骤、丰富情节的作用，是教师指导游戏的一个有效方法。幼儿在游戏中可以根据标志的暗示作用来约束自己的行为。标志包括实物标志、图形标志、角色标志等。

#### 1. 规划区域，营造氛围——实物标志

实物标志即利用现实的具体东西为幼儿游戏规划适宜的场地，营造游戏的氛围，如在区域游戏中，教师可以将班级中的桌子、柜子、椅子、地垫等作为标志，明确划分游戏活动区域。清晰的活动区可以为幼儿提供相对独立的游戏空间。如果活动区域划分得不清晰、环境过于凌乱，就可能会导致幼儿在游戏中毫无头绪，频繁更换游戏主题，甚至会产生破坏性行为。同时，通过实物的划分可以加强区域之间的联系，有利于幼儿维持和延续游戏。

#### 2. 自主有序，建立规则——图形标志

3～6 岁幼儿处于形象思维发展的阶段，图形是最符合幼儿认知发展特点的方式，在建立班级生活常规管理、培养幼儿良好习惯方面尤为重要，是指导幼儿学习和生活最直接、最有效的方法。在游戏活动中，图形标志常用于提示玩具材料的摆放、各区域的游戏规则、游戏情节的发展以及角色的选择等，有助于幼儿养成生活中自主有序、自觉自律的好习惯，如教师可在区域的置物架上贴上形状图片，使用不同颜色的篮子，引导幼儿学会按照标志将玩具进行摆放、分类等。

#### 3. 分工角色，增强互动——角色标志

角色游戏是幼儿最喜欢的游戏之一。角色标志一般指在角色游戏中提供各种角色的服饰、工具（如蔬菜模型、听诊器等医疗用具），帮助幼儿增强角色意识，促进角色之间的分工，有利于角色之间的交流和互动，促进游戏情节的发展。如娃娃家的医生要带着听诊器，小厨师要穿上围裙，小顾客推着购物车逛超市等，这些角色标志可以帮助幼儿轻松分辨角色，提醒其做出与角色相符的游戏行为。

### （二）材料提供法

幼儿的游戏离不开材料的支持，材料提供法通过提供材料来促进游戏情节的发展。材料作为幼儿游戏时使用的对象，也是促进幼儿学习、发展的刺激物。因此，教师应在游戏中提供丰富的材料，促使幼儿通过对多种材料的探索，获取丰富的感官刺激，建立自身经验和对周围世界的认识，同时激发幼儿的问题意识、想象力、创造力等，发展幼儿自主学习能力。材料可以分为低结构性材料和高结构性材料。

低结构性材料是指所有可以由幼儿自由移动、重新组合、搭建或摆弄的材料，其特点是没有固定的使用方法，也没有确切的玩法。幼儿园中常见的低结构材料包括自然材料（如树枝、石块、水、树叶和沙粒）和再生材料（报纸、纸箱、绳子、织物、水管或者牛奶盒等）。幼儿可以滚动、搭建和拆解这些低结构材料。值得注意的是可以为 4 ～ 6 岁的幼儿提供更多的低结构性材料，主要目的是激发幼儿的想象力，培养实践动手能力，提高玩的持久性和创造性。

高结构性材料是为了让幼儿学会一项技能或者知识而设计的玩具材料，并有一定的说明以及玩法规定，目标指向性比较强，如幼儿园益智区的七巧板、棋盘类玩具、角色区精致的娃娃等。高结构性材料往往在形、色、质地等方面吸引着幼儿。幼儿在操作这类玩具时，可以诱发原有的认知经验，回忆相似材料的使用方法以及曾出现的情境，从而满足模仿的需要，创造新的玩法。这种回忆与再现的过程加深了幼儿对事物的原有认识，是一种积累认知经验的过程。

### （三）场地规划法

游戏场地是每个幼儿园不可或缺的一部分，是开展游戏的必要条件。对不同类型的场地进行合理规划，有助于提高幼儿游戏的质量乃至促进幼儿身心的健康发展。

游戏场地规划主要有以下三种。

第一种，动静相结合的游戏场地。在设计幼儿园游戏场地时，要划分出一些相对稳定的区域，即这部分空间在幼儿园某处是固定的，其目的在于让幼儿明确各区域的功能，知道玩具材料的放置位置和取用方式。同时，游戏场地还应该是动态的，如区域的空间分隔应该是动态的，以便教师能够经常变换区域的位置，给幼儿新的刺激，激发幼儿的游戏愿望，也有利于教师的观察与指导。此外，还可以将室内游戏转移至室外，启发幼儿转换游戏空间和视觉空间。

第二种，开放的、封闭的游戏场地。幼儿园中的活动区之间应有清晰的边界及通道，给幼儿提供相对独立的空间，这有利于促进幼儿游戏情节的发展。同时，可以将功能、性质相同的主题区域放在一起，如将安静的手工区、结构区、绘画区等区域放在一起，将相对喧闹的医院、娃娃家、超市等角色表演区、建构区等放在一起，增强区域之间联系的同时促进了幼儿之间的相互观察与交流。

第三种，备用区游戏场地。幼儿是游戏的主人，虽然教师为幼儿规划了游戏场地，提供了充足的游戏材料，然而这并不能完全满足所有幼儿的兴趣和需要。因此，为了保证幼儿的游戏权利，在场地规划时要留出一定的区域作为自由区或备用区，可以投放些低结构性材料，供幼儿根据自己的兴趣自由选择，满足不同幼儿的需要。

## 二、借助观察的参与指导

教师是幼儿游戏活动中的第一观察者，在充分观察幼儿游戏的基础上，对幼儿的游戏行为加以分析，不断完善和改进指导方法，及时给予纠正和帮助，实施有效的教育。首先，通过观察幼儿游戏，教师可以了解幼儿的兴趣和需要，并为此提供相应的时间、空间、游戏材料以及游戏经验等方面的准备。其次，教师通过观察幼儿游戏中的行为，能明确给幼儿提供的场地和材料是否合适，材料的投放还存在哪些问题，幼儿在游戏中遇到哪些困难，幼儿还需要补充哪些经验等，并根据问题给出适宜的指导，有效发挥教师的指导作用。最后，教师对幼儿游戏的评价要建立在对游戏的观察上，并根据幼儿的需要制定下一次的游戏规划，将幼儿游戏的经验与教育教学活动的经验相整合，帮助幼儿形成经验体系，促进儿童全面和谐发展。教师观察幼儿游戏的方法有扫描观察法、定点观察法、追踪观察法，详见第九章。

## 三、通过讨论的建构式指导

在游戏结束后，教师引导幼儿分享和讲述游戏过程中的感悟和经历，梳理和提升游戏经验的过程，是一种具有多重价值的生成性活动。在海伊斯科普课程方案中，“计划—工作—回顾”为一个完整的体系，其中的“回顾”即强调通过交流有价值的信息，使得计划与工作相联系，将个体经验上升为群体经验。因此，教师应把握游戏结束后的教育契机，引导幼儿表达情绪，在幼儿与同伴、教师的交流讨论过程中完成一定意义的建构，使得零散的经验系统化。在游戏讨论中，教师经常引导幼儿围绕一个问题展开讨论，帮助幼儿在原有经验的基础上，以自己的方式来解决问题，不仅要知道问题是什么，还要引导幼儿多问“为什么”“怎么办”等，让幼儿成为游戏讲评的主人，引导幼儿提升和整合经验。同时，教师可以在讨论的过程中发现幼儿游戏的兴趣点与困境，为下一次的游戏计划做准备。

**知识拓展**

**海伊斯科普课程**

海伊斯科普课程以皮亚杰的认知发展理论为根据，认为“主动学习”是幼儿应当获得的关键经验，支持幼儿的主动学习也是学前教育的基本原则。自主选择、独立计划和开展活动、对活动的反思和与同伴的交流等因素对于培养幼儿的主动性、独立性、目的性、计划性，丰富和扩展幼儿的经验，促进幼儿认知和社会性发展等具有重要的意义。

自选游戏活动是海伊斯科普课程中最具特色的部分，包括“计划—做—总结”三个基本环节。在整个游戏活动过程中，教师运用各种策略帮助幼儿选择活动、制订计划，参与幼儿的活动，提出问题，以帮助幼儿思考并扩展幼儿的计划。

在计划环节，教师运用各种方法和策略引导幼儿谈论自己要做什么、怎样做，帮助幼儿完善活动计划与过程，了解幼儿可能会遇到的问题和需要什么帮助。

在“做”的环节，幼儿主动游戏，成人不是指挥者、领导者或消极无为的旁观者。教师通过观察来了解幼儿活动的状况，给予适当的帮助。活动结束时，幼儿要自己整理玩具或游戏材料。

在总结环节，教师运用各种方法和策略来帮助幼儿回忆和介绍自己在做的过程中获得的经验（做了什么和怎么做的）。

## 第二节 参与介入游戏

教师介入是指教师对幼儿施加一定的影响或进行干预，从而教育与引导幼儿的行为。研究表明，教师在幼儿游戏中的介入行为具有积极的影响，不仅可以拓展幼儿游戏的内容和形式，还对幼儿的发展具有重要作用。教师要先观察幼儿的游戏，把握介入幼儿游戏的时机，从而完成对幼儿游戏的有效指导。

### 一、学前儿童介入游戏的方式

教师指导幼儿游戏主要的方式有三种，分别为平行式介入法、交叉式介入法、垂直式介入法。

#### （一）平行式介入法

平行式介入法即教师在空间距离上接近幼儿，和幼儿玩相同的或不同材料和情节的游戏，教师引导幼儿模仿操作，起着暗示指导的作用。这种暗示指导的优势在于实现了教师的指导意图，同时又不会影响幼儿游戏的进程，比较适用于幼儿不会玩、不想玩或玩法比较单一的情况。一般在表演区、美工区、建构区等区域游戏中使用这种指导方法会有较好的效果。例如，在教师在建构区投放了各种形状的积木，发现一些幼儿在搭建“高楼”，搭建完就放在原地而去玩其他的游戏了，这时教师在建构区用这些积木搭建出了汽车、城堡、长颈鹿、沙发等，吸引幼儿的目光，不久桌子上都是幼儿的新作品。此外，相比其他年龄阶段，3～4岁幼儿容易受到外界环境的影响，喜欢模仿周围的人和事情，因此，平行介入法尤其适用于他们。

**案例分析**

区域游戏——小小厨师

小李老师最近划分了教室区域，规划了娃娃家的区域并放置了一些材料，同时幼儿可以使用教室内的其他区域。过了几天，幼儿已经熟悉了其中的部分材料，但一些幼儿对于材料还是很迷茫，不知道怎么玩。有一次，皓皓在娃娃家的厨房里玩了一段时间，他不断地揉、搓、压扁手中的超轻黏土，过了好久，也没有做出一个满意的东西，他看着家里的其他成员要下班回来了，急得脸通红。老师观察到了皓皓的困境，走进厨房，对皓皓说：“你是在做午饭吗？我和你一起做午饭，好吗？”随后教师坐了下来，拿起皓皓分给她的超轻黏土，搓圆、压扁、对折，然后裹成一团，放入一个纸圈中，一个小蛋糕就做好了。皓皓目不转睛地看着老师做好了蛋糕、蔬菜、水果。这时又有其他区域的小朋友需要老师帮助，老师对皓皓说：“我过一会儿再来。”在老师离开后，皓皓拿起超轻黏土，没过多久，就做好了一个新式蛋糕，他还尝试做出了不同的食物。当娃娃家的家人回来时，皓皓高兴地招呼着：“你们上班辛苦啦，我准备好了午饭，大家快来吃饭啊！”

上述案例中，教师观察到幼儿不能达成任务的急切心情以及在搓、压超轻黏土的时候没有目的和想象的情况，这时教师采用平行游戏的方式介入游戏，在维护了幼儿的自尊心、自信心的同时又将游戏的建议暗示给幼儿，从而帮助幼儿在游戏中获得成功的体验。

## （二）交叉式介入法

交叉式介入法指当幼儿有教师参与的需要或教师认为有指导的必要时，由幼儿邀请教师作为游戏中的某一角色或教师自己扮演一个角色进入幼儿的游戏，通过教师与幼儿、角色与角色间的互动，起到指导幼儿游戏的作用。但游戏的主动权仍掌握在幼儿手中，教师只是游戏的参与者与配合者。例如，幼儿在角色游戏时，一个组的孩子们在分配角色时发现少了一个“妈妈”，并邀请教师来做“妈妈”。游戏开始了，教师抱着娃娃说：“我的娃娃饿了，怎么办啊？”这样一来，孩子们立刻忙起来，“爸爸”煮饭，“奶奶”炒菜，忙得不亦乐乎。教师抱着娃娃走到另一个家庭中，说：“我家的孩子叫小花，你家的孩子叫什么名字呀？”“妈妈”们纷纷介绍自己孩子的名字。

**案例分析**

区域游戏——买菜风波

区域活动开设了菜场。今天是菜场开设的第一天，小朋友们都很想玩这个游戏，小宝和恺恺过去当老板。娃娃家的小主人终于可以出来买菜了，他们都很兴奋。游戏开始了，佳佳第一个出来买菜，她在菜场里面拿了一个荷包蛋，对小宝说：“我要这个。”佳佳又拿了一棵青菜对小宝说：“我还要这个。”说完放在篮子里就走了。一会儿轩轩来了，轩轩拿了东西就走，也没有对“老板”说什么。看到这里，老师就走过去对小宝和恺恺说：“老板，我要买菜。”她们看见老师很开心，连忙说：“你要买什么？”“我要一个荷包蛋、一个馒头，还有一个肉包子。”孩子们开始找老师要的东西，于是老师借机引导他们。“老板，要多少钱啊？”“三块。”“给你，谢谢你们。”“不用谢。”老师付完钱就走了。排在后面的幼儿看到了老师的“付钱”行为后，也主动询问价格，小宝和恺恺也会提醒付钱这一环节。

菜场是本次区域活动新开设的主题，教师观察到“店家”和“顾客”之前的沟通出现问题，而且孩子们没有意识到“付钱”的环节，于是教师采用交叉式介入法，以“顾客”的角色参与游戏，通过询问食物的价格来唤醒孩子们在现实生活中的经验，推进了游戏的发展。

## （三）垂直式介入法

垂直介入法是指在幼儿游戏中如果出现严重的违反规则、出现攻击性等危险行为时，教师直接介入游戏，对幼儿的行为直接干预，这时教师的指导是显性的，这种方式很容易破坏幼儿的游戏气氛，因此，一般情况下不宜多用。

## 案例分析

### 不能吃的包子

小班的小美和悠悠在玩“娃娃家”游戏，小美扮演妈妈，悠悠扮演娃娃，小美去超市买了苹果、青菜、包子、蛋糕等食物（用泡沫、塑料、皱纹纸制作的替代品），回家后对悠悠说：“来，宝宝，把嘴巴张大，妈妈喂宝宝吃饭。”悠悠真的张大嘴巴，眼看包子就要进嘴。教师看到后急忙走过来说：“小朋友，这包子是假的，是不能吃的！我们在玩游戏时，只能假装吃东西。”两个幼儿你看看我，我看看你，不知道是什么意思。这时，老师拿起苹果，说：“好香啊，好香啊！我来吃吃看。”便示范着假吃的动作。两个幼儿也假装吃起来，边吃边说：“好香啊，真好吃！”

从这个案例中可以看出，由于 3 ~ 4 岁孩子缺乏安全意识以及自我保护能力，所以会出现一些不安全倾向，这时教师应直接介入幼儿的游戏，保护幼儿的安全。

以上三种介入方式能够有效支持幼儿的游戏，但三种方式之间好像是非此即彼的关系，不能共存。但是幼儿的游戏是复杂、多变的，教师选择介入方式时应该审时度势，灵活多样。在幼儿园教育实践中，经常会有其他有效的教师介入方式，需要进一步总结和探讨。

## 案例分析

### 判断教师用了哪种介入方式

中班区域互动中，教师发现“医院”的“小大夫”们无所事事，“娃娃家”的“家长们”也在忙自己的事情，“超市”的“收银员”和“理货员”也都坐等顾客上门。教师于是给“娃娃家”的“家长”说：“哎呀，你看孩子发烧了！该怎么办？”两个小朋友说上医院。教师又说：“孩子好像没有奶粉了，应该怎么办？”经过教师的指导，几个角色区都活跃起来了。

在此案例中，教师采用了哪种介入方式？没有为直接制止行为而垂直介入，没有在幼儿跟前玩相同游戏而平行介入，也没有受邀以游戏中的某个身份进入游戏而交叉介入，而好像是“旁白者”一样，阐述一个观点或者“游戏故事”的背景。据此谈谈你对教师介入方式分类的看法。

## 二、教师介入指导游戏的方法

在幼儿游戏中，教师想要了解幼儿的兴趣和需要，把握好游戏干预的时机和方式，离不开教师为幼儿提供的语言支持、材料支持或者是参与幼儿游戏。但结合幼儿园中教师对幼儿游戏指导和支持的实际情况，总体来说，教师主要运用语言和行为来指导幼儿游戏。

### （一）语言指导

#### 1. 教师语言指导方法

教师主要通过对幼儿游戏的情况进行发问、提示、鼓励与赞扬等实现对幼儿的指导。

发问主要用于了解幼儿游戏的现状及幼儿的具体想法等。例如“你在做什么啊？”“你想做什么啊？”等发问可以引导幼儿进行思考。

提示是指当幼儿遇到困难或不知所措、缺乏目标时，教师给出一两句简单的建议性提示，帮助幼儿明确想法，梳理头绪，促进游戏顺利开展。例如，在幼儿的游戏进行不下去的时候，教师追问“下一步你需要什么呢？”等来直接引导幼儿进行游戏。

鼓励与赞扬主要是就游戏中幼儿表现出的创造性及正向的游戏行为加以肯定并提出希望，对幼儿在游戏中能自觉遵守规则、克服困难等良好的意志品质给予赞扬，以强化幼儿正向行为。例如，在户外活动中，幼儿不遵守游戏规则，就会造成对自己或他人的伤害，游戏活动也没有办法进行，因此，教师可以表扬做得好的幼儿，以此来增强幼儿的规则意识。

**案例分析**

敏敏与几个小朋友用长条建构材料在拼接，由于拼接的长条过长，桌子上明显放不下了，拼接出来的长条几次掉到地上。我判断他们在搭建一个大的东西！

我：“你们在搭什么？”

幼儿：“我们想搭体育广场。”

我发现幼儿搭这么大的体育广场，桌子显然太小了，影响了幼儿游戏的顺利进行。

于是，我提出：“桌子够大吗？不够的话，哪里更大一点？要不要挪个地方？”

在我的启发下，幼儿从桌上换到了地上，又从活动室里一头移到了另外一头。他们将建构材料连接起来，围成一个大大的圆圈，足以容下七八个人。孩子们从圈外跳到圈内，又从圈内跳到圈外，嬉闹着：“体育广场搭好啦！”

从该案例中，我们看到当教师看到幼儿的游戏出现困难时，可以通过发问、提示来梳理幼儿的头绪，找到解决问题的办法，使得游戏顺利进行。

### 2. 教师指导语言的类型

#### （1）疑问式语言

教师为了幼儿游戏顺利进行，通过疑问式的语言去及时反馈幼儿的行为，从而启发幼儿思维，获取并整合经验以及培养幼儿解决问题的能力。需要注意的是，教师要根据幼儿游戏的情节发展需要，根据游戏中存在的主要问题，提出有针对性的问题，这样的语言看起来是在问问题，实质上是让幼儿以自己的方式去寻求解决问题的答案，起到了促进游戏情节发展的效果。

**案例分析**

在“照顾娃娃”游戏中，教师要求每组小朋友按照“娃娃作息时间表”按时给娃娃喂食、喂水、洗澡，陪伴娃娃游戏和散步。在此过程中，一个幼儿无视游戏规定，始终抱着自己的娃娃到处乱跑，完全没有进入游戏状态。此时，教师采取语言提示的方式加以介入指导：“你的娃娃叫什么名字呀？他长得真漂亮！可是他为什么不自己在地上走路，而要你抱着呢？是不是因为他没有吃饭和喝水，没有力气走路呀？娃娃和我们一样，都要按时吃饭、睡觉和运动，不然就会生病，要到医院去打针。你这么喜欢自己的娃娃，一定要按照作息时间表好好照顾他，做个负责任的孩子呀！”

在这个案例中，当教师观察到幼儿没有进入游戏状态时，装作与幼儿偶遇，在交谈中通过一系列的疑问式语言帮助幼儿继续游戏，确保游戏按照既定目标和流程顺利进行。

#### （2）建议式语言

教师在幼儿游戏中运用较多的一种指导方式，即在幼儿游戏中教师给予幼儿的不是直接的指导，而是运用提问或者陈述的方式向幼儿表明自己的一些做法与想法。如使用“如果忘记了，再想想别的方法……”“我们能不能这样说……”“这样试试”等句式提示幼儿解决问题的办法。因此，在使用建议式语言时，教师要采用柔和的语言，不是强迫性地给予幼儿指令，而是在语言中暗示解决方法，让幼儿自由选择。

**案例分析**

皓皓用一个积木接一个积木叠放的方式搭起了一个“高楼”，他对此非常满意，可是没一会儿，“高楼”就“倒塌”了。他愣了一下，继续之前的工作，可是他总是失败。此时，教师观察到了皓皓的行为，主动地与他交谈："你搭的是什么？"皓皓看了看一桌子的积木说："……乱七八糟的。"这时老师尝试引导幼儿发现问题所在，帮助他厘理思路，寻求失败的原因。老师："怎么才能不乱七八糟呢？"皓皓："积木总是会倒……"老师："哦，它总是会倒……那有什么办法能让它牢固呢？你看过高楼吗？"男孩想了想，最终他发现下宽上窄地叠放，积木就不会倒塌，并且也能够保持相当的高度。

这个案例中教师通过观察发现幼儿游戏中的困难，使用建议式语言，根据幼儿的回答和他表现出的已有经验步步深入，引导他发现当前游戏中存在的问题，激发幼儿思考解决方案。

（3）指令式语言

幼儿在违反游戏规则、材料使用不当或者出现攻击性行为时，教师通过语气严厉的指令式语言直接告诉幼儿可以做什么或者不可以做什么。教师的指导方式一般有两种：一是直接对幼儿下达命令，没有解释。其目的是制止幼儿当前的行为。如，幼儿为了争夺区域里的玩具，互不相让，还打了起来，这时教师需要立即制止幼儿的行为，使用"不可以这样""不要推人"等语言来约束幼儿的行为。二是在对幼儿下达指令的时候向幼儿说明这样做的后果，即有解释的命令。如教师对幼儿说明"玩具是可以轮班玩的，但是不可以去推小朋友，小朋友摔倒，会很疼。"这样在制止了幼儿违反规则的行为的同时，又给幼儿讲明了道理。在运用指令式语言时，幼儿必须采取行动，如果教师仅仅利用个人权威命令幼儿，那么教师的指导很容易演变为独断行为。

**案例分析**

在一次活动区活动中，泽泽小朋友看见在宝宝超市买完东西的小泡去娃娃家串门，娃娃家的小朋友热情地接待了她。泽泽本来就想去娃娃家玩，可是由于人数已满而不能进去。这下他也买点东西进娃娃家。他敲敲门，娃娃家的小朋友一看是泽泽，都说："不给他开门，不让他进来。他要是进来，我们都玩不了了。"这时，泽泽走到我的身边说："老师，他们不给我开门。"我说："你知道是为什么吗？"他想了想说："他们怕我抢玩具。"我接着说："你要是改掉这个小毛病，小朋友一定会喜欢和你一起玩的。"他点点头说："我改。"于是，我把他送到娃娃家，帮他敲门，并且告诉小朋友，泽泽来串门，要热情地接待，他一定会很有礼貌的，不会乱动你们家的物品。这样，小朋友请他进去玩了。

案例中，教师通过语言引导，让幼儿明白了自己不被接纳的原因，给幼儿讲明了道理，使幼儿意识到了自己的问题并改正。

#### （4）鼓励式语言

教师运用表扬、夸奖等语言对游戏中幼儿的行为给予表扬和肯定，目的在于促进幼儿良好的行为习惯及规则意识的形成。如“这个问题提得真好，谁愿意帮助他解决？”“你真了不起，竟能想出如此独特的方法，很有新意！”“你的声音真好听，你能再大声说一遍吗？”教师及时发现并反馈幼儿游戏中的行为表现，可以充分调动幼儿游戏的主动性和积极性，并使幼儿明确什么样的行为是值得推崇的。值得注意的是，教师的鼓励应该是发自内心的称赞，能增强幼儿的自信心，而不是机械的表扬或者包含说教的味道，否则就给幼儿带来无形的压力，就失去了鼓励的意义。

### 案例分析

佳佳选择的是玩拼图。只见她熟练地把每块拼图平放在桌上，然后分别找出有直边的拼图块围在拼图框的四边，不一会儿就围满了整个边框。几个同伴围观，偶尔会有小手伸出帮她拼。佳佳并不反对同伴的帮助，一边拼还一边小声地和同伴交流。我肯定地朝她点点头说：“你这种先围四边的拼图方法又快又准确。你怎么想到的呢？”她扬起头，很自豪地说：“妈妈教的。”旁边的小朋友说：“我家也有这种拼图。”还有小朋友说：“我妈妈还教我找一样颜色的拼图拼在一起。”在大家的合作下，佳佳不一会儿就完成了拼图任务。

教师用鼓励式语言描述幼儿的行为，可以使幼儿对自己的行为以及行为的意义有更明确的意识。教师用肯定的语言来评价佳佳，并不是一句空洞的表扬，在表扬了佳佳的同时，又让其他幼儿清楚佳佳值得学习的地方。

#### （5）澄清式语言

幼儿的游戏是对现实社会生活的反映，他们自己并不知道筛选，对于游戏中一些不明白的事情，或幼儿模仿了一些不良现象，教师应该引导幼儿加以讨论、澄清，帮助他们形成正确的价值观。这种语言的运用要建立在充分观察的基础之上，可以当时就用，也可以在游戏讲评中运用。如在玩超市游戏时，有幼儿拿了几样吃的东西，在超市内直接边走边吃。像这样的游戏行为是与生活常规相违背的。但从孩子心理分析，他们认为拿到手上的东西就是自己的，应该可以吃。教师观察到后，在游戏结束时对“在超市，没有付钱的食物能不能拿到就吃”进行了一番讨论，以帮助幼儿梳理经验，明确对超市中的不正确行为的理解。

（6）邀请式语言

在区域游戏中，即当在无人问津的区域，幼儿不知道如何加入同伴游戏或在游戏中往往处于配角时，教师可以运用邀请的方式“我们一起去吧！”“你知道蛋糕店在哪里吗？”等语言邀请幼儿加入当前的游戏情境，创造与其他幼儿互动交往的机会，让他们体验到参与游戏的乐趣。

**案例分析**

小班户外活动中，老师新教了一个“捕鱼”的游戏。小朋友们都争着做小鱼，在网下钻来钻去，特别开心。飞飞在一旁看着，就是没有参与游戏，当鱼网捕到小鱼时，他也会高兴地露出笑容。我走过去轻轻地问：“你为什么不做小鱼去玩游戏啊？”他马上一副很紧张的样子：“我不玩。”我一边说一边想拉他的手：“那我带你一起去做小鱼，好吗？”“嗯，我不玩。”他甩开了我的手几乎要哭了。于是，我拍拍他的肩膀：“那老师陪你，我们一起看他们捉小鱼，好吗？”见我没要求他参加游戏，他脸上的紧张感很快就消失了。我就蹲在他身边，一边看小朋友游戏，一边跟他说：“你看到哪条小鱼被抓住了啊？”“豆豆被抓住了。”我就说：“你去把豆豆叫过来好吗？”他马上跑过去，把豆豆拉了过来。我说：“你和豆豆来做鱼网，老师做小鱼，你们捉我，好不好？”豆豆马上拉起他的手，他很配合，很自然地把手抬起来。于是，我招呼其他小朋友：“这里也有个鱼网，小鱼们快游过来啊。”很快小鱼们就在几个鱼网中穿梭，当唱到“快快捉住”时，我故意钻在他们的鱼网中，他笑了，我说：“哇，你们真了不起，抓住了一条大鱼啊！”

在案例中，教师发现幼儿在游戏中旁观，没有参与时，积极用邀请式语言，引导幼儿进入游戏，在被幼儿拒绝后，教师邀请幼儿参与游戏中的其他角色，幼儿很快进入游戏，体验到和同伴一起游戏的快乐。

（7）角色式语言

当发现游戏情节总是处于停滞状态时，教师以角色身份参与到幼儿的游戏中去，如：“有理发师在吗？我想要剪头发。”当幼儿看到教师加入时，会很激动，游戏的兴致会更高。在运用时要注意把握幼儿已有的经验，切忌超出幼儿的经验范围。这种方法与之前的“交叉式介入”相似，但角色式语言更强调语言的运用。

### 案例分析

姓娃家游戏中，教师观察到娃娃家中成员一个个陆续走开了，他们有的上医院，有的去超市……过了好长时间还没有回来，最后只留下佳佳在娃娃家，她一个人在那里炒菜，炒了一会儿，看到大家还没有回来，觉得没有意思，也想到其他地方去玩了，看样子娃娃家这个游戏玩不下去了。这时教师以客人的身份去敲门：“叮咚，叮咚，有人在家吗？”佳佳听到后说：“是谁呀？”教师：“我是舅妈！”佳佳很高兴地跑过来说：“是舅妈来了，快请进！”教师：“咦，家里就你一个人吗？爸爸妈妈上哪儿去了？”佳佳说：“妈妈去医院了”。教师：“哦，妈妈生病了，那我们去医院看看妈妈，好吗？”佳佳听后说：“是呀，妈妈去了那么久还没有回来，我们去看看！”教师：“好！”接着教师和佳佳去“医院”找“妈妈”，然后陪“妈妈”回家，最后教佳佳如何照顾“生病的妈妈”，佳佳忙得不亦乐乎。

在游戏中，幼儿的兴趣及注意力不稳定，角色意识较差，教师应以幼儿游戏伙伴的身份参与游戏，用亲切的语气询问幼儿，了解幼儿的真实想法，给幼儿提出适当的建议，幼儿在很自然的情况下接受教师的指导与帮助，使幼儿的游戏水平得到提升。

## （二）非言语指导

以上是教师介入幼儿游戏时可以采取的言语指导，同时非言语也是一种重要的幼儿游戏指导方法，即教师可以充分利用身体动作、眼神、手势、表情等非言语的手段对幼儿的游戏行为做出反应，从而代替言语起到无声胜有声的作用。最常用的非言语指导为表情和身体动作，表情即教师运用面部表情对幼儿的游戏行为进行关注，表现出对幼儿游戏的态度；身体动作则可以为幼儿提供解决问题的办法。如幼儿违背游戏规则时，教师可以用摇头、手势等制止孩子的行为；当幼儿通过不懈努力解决游戏中的问题时，教师也应用投去赞扬的目光、竖起大拇指等方式表示赞许，以支持幼儿的游戏行为，促进幼儿学习经验的获得。与此同时，教师为幼儿提供游戏材料的投放、场地的布置以及在规则游戏中教师对规则的示范等方法为幼儿创造游戏条件，也是在发挥非言语指导的作用。

### 案例分析

天天喜欢玩车，所以他毫不犹豫地选择了拼装挖土机的活动内容。只见天天将一堆材料散放在矮柜上，左顾右盼，看似无从下手。挖土机是由几个大零件拼装而成的。操作难点主要是零件拼装的先后顺序，如果顺序错了，便不能成功。他看看我，希望得到帮助。我用手指了指安装步骤图，从第一步慢慢指到最后一步。他将目光转向步骤图，一边观察一边摆弄，但过了许久，也没有安装成功。原来，他搞错了最后两个零件的顺序。他又向我求助，我没吱声，指着操作图的最后两步，做了个动脑筋的手势。他抓抓脑袋，开始继续研究，但仍找不到解决问题的方法。这一次，他的小脸涨红了，有点无奈地看看我。我用手对他做了个“交换”的动作，他马上明白了。随后他将两个零件进行了交换，成功地完成了拼装任务，高兴地玩起了开车游戏。

上述案例中，教师通过一个简单的“交换”动作提醒了幼儿拼装出现的问题，帮助幼儿克服了困难。动作提示是指教师运用手势或身体其他部位的各种动作来暗示幼儿解决问题的方法和策略。在区域活动中当幼儿面临困难和问题时，教师不要急于介入，代替幼儿探索、思考与创造，而要学会等待，并在等待中抓住时机。教师的一个手势、一个点头对于幼儿来说有着特殊的作用，特别是在他们遇到困难需要帮助的时候，会给他们带来巨大的精神力量。

### 案例分析

课间游戏时，几个小朋友把大圈圈套在身上玩开汽车的游戏。小朋友们用手模仿着方向盘，用大拇指按喇叭，嘴里发出“叭叭”的声音。我按捺不住参与其中，我和然然、圆圆组成一辆面包车，我有意识地拿起地上的飞盘当方向盘，开起车来。聪明的生生瞧见了，也学我的样子，用飞盘作方向盘，并说道：“嘀嘀——，幼儿园到了。”第二天，孩子们又玩起昨天的开汽车游戏，可是玩了一会儿后就玩别的去了。我故意在辅助材料筐中，放置了自制的红绿灯标志。涵涵看见了，放好了球，从筐中拿出红绿灯做起交通警察。神气的生生，站在路中高高举起了“红灯”，小司机们马上停车；“绿灯”举起，小司机们的车子又开动了，这下又引来一些小朋友玩开汽车的游戏。

幼儿自发地玩起了开汽车的游戏，教师运用了肢体语言加以肯定，使得许多幼儿参与了游戏。幼儿好模仿，教师通过自身的动作，引导幼儿，效果颇佳。当幼儿兴趣减弱时，教师能及时运用辅助材料，重新激起幼儿的兴趣，进一步调动幼儿主动游戏的积极性。

知识拓展

当幼儿游戏中出现下列三种情形时，教师可以介入幼儿的游戏：

（1）当幼儿并不投入自己所安排的想象或虚构的游戏时；

（2）当幼儿难以与同伴相处时；

（3）当幼儿想重复玩过的情节，或将游戏延续下去有困难时。

当教师出现下列四种情形之一时，教师则最好不要介入幼儿的游戏：

（1）不想与幼儿玩的时候；

（2）感觉到自己在干扰幼儿的时候；

（3）以为介入游戏是一种对幼儿好的责任时；

（4）不能从中享受到乐趣或感觉到有心事或太劳累时。

## 三、学前儿童游戏介入的效果

教师对幼儿的游戏介入直接决定幼儿游戏的水平，同时幼儿受其年龄、身心发展特点的影响，对教师介入策略的选择有较为精细的要求。教师运用游戏策略的效果也会影响幼儿的游戏体验，如教师要注意介入的时机、频次，不要过多干预，也不要放任不管等，有效指导的策略可以激发幼儿的游戏兴趣，有助于发挥游戏功能，促进幼儿的身心发展。然而，不同教师运用不同指导策略的效果会存在一定的偏差，因此，一般将教师介入游戏的效果分为正效指导、无效指导、负效指导。

### （一）正效指导

正效指导是指教师合理使用指导策略。在游戏中，教师通过细致的观察判断幼儿是否需要帮助，以及需要什么样的帮助，在幼儿遇到困难、挫折以及有过激行为时，教师能及时选用恰当的方法介入，对积极良好的表现及时给予支持、鼓励与赞许，对于不正确的行为要督促其改正。同时，幼儿在接受教师指导后，可以获得相应的游戏经验，充分发挥自己的想象力、创造力，勇于探究解决问题的办法等，使得游戏功能得到更好的发挥。

案例分析

孩子们对汽车非常感兴趣，因此，老师在班级的美工区成立了“汽车制造厂”，并投放了各种可以制作小汽车的废旧纸盒。一天，陶陶正在为她的卡车安装车轮，她用胶水把 4 个车轮分别粘到车身的两侧，就试图让卡车站起来，但失败了。她再次粘好，尝试让卡车站立，但反复几次都失败了，最后准备放弃，制作别的东西。老师始终在一边观察，此时，她拿起旁边的已经做好的汽车范例说：“你知道这辆汽车的车轮为什么粘得这么牢靠吗？”陶陶摇摇头。“你摸一摸就知道了。”孩子用手摸了摸，想了想，说：“好像很硬。”老师点点头：“是的。为什么你粘的会软呢？”陶陶想了想说：“因为胶水干了。”此时老师摸摸陶陶的头，笑着说：“真聪明，胶水干了就会变硬，卡车就可以站立起来了，你自己试试看。”陶陶继续尝试，而教师又去观察其他小朋友了。

案例中教师通过一步步的引导，并向幼儿传达积极、鼓励的态度，使得幼儿发现问题、探究问题，这位教师的干预是有效果的，是正效指导。

## （二）无效指导

无效指导是指教师对幼儿实施指导，幼儿无视教师的指导，这样的指导对幼儿发展毫无意义。导致这种现象出现的原因在于教师的介入没有满足幼儿的游戏意愿、需要或者没有激发幼儿的兴趣。

案例分析

又到了孩子们最喜欢的娃娃家游戏，孩子们玩得不亦乐乎，这时小米和童童急冲冲跑过来说：“老师，我们的宝宝病了，快来帮我们看看！”老师连忙走到婴儿车旁，摸了摸“娃娃”的额头说：“宝宝没什么大问题，只是有点感冒，吃点药就能好。”小米：“那我们赶快带着宝宝去医院吧！”童童连忙同意。老师说：“是小感冒，不用去医院。”然而，小米和童童没有按照老师说的去做，而是一起把“娃娃”送到了医院。

案例中，幼儿并没有采纳教师的建议。其实我们不难发现两个幼儿接下来的游戏情节是想把“娃娃”送到医院看医生，而教师的加入阻碍了幼儿的游戏意愿，因此两个幼儿选择无视老师的建议，本次教师的指导为无效指导。

### （三）负效指导

负效指导是指教师的介入非但没有促进幼儿游戏的发展，甚至限制了幼儿其他方面的发展，使幼儿失去对游戏的兴趣。如教师在幼儿还没来得及探索时就告诉幼儿问题的答案，剥夺了幼儿自我探究的机会。另外，教师给出的答案，幼儿不一定能理解，所以在下次遇到相同问题的时候，幼儿仍是不知所措。还有一种情况是教师没有及时发现幼儿的需要，幼儿可能会因为问题太难而放弃游戏，长时间如此，幼儿也会失去游戏兴趣。

**案例分析**

在益智区内，四个幼儿在玩纸牌游戏，但对于谁先出牌，争论不休，他们争论的声音引起了教师的注意。

教师看到后直接来到益智区问：“你们怎么啦？声音这么大？”

小雨：“我们在决定谁先出牌。”

宁宁：“我提议剪刀石头布，可我们有四个人，太乱了，不好进行。”

恒恒叫道：“不是的，刚才是我赢了，应该我先出！”

教师：“好了，先手心手背，第一个与别人不一样的，就算是赢。”

幼儿接受老师的观点，执行起来，但教师并没有离开。在幼儿实行该方法时，每次该谁赢，教师总是在一边急躁地提示着，直到幼儿产生胜负的顺序后，教师才离开。

这个案例中，幼儿在游戏中遇到困难时，教师没有去引导幼儿自己想办法解决问题，而是焦急地直接告诉孩子们用“手心手背”的方法，同时在执行过程中教师总是提醒孩子。虽然孩子们接受了老师的提议，但是孩子缺少了探索的过程，在下次遇到这类困难时会更加依赖教师的直接答案。这位教师的介入方式是不恰当的，是负效指导。

# 第三节 通过讨论的建构指导

建构指导主要是指教师通过引导幼儿讨论游戏的问题，帮助幼儿自己建构新的经验体系的方法。建构指导一般在游戏最后的讨论部分，其实是幼儿经验交流分享的时机。近些年，我们强调“儿童视角”，教师会倾听幼儿的真实想法。在这个时候，教师要运用提问的方式巧妙地让幼儿把游戏中的过程体验、存在的问题、有创意的想法及做法等讲出来。通过交流，幼儿强烈的表达需要得到满足，经验发生碰撞，得到整理以及提升，从而使得幼儿的综合能力得到发展。

## 一、讨论的价值

### （一）分享幼儿经验

游戏结束后的讨论，可以帮助教师和幼儿针对游戏中遇到的问题、难点进行交流、讨论和分享，寻求解决问题的方法，这是幼儿游戏活动的重要组成部分，也是促进幼儿游戏水平提高的关键步骤，更是体现教师观察指导的重要环节。在游戏结束后，幼儿已经从中获得一定的游戏经验及情感体验，可能会出现不同的困难或新的游戏想法，此时，教师鼓励幼儿分享遇到的问题或想法，可以使全体幼儿在同一情景中学习彼此的经验，使个人的经验上升为集体的经验，引发大家的共同思考，形成经验共享。

### （二）整合幼儿经验

幼儿对游戏过程中产生的问题或想法的描述很大程度上依赖于真实的游戏情境。然而，由于幼儿有不同的生活经历和不同的认知水平，因此他们在游戏过程中会产生不同的问题和想法。教师在游戏结束后引导幼儿讨论，这是一个师幼之间、幼儿之间相互学习的过程。例如，小班幼儿在娃娃家中想做“火锅”，而没有做“火锅”的材料，从而引发讨论，有的幼儿说用一个金属罐头做火锅，有的幼儿说火锅里还有青菜，有幼儿说要用绿色的纸做蔬菜，于是老师要他们下次活动前到美工区去找。幼儿在相互对话、讨论中，使自己获得的零散经验得以系统化，在相互学习中建构新的知识和经验。

同时，幼儿在游戏中会表现出对社会的不正确、不全面的理解，幼儿的这些经验有些随着年龄的增长会逐渐完善，而有些却会形成不合适的甚至是错误的观念。只有引导幼儿把凌乱的经验梳理清楚，才能使游戏情节得以丰富，促进幼儿逐渐形成完整的正确的经验体系。如面对“进游乐场可以不用买票”“在超市不付钱可以打开食物包装”等情况，教师要引导幼儿讨论并说出自己的经验和看法，把幼儿单一的点状的知识点串成线，使他们在玩游戏的过程中逐渐学习适应社会，形成正确的价值观，提高判断是非的能力。

### （三）提升幼儿经验

教师会发现幼儿在游戏中会遇到各种困难，如在游戏中无所事事，重复游戏，游戏水平并不高。这些现象的主要原因是幼儿对这类游戏不感兴趣，或者缺乏相应的游戏经验。幼儿在游戏中都是以自己的经验在反映着对人对事的理解，每个幼儿反映的角度是不同的，每个幼儿对待同一件事情的态度和方法也是不同的，这就导致了他们在游戏中出现矛盾和冲突，而他们并不能意识到是什么原因造成的。这就需要教师帮助幼儿提升经验，教师可以在结束游戏后引导幼儿把在游戏中遇到的冲突、问题进行讨论。幼儿在游戏分享和讨论的过程中可以获得倾听和被他人倾听的机会，表达、修正、改变自己的观点，观点会逐渐变得清晰和丰富，原本个人局限性的知识也会更加完整。如教师可以用以下几个问题辅助游戏分享活动：你今天玩的什么游戏？玩得高兴吗？你是和谁一起玩的？你们是怎么玩的？在游戏中遇到什么问题了吗？你觉得可以怎么解决呢？这些问题可以激活幼儿对游戏情境的记忆，从而迁移经验。

#### 案例分析

**角色游戏——“蛋糕店风波”**

角色游戏开始了，天天和小悦选择了小小蛋糕店，两人穿起了厨师的大褂，摆上了最新款的“甜点”，做好了准备工作，在门口等待顾客的到来。可是，过了好久还不见一个顾客光顾。天天急冲冲地跑到我的身边，气呼呼地说：“老师，一个买蛋糕的顾客都没有啊，怎么办呢？”教师：“你们想想办法呀？”并没有马上去理会他。过了两分钟，天天低下了头，一副失望的样子。这时候小悦抬起头，大声叫道：“免费品尝小蛋糕喽，我们新开张的，今天打折啦！”这时，天天也学起小悦的样子叫卖起来。教师这时走了过去，问道：“有人吗？我想要个生日蛋糕！”听到教师的声音，天天和小悦连忙过来说“欢迎光临”，并把教师迎到小柜台前。一个忙着给教师介绍样式，一个迫不及待地给教师包装蛋糕，忙得不亦乐乎。教师离开以后，他们的生意好转了，顾客络绎不绝。

从这个案例中，我们可以看到在角色游戏遇到困难时，教师通过语言启发，并与幼儿进行游戏进程的讨论，整合幼儿的经验，引导了幼儿的思考——会主动招呼客人，同时教师以顾客的身份走入了蛋糕店，参与到游戏中，为幼儿游戏打开了局面，可见教师积极地进行讨论，以建构幼儿游戏中的经验，可以促进幼儿游戏的延续。

## 二、讨论的内容选择

每个幼儿在游戏过程中都会习得一些提升认知经验、情绪情感的体验以及技能技巧的方法，这些个性化的游戏经验的获得是零散的，有差异的，但是幼儿园中游戏讨论往往是针对集体幼儿进行的，因此需要选择一些共性的、能举一反三的、符合最近发展区的内容作为讨论的重点。那如何选择讨论内容呢？

幼儿游戏的讨论的内容选择可从以下两个方面入手：一是将新出现的创意及成功的体验提供给幼儿，鼓励幼儿的创造性思维，注重幼儿发现问题能力的培养。二是将存在的问题，特别是矛盾的焦点，提供给幼儿讨论，鼓励幼儿以自己的方式解决问题，注重幼儿解决问题能力的培养。

此外，每个幼儿都是站在自己已有的经验基础上表达他们对生活的理解的，游戏没有好坏之分，不能用游戏开展得好与不好来评判幼儿游戏的水平。但当游戏中出现有关社会道德行为的问题时，教师应及时组织讨论并加以指导。因为游戏分享时间有限，幼儿的注意力持续的时间也有限，所以每次的讨论环节要突出重点，如教师可以选择一到两个问题进行讨论，这也有助于幼儿对经验的梳理和提升。

## 三、讨论的形式

在实施讨论的环节中，有哪些开展讨论的形式呢？幼儿游戏讨论的形式主要有评判是非型、总结概括型、陈述答案型、解决问题型、分享经验型，具体见表 6-1。

表 6-1　幼儿游戏讨论的主要形式与表现

| 形式 | 表现 |
| --- | --- |
| 评判是非型 | 表扬、鼓励游戏开展得好的幼儿，批评在游戏中表现不好的幼儿 |
| 总结概括型 | 教师就幼儿在游戏中的外在表现，作总结性发言 |
| 陈述答案型 | 指出幼儿存在的问题，以成人的方式告诉幼儿该怎样做 |

表 6-1（续）

| 形式 | 表现 |
|---|---|
| 解决问题型 | 教师就游戏存在的问题，逐一加以讲评，有时也引导幼儿参与，主要目的是寻求问题的解决 |
| 分享经验型 | 教师引导幼儿进行讨论，注重幼儿经验的分享和提升 |

在评判是非型、总结概括型、陈述答案型中，讨论的主体为教师，幼儿只是被动地接受教师的言语，这种“游戏点评”“游戏评价”属于教师单方面对于幼儿的强硬指导，以垂直的方式指导幼儿游戏，这其实仍然是传统意义上的游戏评价。与前三种形式不同的是，解决问题型和分享经验型的目的在于在讨论中引导幼儿自发地进行交流，促使幼儿在游戏中学习。而分享经验型为更强调教师培养幼儿自主意识及发展能力，同时提供充分的表现、交往和学习的机会，调动幼儿的主动性、积极性。从评判是非型到分享经验型，体现了从教师“一言堂”到师幼“多言堂”的转变，也是从幼儿“被评”到师幼相互交流的转变。

## 四、引导幼儿积极参与讨论的策略

教师引导幼儿积极参与讨论主要的策略有情景讲述法、绘画法、角色反串法和点面结合法。

### （一）情景讲述法

教师将在游戏中观察到的典型事例，以情景描述的形式提出来，供幼儿讨论，以便帮助幼儿将游戏中的错误经验及违反常规的行为纠正过来。由于幼儿主要通过感知、动作、表象来认识世界，因而他们更倾向于感知游戏中发生的具体事情，而不是简单地讨论结果、不讲过程，需要以情境讲述的方式重现场景。这种讲评有针对性，能有效解决问题，但对幼儿自我表达游戏的机会有影响，可以一段时间用一次，集中解决主要问题。同时，教师最好用情境讲述法延续幼儿的游戏内容，当年龄较小的幼儿忘记讲述的情景时，教师可以采用录像、录音等手段再现幼儿的活动过程。

### （二）绘画法

绘画法是指教师在讲评游戏时，让幼儿以绘画的形式来表达自己在游戏中的情况、存在的问题及成功的经验等。幼儿绘画的过程不仅促进幼儿对事情的回忆以及思维的发展，还弥补了幼儿语言表达能力的不足。幼儿运用绘画这一媒介交流与分享游戏内容，有助于教师了解幼儿的真实想法、需要及已有的经验等。如进行“巴士到站了”主题游戏，每个幼儿领到“十元钱”，可以乘坐大巴，到达不同的班级进行消费，游戏结束后，教师鼓励幼儿用绘画的形式画出在哪儿花了多少钱、都做了什么，通过交流发现游戏中的问题，共同讨论解决办法。需要注意的是，鉴于孩子的手部动作发展以及绘画特点，4 ～ 6 岁幼儿更为适用这种方法。

## （三）角色反串法

教师在讲评游戏的过程中，可以大胆尝试与幼儿互换角色，让幼儿作为游戏讲评的主持人，这本身就是一种社会角色的扮演，让幼儿充当游戏分享活动的组织者，教师用“举手发言”的形式将自己的游戏体验分享给同伴听，这种方式的优点在于锻炼了幼儿的组织能力，增强了幼儿的自信心，充分体现了游戏讲评中自主、自由的游戏精神。

## （四）点面结合法

点面结合法是游戏讲评中最为常见的一种方法，教师在讲评游戏的时候，根据部分幼儿对游戏情况的讲述，在了解幼儿游戏的过程时，选择一个共性的、符合最近发展区的问题作为讲评的重点，进行深入的讨论，目的在于引导幼儿纠正错误的经验、分享成功的经验，以幼儿的方式解决游戏中存在的问题，促进儿童游戏水平的提高。

### 案例分析

#### 让我们互相认识

角色游戏开始了，伊朵跑到了娃娃家，将围兜穿了起来。她对边上的甜甜说：“我是娃娃家的妈妈。”甜甜不服气地对伊朵说：“我才是妈妈！”“不行，我是妈妈，我穿着围兜了！”伊朵毫不示弱地反驳道。甜甜想了想说：“那么我就是阿姨！”……就在她们两个说话的时候，娃娃家里又先后进来了一些幼儿。娃娃家里挤满了人。伊朵忙着给娃娃喂饭，甜甜不停地在娃娃家进进出出……每个人都在忙忙碌碌。

虽然孩子们对角色游戏热情高涨，但是老师发现孩子们在游戏中没有协商，角色的意识还比较模糊。游戏结束后，大家坐在了一起说说游戏中的事情。说到了娃娃家，七个孩子都站了起来声称自己在娃娃家游戏，是娃娃家的人。于是，老师请他们介绍一下自己是娃娃家的什么人。这下令人捧腹的事情发生了——娃娃家里有一位妈妈，两位爸爸。爸爸和妈妈都不认识自己的孩子是哪一位，更有趣的是娃娃家的爸爸被姐姐认作爷爷了……刚才在娃娃家做游戏的七个孩子也都笑了起来。

孩子们的这种情况显然是违背生活常理的，“家人应该是互相认识的。”老师知道孩子们一定有这样的生活经验，只是这种经验并没有被唤起。刚好班级在进行“我爱我家”主题活动，其中一个重要活动内容就是介绍自己的家人，因此老师想到了运用主题中的学习活动来解决游戏中的实际问题。于是老师请伊朵把她的全家福照片拿了出来，问她：“这是你们全家的照片吗？”伊朵点点头。老师请她向大家介绍照片上的家人。于是，伊朵大声地介绍了起来：“这是我妈妈，这是我爸爸，这是我外婆，这是我外公，这是我。”老师故作惊奇地问道：“你都认识他们？”伊朵毫不犹豫地点头。“那么，你妈妈认识你外公、外婆吗？”老师继续追问。“认识！”伊朵回答得很坚定。“那么，你外公、外婆认识你吗？认识你爸爸吗？你爸爸认识你外公、外婆吗？”老师抛出了一连串的问题，伊朵不停地点头，予以肯定。在这个过程中，坐在座位上的孩子中间发出了一些小声音：“我的爸爸、妈妈也都认识我外公、外婆。”“家里的人都认识。”……从孩子们的窃窃私语中，老师发现：孩子们已有的生活经验和常识已被“唤起”，现在正是趁热打铁的好时机，孩子们既解决了当前游戏中的问题，又进一步感知了“什么是家，什么是家人”。

老师这时对大家说：“原来，自己家里的人都互相认识。那么，娃娃家的人都互相认识吗？我们来问问他们吧！”

在笑声中大家得出了结论：一家人都应该是互相认识的，如果不认识，就不是一家人了。为了不再闹出这样的笑话，以后在做娃娃家的游戏时，一定要互相认识。在笑声中，孩子们约定在娃娃家游戏里也要彼此认识。

通过这个案例可以看到，首先教师在游戏中观察到幼儿角色定位模糊，然后通过游戏结束后的讨论环节，发现游戏中存在的问题，于是，教师利用幼儿已有经验，以情景描述的形式提出问题，供幼儿讨论，最终获得“家人应该是互相认识的”的结论，以便帮助幼儿在接下来的游戏中增强角色意识，协商角色的分配，以促进游戏的开展。

## 思考练习题

1. 幼儿游戏指导过程中教师应该做好哪些环境与条件的准备？
2. 在幼儿游戏的现场指导中，如何发挥教师的双重（指导者、游戏伙伴）身份？
3. 如何理解讨论对于幼儿游戏指导中的重要价值？

【实践与应用】

运用观察法，完成一次对幼儿园教师在游戏中指导情况的观察，并形成最终观察结论，包含游戏讲评环节，分析当前幼儿园教师介入游戏的不同方式。

幼儿游戏中教师指导行为的观察

# 第七章

GELEI YOUXI TEDIAN YU ZHIDAO YAODIAN

# 各类游戏特点与指导要点

## 【学习目标

知识目标：能说出亲子游戏、角色游戏、表演游戏、结构游戏、规则游戏等各类游戏的定义和特点，并且对其他种类的游戏，如音乐游戏、美术游戏等游戏类型有一定的了解。

行为目标：能够根据幼儿实际表现，在亲子游戏、角色游戏、表演游戏、结构游戏、规则游戏等游戏中对大班、中班、小班的幼儿给予一定的指导；能够根据幼儿的实际情况，了解音乐游戏、美术游戏等游戏类型的指导要点。

态度目标：能够深刻领会幼儿各类游戏对于不同年龄阶段幼儿发展的重要意义，感受游戏对于幼儿身心健康发展的影响作用。

## 【问题导入

在杨老师的精心设计和布置下，睡眠室成为孩子们游戏的乐园。靠左边的两个角分别是娃娃家和小吃部，右边是快乐书吧，三个活动区分别标明了入口、出口和范围边界。中间是有着双向车道的宽敞马路，马路上也用箭头标示了行驶方向。在马路两边，有排列整齐的停车场，车位上停放着老师用废旧纸箱制作的、孩子可以站在里面用两手提着就能往前开的汽车。另外的活动室里有建构区和美工区。

几个孩子在娃娃家玩角色游戏，他们一会儿去超市买东西，一会儿坐公交车去医院买药，玩得不亦乐乎。另外几个孩子在建构区用积木搭建一座楼房，他们一会儿去搬积木块，一会儿去超市“借”奶粉罐等来充当建构材料。另外两个幼儿在美工区做自己的拓印画。

杨老师全程在几个区域间来回穿梭，一会儿指导幼儿的角色游戏，一会儿协调建构区孩子去超市借奶粉罐，一会儿又提醒美工区孩子别把彩笔乱放。

看完中班杨老师组织的游戏后，几个老师针对杨老师的游戏指导展开了讨论。老师们都认为这次区域活动整体没有体现出幼儿的游戏指导特点，而且教师指导过于笼统，没有根据不同区域活动特点进行有针对性的指导。杨老师不解，因为她是照着优质课例上的指导做的，怎么就漏洞百出了呢？

不同游戏中，幼儿会有不同的表现，需要教师有针对性地进行指导。案例中的杨老师刻板地按照固有模式进行游戏指导，缺少针对性，必然导致游戏指导的低效，甚至起了反作用。在学完本章内容后，可以尝试回答：角色游戏指导中需要注意哪些问题？如果区域活动属于游戏活动，如何采用游戏的方式进行指导？如何对不同区域之间的游戏进行联合指导？

# 第一节 亲子游戏的指导

## 一、亲子游戏的定义、特点与结构

### （一）亲子游戏的定义

亲子游戏为幼儿适应社会环境创造了有利的条件。有学者认为，亲子游戏是发生在父母和孩子之间的一种特殊的活动，它通过父母亲昵地与孩子接触，让孩子主宰活动的进程，使孩子感到有趣、快乐，在轻松、愉快的气氛中发展身心。还有学者认为，亲子游戏是家庭内成人与儿童交往的重要形式，也是儿童游戏的一种重要形式，具有情感性和发展性的特点。

基于上述观点，本书将亲子游戏定义为：在家庭内部发生的成人与孩子之间以亲情为基础所进行的游戏活动。它既是儿童游戏的一种重要形式，也是亲子交往的一种重要方式。亲子游戏与幼儿教育机构中的幼儿游戏最大区别在于，亲子游戏是由家庭成员参与的，参与人员具有亲子关系或抚养与被抚养关系。

### （二）亲子游戏的特点

成人在亲子游戏中与儿童结成了两种关系：一种是横向的、对等的玩伴关系；另一种是纵向的、不对等的应求关系。两种关系交融为一体，使亲子游戏具有情感性、发展性与教育性的特点，这两个特点正是亲子游戏价值的根源所在。

#### 1. 情感性

为了完成共同游戏的任务，成人和幼儿之间形成了对等的玩伴关系。由于这种玩伴关系以共同生活中积累起来的亲子感情作为基础，区别于幼儿教育机构中的游戏关系，因此这种游戏带有明显的“亲情”性质，具体表现为游戏中有较多的身体接触、视线交流以及开心的笑。

在亲子游戏当中，成人与幼儿之间是平等的玩伴关系，亲子游戏又能够

促进亲子关系的发展，加强亲子之间的情感联系。亲子关系的基础是亲子间的依恋，亲子之间的感情虽然有先天的血缘关系作为基础，但是后天的共同生活是这种感情发展的土壤。母爱或父爱都需要在后天培育。当成人在游戏和生活当中及时给予幼儿回应，幼儿会感到莫大的喜悦，成人也会体会到亲子关系的亲密，有所安慰，忘却育儿的烦恼。

#### 2. 发展性与教育性

成人是成熟的社会成员，具有丰富的社会生活经验。事实上，他们不仅是孩子的玩伴，还是孩子的保护者、教育者。他们在和孩子游戏的过程中，用自己的知识经验、想法去影响孩子的游戏。因此，除了对等的玩伴关系外，成人和幼儿在游戏过程中还结成了不平等的应求关系。由于这种关系的存在，亲子游戏具有明显的发展性和教育性的特点，主要表现在以下几个方面。

（1）幼儿在亲子游戏中所获得的知识、经验和技能往往比在独自游戏、伙伴游戏中获得的知识、经验和技能更丰富，更有益于认知发展。

（2）幼儿在 4 岁以前，当与同龄伙伴一起游戏时，往往以独自游戏和平行游戏为主，但在亲子游戏中，由于有成人的引导与帮助，幼儿能够很好地与成人配合，承担游戏合作者的角色，因而社会性交往水平高于与伙伴游戏中的交往水平。

（3）亲子游戏过程中渗入了大量的言语交往，因此有助于儿童的语言的发展。

（4）亲子游戏有助于亲子间安全依恋的形成，安全依恋与游戏中获得的快乐体验，有助于激发儿童人际交往的兴趣和幼儿活泼开朗性格的形成。

（5）成人能够敏感地觉察到儿童对游戏方式的情绪与体力反应，采取适合儿童发展水平与能力的方式来构建和调整游戏，使游戏有利于儿童的安全、健康与发展。例如在“益智”的游戏中，当成人觉察到如果幼儿因为游戏规则过多而兴趣降低时，会调整游戏难度和游戏方法，以提高幼儿参与游戏的兴趣和水平。

亲子游戏不仅有益于亲子之间的情感交流，也有益于儿童的发展，儿童在亲子游戏中获得的对待物体的态度、方式、方法以及人际交往的态度、方式、方法，会迁移到儿童操作实物的游戏和有伙伴或其他成人共同参与的游戏中。

### （三）亲子游戏的结构

#### 1. 家长的游戏观

游戏观是教育观的一个组成部分，同样会对幼儿的成长产生影响。家长的游戏观作为家长教育观念的一个方面，会直接影响家长的教育行为，对幼儿的游戏的开展、游戏的体验、游戏的收获起到至关重要的作用。幼儿的健康成长需要幼儿园和家庭保持和谐一致的生活环境，需要家长的鼎力支持与配合。家长树立科学的游戏观，提高自身育儿水平，可以促进幼儿身心各方面的全面发展。

### 2. 游戏的时间

家长在与幼儿进行亲子游戏的时候，要注意掌控好时间的度，依据具体的游戏类型和难易程度来把控好游戏持续的时间，如果没有充足的游戏时间，幼儿的游戏材料就无法得到探索和创新。笔者建议幼儿每次游戏活动的时间应该为 30 分钟左右。如果一次亲子游戏活动的时间仅为 10 多分钟，这期间还包括讲解游戏规则等，短短的时间内，可能幼儿刚开始进入状态，游戏就要结束了，导致幼儿根本没有足够的时间去探究新的玩法，游戏只能停留在最基本的层面上，幼儿的语言、动手能力等得不到发挥。比如在共同完成建构类的游戏时，如果没有给幼儿足够的建构时间，还不断催促幼儿，就会导致游戏难以深入。

### 3. 游戏的空间

除了时间要求外，开展亲子游戏也必须具备相应的空间。基于游戏形式、内容等方面的不同需求，游戏空间的地点、范围大小自然也会有所区别。

从亲子游戏开展的地点来看，调查研究显示，50.6% 的家长选择经常在家和孩子做游戏，45.8% 的家长则喜欢在户外与孩子游戏互动。由此可见，家长选择户外游戏场地还是室内游戏场地，差别并不大，因此，亲子游戏开展的空间多是由游戏的不同类型决定的。

### 4. 游戏材料

游戏材料是游戏得以进行的物质基础，因此在亲子游戏的过程中，同样需要游戏材料的投放。游戏材料对于幼儿的发展具有一定的作用。游戏材料通过其自身的丰富性、艺术性和色彩性引发幼儿的参与兴趣。因此在亲子游戏的过程当中，可以依据游戏的主题，购买和运用相关的玩具，以幼儿本身易接受的方式帮助他们去认识世界，增进知识，积极地促进心理的发展，为各种游戏的开展提供便利的条件。比如结构性材料，让幼儿在摆弄和建构的过程中，实现认知结构的创造，进而促进幼儿感知觉、想象力和创造力的发展，幼儿还可以通过材料的建构，增强其空间想象力和审美能力。在亲子游戏中，家长依据幼儿的游戏需求给予幼儿材料上的支持，能够帮助幼儿更好地拓展游戏情节。

## 案例分析

案例一：安装“城堡”

晚饭过后，明明回到房间，把爸爸给买的玩具城堡打开了。妈妈忙完家务后，看到明明认真仔细的样子，就没有打扰他，静静地坐在一边看着。突然，一个位置的模块不知道什么原因就安不上去了，这可把明明急坏了，妈妈在一旁安静地注视着，没有任何举动。“妈妈，我完不成了，这个安不上了，你看看怎么办，可不可以帮帮忙？”“你想想，是不是安装的方式不对，或者方向反了？”在明明的请求下，妈妈给予了提示。

案例二：玩飞盘

晚饭过后，妈妈带着明明出门，还拿出来明明平时很喜欢玩的飞盘。明明找到了一个相对空旷、平坦的场地，玩起了飞盘。妈妈看儿子玩得那么专注，在一旁开心地看着并对他说道：“再让它飞远一点儿，飞高一点儿！”在妈妈的指导下，明明玩得更高兴。

游戏材料的运用可以激发幼儿的游戏兴趣，帮助幼儿拓展游戏情节，但是由于种类单一、数量不足且更换不及时等，在一定程度上降低了幼儿的游戏兴趣，因此，家长应该在材料供给的数量和种类上有所改进。

## 二、亲子游戏的指导要点

### （一）提高家长对亲子游戏的认识

大多数的家长能够以积极的态度对待亲子游戏，但因缺乏科学的指导，亲子游戏的效果不尽如人意。亲子游戏中，家长应由游戏的指导者变为幼儿游戏行为的学习者与支持者。家长想让自己的角色期待成为现实，就要主动吸取丰富且有意义的亲子游戏经验，提升自己在亲子游戏上的思想观念，在亲子游戏中不断地感受与体验，发现问题、解决问题，进而探究问题背后所包含的道理。

当今时代，家长吸取经验的渠道很多，如纸质传媒（教育类的儿童读物或者报纸）、电视广播（电视台会不定期地举办儿童教育类的栏目）、网络传媒（亲子游戏的网站、贴吧、电子文献、视频）、家长之间的经验交流与反思（相关的培训讲座）。但是，要让如此丰富的学习资源发挥到最好的效果，也是有一定条件的：家长有主动学习的意识；学会如何在大量的信息中获取对自己有利的资源；充分利用好亲子游戏中对幼儿材料、语言、行为的支持，发挥亲子游戏的最大价值。

### （二）保证幼儿充足的游戏时间

家长应该保证幼儿每天有充足的游戏时间，并且对每次游戏的时间进行科学的安排，做好弹性控制。例如，角色游戏的完成需要比较长的时间，而体育游戏在较短的时间内就可以结束，家长需要对游戏时间长短科学把控，尽量满足幼儿的游戏需求。

为保证亲子游戏时家长能够与幼儿有充足的游戏时间，家长要合理安排好自己的时间，游戏前做好规划，尽量避免任何意外情况中断游戏进程；游戏环境要适宜，这样才能保证幼儿尽快熟悉游戏环境，进入游戏状态；建立好必要的游戏常规，即游戏前的准备、游戏中材料如何取放、游戏结束后如何整理收拾玩具；最后，家长要注意充分尊重幼儿自主性，注重幼儿的个性发展，给幼儿充分的时间独立思考和发现。

### （三）给幼儿提供丰富多样的游戏材料

首先，家长要保证游戏材料能够为幼儿带来真正的价值，不要过于注重材料的精美度。一些具有简单实用特征的游戏材料，虽然不起眼，但往往能给幼儿带来惊喜。一些简单的游戏材料，比如橡皮泥，既能塑造出不同形状的物体，又能用来当点缀物，为幼儿的游戏增添了不少的乐趣与活力，使用频率也明显高于那些结构复杂的游戏材料。而家长为幼儿精心购买的吹风机、小汽车等精美的小玩具，初期很受幼儿的欢迎，但没过多久，幼儿就弃之远之了。面对这些复杂精美的材料，幼儿只需要简单地完成它原本的操作，不需要再去开动脑筋、思考、创造。

其次，家长也要注意适时适当地增添新的游戏材料。幼儿游戏需求是不断变化的，当幼儿出现新的游戏需求时，家长要适当地给予满足，这样才能满足幼儿不断游戏的需求。

最后，家长应该注意游戏材料的选择符合幼儿的游戏兴趣，将材料放置在幼儿容易接触到的地方，让幼儿有充分自主选择和使用的权利。

### （四）提高家长对亲子游戏干预方式的科学性

家长在亲子游戏中的干预方式主要有三种：平行游戏、共同游戏和现实比照。现实比照就是家长将幼儿的游戏行为与现实行为进行比较，进而影响幼儿的游戏行为。家长的这种干预方式存在较大的主观性，但是如果用法得当，方式科学，对幼儿知识经验的增加也会有一定的帮助。家长要提高干预亲子游戏方式的科学性，可以做到以下几点。

首先，具体情况具体分析，家长依据游戏情况选择恰当的干预方式。平行游戏和共同游戏适合于大部分的亲子游戏，现实比照这一干预方式在使用时要尽量避开想象类的游戏。家长可以对幼儿的游戏进行现实引导，但要注意把握时机。在幼儿充分表达完自己的游戏主旨，需要家长给予一定的评价和帮助时，家长可以适当地对游戏进行现实性的引导，同时注意语言和措辞的委婉。

其次，家长要懂得随机应变。在游戏中可能会遇到各种突发状况，家长要学会急中生智，做好充足的准备。

最后，家长要把握好干预的程度，做到适可而止。家长注意密切关注幼儿的游戏动态。幼儿游戏出现问题时，给予及时的介入；当介入效果已经达到时，就要选择主动退出游戏，因为不必要的干预往往会事与愿违。

# 第二节 角色游戏的指导

## 一、角色游戏的特点与结构

角色游戏是幼儿园区域游戏的重要组成部分。角色游戏是指幼儿以模仿和想象，通过扮演角色创造性地反映周围生活的游戏，是学前儿童最主要的游戏活动类型之一。

### （一）角色游戏的特点

#### 1. 人物性

角色游戏的主题和内容来源于幼儿自己的实际生活。在角色游戏中，幼儿可以根据自己的意愿决定所要扮演的角色，自由地发展游戏内容和切换情节。因此在角色游戏当中，幼儿要扮演生活当中遇到过或者自己经历过的人物，通过游戏的方式把生活当中的人物、内容等表达出来。

#### 2. 扮演性

幼儿在角色游戏当中主要以表征思维为基础的象征性开展游戏活动，按照自己生活中遇到的人或物来创造性地扮演相关的事物，游戏中的主题主要来源于现实生活中的印象，通过各种存在的印象，在现实生活的基础上进行想象和创造，通过创造性的扮演和想象，丰富遇见的人物。

#### 3. 空想性

角色游戏不同于表演游戏和建构游戏。表演游戏以故事为基础，表演游戏的主题、角色、情节的开展等都受到“故事”原有框架的限制。“故事”和表演游戏之间是“文本”和“呈现”的关系。但是角色游戏可以根据自己的生活情况进行表演，可以通过以物代物、以一代多等形式来反映角色的身份或者玩法。

### （二）角色游戏的结构

从角色游戏的特点来解析角色游戏的结构，分别是角色、角色游戏的内容、角色游戏的规则等构成了完整的角色游戏。

#### 1. 扮演的角色多样性

儿童所扮演的角色按性质可划分为机能性角色、互补性角色、想象性的或虚幻性的角色。

机能性角色是指通过模仿扮演对象的标志性语言或行为来扮演要模仿的对象。如，医生——听诊器、白大褂；士兵——帽子、敬礼；护士——注射器；妈妈——围裙等。通过标志性的动作或穿着进行角色的扮演。

互补性角色是指以角色关系中另一方的存在为条件的角色扮演。如，妈妈——孩子，医生——病人，理发师——顾客，老师——幼儿。这种角色主要来源于儿童的日常生活，是他们比较熟悉的、有亲身体验的人际关系的再现。

想象性的或虚构性的角色往往在现实生活中不存在，主要来源于故事、童话、电视、电影等文学作品中，并不是全部角色的再现，只是将其中的角色迁移至现实生活中，如《喜羊羊与灰太狼》中的喜羊羊、《西游记》中的孙悟空、《小猪佩奇》中的佩奇等。幼儿通过模仿想象或虚构的角色来完成对角色的扮演。

### 2. 游戏中物品的假想性

在角色扮演游戏中，幼儿对物品的选择和想象主要是由儿童的认知发展水平决定的，被替代的事物与幼儿所想象的、不在眼前的事物在外形上或者特点上有一定的相似性，从而决定了幼儿以物代物过程中建构象征的方式的共同性，构成了集体象征的心理基础。然后，幼儿借助言语的固定作用，促进交流。

### 3. 假想游戏动作和情景的概括性

幼儿在游戏中不仅是单纯地操作玩具，而且通过操作相关的玩具来表达假想的游戏情节，如医生看病、士兵站岗、妈妈做饭、去游乐场玩耍、救护车救人等，通过表达游戏情节来巩固经验或技能。

游戏中的动作不是完整地重复所扮演角色的全部动作内容，而是概括的、压缩的动作，如医生为病人看病，妈妈做饭、喂娃娃等，这些是医生、母亲动作的概括（儿童不可能在游戏中把每一个动作都模仿得很仔细）。动作、情景的概括性为儿童发挥创造和再造的想象提供了广阔的空间，使幼儿可以在不同环境下扮演，促使游戏水平得以提高。

### 4. 游戏规则的内隐性

规则是个体行为的尺度，规范着个体的行为，因此在幼儿游戏的过程中，规则是引导和制约幼儿行为的重要准则。但是在角色游戏（社会性表演游戏）中，规则是隐含在整个游戏过程当中的。正确地表现现实生活中每个人物（角色）应有的动作、态度、人与人之间的相互关系、语言、声调等就是角色游戏规则的体现。在游戏中孩子常说，“不是这样的，要等绿灯出现车才可以走，其他时间是要等行人过马路的”，这就是内隐性规则的体现。

孩子们有时虽然知道自己是在游戏，是“假装的”，但他们总是试图尽可能准确地再现他们所观察到的，再现生活中的情境。

## 二、角色游戏的指导要点

### （一）3 ~ 4 岁幼儿角色游戏的指导要点

根据幼儿的生活经验，为儿童提供种类少、数量多且形状相似的成型玩具，满足儿童平行游戏的需要，教师以平行游戏法指导幼儿游戏，或以角色的身份加入游戏，达到指导的目的，注意规则意识的培养，让儿童在游戏中逐渐学会独立。

### （二）4 ~ 5 岁幼儿角色游戏的指导要点

为游戏提供丰富的材料，鼓励儿童玩多种主题或相同主题的游戏，在游戏中注意观察儿童游戏的情节及发生争吵的原因，以平行游戏或合作游戏的方式指导游戏。通过讲评游戏规则和过程引导儿童分享游戏的经验，以丰富游戏的主题和内容；指导儿童在实际操作中，学会并掌握交往的技能及相应的规则，以便帮助儿童进一步与同伴交往，学会在游戏中解决简单的问题。

### （三）5 ~ 6 岁幼儿角色游戏的指导要点

引导儿童一起准备游戏的材料及场地，多用语言指导儿童游戏，在游戏中培养儿童的独立性。观察儿童游戏的种种意图，鼓励儿童在游戏中的创造，通过游戏讲评充分地讨论问题、分享经验。

**案例分析**

买衣服

很多儿童都喜欢玩商店的游戏。今天的售货员是乐乐。游戏一开始，商店就热闹起来。我见这儿的生意这么好，也参加到游戏中来（意图：了解儿童在热闹中解决问题的能力）。乐乐见我来到商店，热情地问道：“您买什么？我们这儿的商品很多，您先看看。”

“你们这儿没有我想要的货，我想要一件红色的衣服。”这下难住了乐乐。只见他看了看柜台里的衣服和挂在衣架上的衣服，然后转身走出商店，回头又说：“您先别走。”他干什么去了呢？我没搞清楚，过了一会儿，乐乐回来了，手里拿了一件红色的外套。乐乐走到我面前说：“这是您要的红色衣服，100 元钱。”我接过衣服，他从哪儿弄来的这件衣服呢？原来，这是从工厂订做的。

对于大班幼儿来说，游戏经验已经相当丰富，因而在游戏指导的过程中，教师可以适当地提高难度，从而提升幼儿解决问题的能力。

# 第三节 结构游戏的指导

## 一、结构游戏的特点与结构

### （一）结构游戏的特点

#### 1. 小班幼儿结构游戏特点

第一，结构材料选用的盲目性和简单性。小班幼儿在结构游戏时，运用材料的目的性与建构事物的目的性是有联系的。幼儿在建构时若没有明确的主题，选择材料便会显得盲目和随意。小班幼儿运用积木等进行游戏，如：将积木拿在手上做手枪或汽车，有时拿着积木敲敲打打；将许多长短、大小、形状不等的积木一味地堆积在一起，而后又“哗”的一下子推倒。小班幼儿选用的多是正方体、长方体等结构分明的物体，只用其做叠、铺等游戏，并且对于其颜色的要求也不高。

第二，结构技能简单。小班幼儿基本上可达到叠高这一水平，多以简单的平铺、延伸、堆高为主。大多幼儿一进入积木区便拿起积木平铺，而后叠高，之后再向左右两边延伸，所以他们往往会说他们在搭楼房或火车。值得注意的是，幼儿的“叠高”用“堆高”来替换似乎更合适，因为他们多为一味地堆砌，只是一个个规则积木块的累加，大小无顺序；有的幼儿会不停地堆高下去，仅满足于高度的不断上升。可以说，这一技能的难度不高，幼儿是在进行技能的练习，并没有明确的搭建主题，也不会出现其他有意识的搭建方法。

第三，结构过程中坚持性差。小班幼儿的注意力水平低，在搭建的过程当中容易受到影响。很多幼儿在搭一个物品时，常会中断建构，去注意其他的人或物；也有的幼儿虽然一段时间内始终在搭建，但会不间断地与其他小朋友交谈，且讲着与积木毫无关系的话题，积木造型也没有多大进展。有少数幼儿会一直专注于自己所搭建的东西，但动作较慢，有时会停下来，看看其他人，但很快又会再次转向自己的作品。小班幼儿坚持游戏的时间平均只有 5 ～ 10 分钟。

第四，主题建构无计划性。小班幼儿不会预先规划自己的活动，而且易受外界因素的影响而改变原来的活动，如有幼儿开始说要开火车，可听到别的小朋友说要盖房子时，又会想参与盖房子的活动。小班幼儿经常出现搭建主题与自己的搭建造型不一致的情况，如，一幼儿开始要搭火车，一会儿又说他是在搭宝塔，再一会儿他又主动说他是在建车站，而实际上，他搭建的造型一直没有变，而且与他所提到的几种事物都不相似。

### 2. 中班幼儿结构游戏特点

首先，能根据结构物体的特性来选择材料。中班幼儿较小班幼儿来说，思维能力有所发展，在建构游戏中能把建构游戏的材料与自己生活中所积累的经验相结合，较多地考虑形状的逼真。如，有的幼儿要搭房子时，会选择用圆柱形、长方形、正方形和三角形的积木，并把三角形的积木作为房顶；在搭火车时，会用半圆形积木做车身，再用小的半圆形反过来做车轮，并用三角形做车头。由此可以看出，中班幼儿搭积木时，能充分地利用材料，并且向使用大型积木过渡，但仍较为单调，这同样与主题建构相关。因为自身的经验有限，所以主题比较单一，尚未与其他的游戏类型结合，所以材料的运用范围不广，用途比较刻板，仅限于形状的建构上，追求相似，创新度不高。但也有例外，如，幼儿将一个L形的积木当作小人放在游戏区的门口里，还有一名幼儿用半圆形的积木搭建了一个矮小的房子，并在房子前面放置了一个小狗的玩具和一个圆形的积木，说这是给小狗的家和它吃饭的碗。

其次，结构技能主要以“架高”为主。动作技能集中分布在叠高和架空这两个动作水平上，并基本上呈对半分布。中班的叠高是区别于小班的。他们更体现了一种架高，小班把每一部分都搭得很严实，中班的楼房中间则存在了空间，介于堆高与架空之间。架空的技能要略高于叠高，中班儿童多用这一技能来搭建大桥与城门，所以结构显得较松散。这两种建构技能运用较为普遍，使得中班的积木建构规模有所扩大，但显得大而空，独特性还不够。

再次，与同伴交流，坚持性增强。中班幼儿往往能有一段时间集中注意搭建，当有了初步的结果或是觉得差不多搭好了，便会更喜欢交谈而逐渐少动手，注意力开始分散。如，两名幼儿合作搭建动物园，在游戏的前15分钟内积极搭建，当初步搭出二层动物房，两人就说得多，动手搭得少，直到游戏结束。

最后，有建构主题，但容易更改。中班幼儿在结构游戏中的目的性和坚持性逐渐增强，在幼儿的建构活动中，建构的活动和技巧多与主题相关。多数幼儿在一开始便能确定主题，围绕该主题进行活动。但幼儿在主题确定后，仅仅是知道了要搭建什么，却并没有要深入地去分析，对如何实现主题也没有太多的思考。另外，中班幼儿活动主题较单一，综合性主题不多，没有太多的延伸。

### 3. 大班幼儿结构游戏特点

首先，结构的计划性和持久性增强。大班幼儿结构的计划性和建构的持久性有所增强，能较长时间地围绕一个主题进行结构活动，直到达到目的为止；有一定的独立构造能力，能事先进行一定的设想、规划；能围绕结构物进行情节复杂、内容多样的游戏。

其次，能合作并选取丰富多样的材料。大班幼儿能比较快速地选定材料，目的明确；并且，不再满足于简单积木材料的堆叠，在建构游戏中运用其他的游戏材料，使游戏情境更丰富。大班幼儿的角色意识增强，在材料的选用上，需求更高，想象更丰富。在建构的过程当中，有了合作的行为。

再次，建构技能日趋成熟。在技能提高的基础上，幼儿搭起积木来更加得心应手。他们自然地向围建过渡，能搭建出更丰富的造型，如坦克、大炮、军舰、宫殿等，建构作品更注重细节的完善。技能的成熟使幼儿能将精小的材料更合理、充分地使用到一个综合化的作品中，注重反映事物的细节特征。大班幼儿非常容易进入角色，通过协商与合作，他们能始终从事搭建活动，并且会不停地添加、修改，或是根据新的角色游戏的情节继续在原有的作品上进行建构。

最后，根据游戏情景需要，不断产生新的建构主题。大班幼儿搭建前不单明确自己要搭什么，而且很自然地将积木游戏带入一定的角色情境中，建构物品成为游戏中的道具；建构者自始至终处在一个角色游戏中，还会与其他区角的幼儿相联系，让积木游戏很自然地融入一个大的游戏活动中。但大班幼儿共同设计游戏情节的能力还比较弱，往往是追随着少数幼儿设计的情节而游戏。

## （二）结构游戏的结构

### 1. 结构游戏的主题

结构游戏需要一定的结构主题，比如搭建立交桥、楼房等，而且要求幼儿能够围绕某个现实生活中的物体（建筑物、车辆等），不断拓展游戏的主题。该主题原型来源于现实，但经过幼儿的主观加工，建构主题的“像”与“不像”所产生的自豪感和自信心是幼儿继续游戏的动力。

### 2. 结构游戏的能力基础

结构游戏需要幼儿具备一定的认知能力和肢体动作操作能力，如：能够拿起积木块的抓握能力；结构材料的搭建、放置能力，如加长、垒高、平衡等；在大量结构材料中寻找恰当材料的认知能力。

### 3. 结构游戏的材料

结构游戏需要有一定的结构材料支持幼儿的搭建，如积木、积塑、插塑、雪花片、泥、雪、沙、水等。幼儿可以根据游戏材料寻找合适的结构游戏，也可以根据结构游戏的需要寻找合适的材料，材料具有较强的游戏支持作用。

## 二、结构游戏的指导要点

### （一）小班幼儿结构游戏的指导要点

第一，教师要引导幼儿认识结构材料，有意识地搭简单的物体给他们看，也可以带领他们参观中、大班幼儿的结构活动，引起幼儿对结构活动的兴趣。

第二，结构活动开始时，要给幼儿安排结构场地和准备足够数量的结构元件。结构元件应每人一份。

第三，在游戏中指导幼儿学习结构技能，并鼓励孩子独立尝试结构简单物体。

第四，教师要经常有意识地让幼儿说出自己结构物体的名称，也可以根据孩子搭出的形象给出适当的名称，引导幼儿理解和明确结构的目的性，发展他们的想象力，使主题逐渐稳定。

第五，建立结构游戏的简单规则，如，必须爱护结构材料，游戏结束后应整理好结构元件等。

第六，教会幼儿整理和保管玩具的最简单方法，使他们能参加整理玩具的部分工作，培养爱护玩具的习惯。

**知识拓展**

一个幼儿园班级究竟实际需要多少数量的积木，不仅应当根据幼儿的年龄特点和实际建构水平来考虑，也应当根据班级活动室的实际大小来确定，见表 7-1。

表 7-1　不同年龄班幼儿活动所需积木数量

| 积木类型 | 3 岁组 | 4 岁组 | 5 岁组 |
|---|---|---|---|
| 半单元积木（1） | 48 | 48 | 60 |
| 单元积木（2） | 108 | 192 | 220 |
| 双单元积木（3） | 96 | 140 | 190 |
| 四倍单元积木（4） | 48 | 48 | 72 |
| 柱形积木（5） | 24 | 48 | 72 |
| 小圆柱体积木（6） | 20 | 32 | 40 |
| 大圆柱体积木（7） | 20 | 24 | 32 |
| 圆形曲板积木（8） | 12 | 16 | 20 |

表 7-1（续）

| 积木类型 | 3 岁组 | 4 岁组 | 5 岁组 |
|---|---|---|---|
| 椭圆形曲板积木（9） | 8 | 16 | 20 |
| 成对小三角形积木（10） | 8 | 16 | 18 |
| 成对大三角形积木（11） | 4 | 8 | 12 |
| 30 厘米的立方体积木（12） | 12 | 30 | 60 |

## （二）中班幼儿结构游戏的指导要点

第一，教师应设法丰富幼儿的生活经验，为他们的结构活动打下基础。孩子们的结构活动是他们对周围生活经验的反映，因此，教师应结合各科教学和利用散步、参观等各种活动，加强幼儿对事物结构造型方面的了解。

第二，培养幼儿设计成型的结构建筑物，学习有目的地选材，学会看成型的平面图。

第三，着重指导幼儿掌握结构技能，并会运用这些技能去塑造各种物体，把平面图形变成立体的图形。

第四，组织小型集体结构活动（3～4 人），教会他们共同讨论制定方案，进行分工，友好合作地游戏。

第五，组织幼儿对建构的作品进行评议，鼓励他们独立地、主动地发表意见，肯定幼儿的发明创造、能自己表达结构物的意思，促进创造性思维的发展及结构水平的提高。

第六，提供适合中班幼儿特点的结构材料。中班幼儿因为建筑水平有所提高，所以拥有的玩具材料数量要增加，在型号上也应有所加大。

## （三）大班幼儿结构游戏的指导要点

第一，培养独立建构的能力，并要求按计划、有顺序地进行构造。

第二，让儿童在围绕一个主题进行建构时，学习表现物体的细节和特征，能准确表现游戏的构思和内容，会使用结构材料和辅助材料。

第三，在欣赏自己及同伴作品的过程中，逐渐发展自我评价与评价他人的能力。

第四，鼓励儿童集体进行构造活动，共同设计方案，确定规则，分工合作，开展大型结构游戏。

第五，提供适合大班幼儿特点的结构材料，种类要更丰富，形状要多变，以满足幼儿不同的需要。

# 第四节 表演游戏的指导

## 一、表演游戏的特点与结构

表演游戏，是指通过扮演文艺作品中的角色，再现文艺作品内容的游戏。例如，幼儿演出的童话剧、歌舞剧、木偶剧、皮影戏等都属于表演游戏。幼儿再现或者改变再现文学作品中的内容，以对话、动作、表情来表达，可以丰富幼儿的想象力和创造力，加深幼儿对故事的理解和兴趣，发展幼儿的口语表达能力，并能培养幼儿活泼的性格。

### （一）表演游戏的特点

#### 1. 表演游戏重“游戏性”，轻“表演性”

表演游戏与戏剧表演的根本区别在于，表演游戏是幼儿“自娱自乐”的活动，幼儿只是因为“有趣好玩”而“玩”，并不是在为“观众”表演。在表演游戏活动中，幼儿通常非常专注投入，根本不在乎有“人”在看他们。促使幼儿持续活动的原因正是“好玩的”游戏活动本身，而不是来自外部的要求或奖赏。

#### 2. 表演游戏是以文艺作品为依据的创造性自娱活动

表演游戏和文艺表演都以童话故事作为表演的依据。但不同的是，表演游戏是幼儿主动自发的创造性活动。其表演的创造性表现在运用语言、动作、表情表现人物性格和情节时可适当地自由发挥，增减情节、替换语词或动作。而文艺表演是在教师组织下，严格按照故事、童话的情节、语言进行表演的。如果说文艺表演是以演给别人看为目的的活动，那么表演游戏则是幼儿的一种自娱活动，不以演给别人看为目的，具有更大的主动性和随意性。

## （二）表演游戏的结构

### 1. 开展游戏的时间和频率

幼儿园表演游戏开展的时间和频率是表演游戏开展的基础条件，足够的时间和频率是幼儿园有效开展表演游戏的重要保证。

### 2. 环境创设

游戏的环境创设和场景布置在很大程度上影响幼儿的游戏体验，尤其表演游戏，对游戏的环境和场景要求较高，好的环境和场景可以使幼儿更快地融入角色，更好地融入游戏的氛围。针对幼儿园表演区的环境创设，在不同的元素当中，有的班级把表演区的墙面装扮得很漂亮，挂着彩带气球，用彩色的纱布做帷幕，很有舞台的效果；有的班级把各个器具的使用方法拍成照片，贴在墙上，便于幼儿参照。大多数的班级表演区有“小剧场”字样，各个区域划分明确。这样的环境创设有益于激发幼儿表演的兴趣。

### 3. 道具

幼儿在进行表演游戏时，道具必不可少，表演中的故事情节大多需要通过道具展现出来。在大多数幼儿园的表演区里，道具种类繁多，数量丰富，其中包括乐器类（钢琴、锣、鼓、木鱼等），各种动物的手偶，以及多种多样的头饰。

### 4. 游戏的选材

前文已阐明，凡是有情节的内容都可以成为表演游戏的故事来源，如文学作品、影视作品、生活中的事件、幼儿的想象等。只要形成了较为完整的故事，就可以成为表演游戏的内容。

#### （1）合理使用现成作品

现成作品指的是前人创作的、完整的作品，如文学作品、影视作品、漫画作品等，它们深受幼儿的喜爱，情节也较为跌宕起伏，具有较强的可表演性。并且使用现成作品并不能完全生搬硬套，而是要进行相应的修改。

**案例分析**

《猜猜我有多爱你》

刚刚从小班升到中班的幼儿还具有小班幼儿的特点，因此，简短的文学作品比较适合作为表演游戏的故事来源。一次语言活动后，很多幼儿萌发了对故事《猜猜我有多爱你》的兴趣，也激发了教师对这一作品的思考。

《猜猜我有多爱你》是一个童话故事，具有如下特点：第一，角色在年龄上有鲜明的特点；第二，情节有冲突，有高潮；第三，具有教育意义，向幼儿传递表达爱的重要性；第四，情节较为简单，比较适合刚从小班升入中班的幼儿进行游戏。

（2）支持新内容的生成

以多元智能论的观点来看，语言智能的发展不能仅靠语词记忆的练习，鼓励幼儿将自己的想法表达出来，丰富、改编表演内容，也是发展其语言智能的重要手段。以“儿童中心说”的观点来看，表演游戏的选材也应尊重幼儿意愿。对已有作品进行续编、改编或创编新内容，不仅可以使表演游戏更为符合幼儿的心理需求，而且会让表演情境更加丰富。随着年龄的增长，一些大班幼儿希望续编、改编甚至表演自己想象出来的故事。

案例分析

我们长大了

新年快要到了，孩子们沉浸在迎新年的欢乐气氛中，也不免对“过了年要长大一岁”有了疑问和想法，搞不清什么是“长大”，人为什么要长大，为此，教师非常有必要和孩子们来共同探讨有关“人长大”的事情。好奇幼儿在关注周围生活环境的同时，也非常渴望探究自己的生长过程。幼儿好奇自己是怎么来到这个世界上的，是怎么慢慢长大的。教师通过“认照片”“看录像”“试穿小时候的服装”等感性操作活动，帮助幼儿从多方面的比较中了解和感受自己在身体、能力上的成长，体验长大的快乐。另外，教师也希望通过新年的主题，让幼儿体验到“过年了，大家长大一岁”，让幼儿懂得“既然长大一岁了，就要更加懂事、更加能干”的道理。

## 二、表演游戏的指导要点

表演游戏的指导是一种间接的指导，有如下的几种形式。

### （一）教师示范表演

教师把故事、童话、诗歌等文艺作品，以戏剧、歌舞、木偶、皮影等形式，在小舞台上向幼儿们进行示范性演出，不仅能激发起幼儿的表演欲望，也为幼儿选择和积累表演游戏的素材提供了帮助。

### （二）以讲解、谈话等方式帮助幼儿选择与熟悉表演内容

幼儿的表演内容一般是以文艺作品的内容为依据的，他们从电影、电视、图书等传播媒介中积累了不少有益的素材，从而为丰富表演游戏内容提供了可靠的保证。但是，某些作品中的消极内容也常会反映在幼儿的表演之中，从而带来不良的影响。此外，幼儿也会选择一些缺乏表现力的内容，致使游戏变得枯燥乏味，或无法进行下去。因此，在表演内容的选择和对文艺作品的理解上，教师都要悉心指导。

适合幼儿用来表演的文艺作品应有特定的场景、性格明显的角色、生动有趣的情节、简明形象的语言和动作等。教师对这些作品的中心事件、矛盾冲突、主题思想等应全面了解，并应利用讲故事、看图书、谈话等方式指导幼儿熟悉作品中的人物、剧情，帮助幼儿理解作品内容。

### （三）通过编制练习性游戏使幼儿掌握表演技能

幼儿的表演技能可以在玩表演游戏的过程中逐渐积累，也可以通过一系列练习性游戏的训练而获得。教师可以把某一类表演技能集中起来，编成练习性游戏。幼儿经过反复训练，就能较为熟练地掌握表演技能。

### （四）通过参与幼儿的表演对游戏进行指导

教师参与幼儿的表演，即教师和幼儿同台演出，是教师对表演游戏进行间接指导的重要形式。

教师在表演游戏中所扮演的角色应当是能把整个表演组织起来的角色，或者是幼儿尚不熟悉、扮演有困难的角色。在游戏中，教师以角色身份出现，和幼儿一起商讨演出程序，在选择、使用道具，布置环境等一系列活动中给幼儿以一定的启示，使他们进一步理解作品内容，塑造出各种生动活泼的艺术形象。同时，对于游戏中幼儿自己创编的各种形体动作和表演语言，教师应及时地加以收集和整理，并在以后的游戏中介绍推广。

### （五）以观众身份在表演外指导

幼儿喜欢老师看他们演戏，他们会以最大热情和最好的表演向教师汇报，因此，观众的身份给教师的间接指导提供了极有利的条件。

首先，教师的指导必须符合观众的身份。教师必须认真、全身心地欣赏幼儿演出。教师的这种态度是对幼儿演出的支持、鼓励，更是为幼儿提供如何以正确态度对待别人演出的一种示范。

其次，教师用提问、建议等方式指导幼儿顺利演出，并对幼儿的演出加以评价，提出改进的建议。如，教师观看两个孩子玩木偶，他们在同一木偶台上，但各自玩着自己手中不同的木偶。这时教师可以说：“你们是在演木偶戏吗？你们能先报一下幕，告诉观众戏的名称吗？”

于是这两个孩子看了自己手上的长颈鹿木偶，商量后说："好吧，就演长颈鹿头颈真长呀的节目吧。"这是孩子即兴想出的题目，教师加以鼓励并以极大兴趣看完了演出。她感谢孩子们的表演，并建议说："这个长颈鹿头颈长了就这么骄傲，你们能帮它改一改缺点吗？"孩子们又商量了一下，把剧名改为"肯改正缺点的长颈鹿"，并再一次要求教师当观众。这样，教师的提问和评价就使孩子的表演获得了成功，并起到了激励幼儿创作和表演的作用。

# 第五节 规则游戏的指导

## 一、规则游戏的特点与结构

规则游戏是两个以上的游戏者按照一定的规则进行的一种游戏。规则游戏具有规定性、竞赛性和文化传承性等特点，是儿童游戏的高级发展形式。在这类游戏中，幼儿的行为必须受规则的限制，按规则所要求的步骤、玩法进行活动，规则决定游戏过程和结果的公正性。幼儿园常见的规则游戏主要包括智力游戏、音乐游戏和体育游戏等。

### （一）规则游戏的特点

规则游戏是出现较晚的游戏类型，一般在学前后期才会出现，被认为是游戏发展的高级形式。规则游戏有着不同于其他游戏的特点，其中"规则"是其核心部分，规则游戏的规则是外显的，是幼儿必须遵守的；"竞争性"是其主要特征，但其竞争性强弱与游戏类别有关。

#### 1. 规则是明确的、预设的

规则游戏中的规则是外显的、明确的、预设的，它具有"约定"的性质。规则约束和规范着游戏参与者在游戏中的行为、动作和活动方式。规则游戏的规则，一般在游戏开始之前就已经确定了，并且得到了每一个游戏参与者的认同，游戏一旦开始，每个游戏者必须服从规则，若要修改规则，就要征得每个参与者的同意，否则，很难实行。

#### 2. 规则是必须被遵守的

规则游戏中的规则支配着游戏参与者能做什么，不能做什么。游戏参与者在游戏过程中必须遵守游戏规则，否则，规则游戏将无法进行。一人一个游戏规则，最终将会导致不知道遵守哪个规则，也就等于没有规则。

#### 3. 规则游戏具有刺激性和竞争性

一般来说，规则游戏具有竞争性。参与规则游戏，一方面是因为规则游戏好玩，能给游戏参与者带来刺激，带来快乐；另一方面是因为游戏参与者想取得胜利。如果一个规则游戏没有分出胜负，那么游戏参与者一般是不愿意立即结束游戏的。

### （二）规则游戏的结构

规则游戏的结构比较复杂，一般是由游戏的任务和目的、游戏玩法、游戏的规则及游戏的结果构成，它们互相影响。

#### 1. 游戏的任务和目的

规则游戏有较明确的任务，直接指向游戏的过程，如“猜猜我是谁”“拔萝卜”“抢占地形”等。游戏的目的是成人通过游戏想要达到的某些教育方面的要求，是教师在选编游戏时，根据教育要求和游戏的类型而确定的。

#### 2. 游戏玩法

游戏的玩法要能很容易引起幼儿游戏的兴趣和积极性，使幼儿愿意主动地去完成游戏中提出的任务，否则游戏无法进行下去。游戏的玩法包括游戏中利用什么材料，做什么动作等，充分体现游戏性的特征。如，“百宝箱”要求幼儿在封闭的口袋或箱子内去摸个东西，用已有经验、在触摸的基础上判断，以促进幼儿感知、记忆的发展。

#### 3. 游戏规则

规则游戏的规则是外显的，是约定俗成的，或是由成人事先拟定好的。每个游戏都有一个规则，它规定了游戏动作的顺序和方式。规则在游戏中起着组织游戏者参加活动和充当评价游戏行为标准的作用，约束与调整幼儿游戏行为及其相互关系。规则游戏的规则包括角色行为规则、内容与玩法规则、竞赛性规则。

## 二、规则游戏的指导要点

规则游戏可由教师提供相应的材料和场地，让幼儿自选进行，启发幼儿开动脑筋，促进幼儿创造性思维的发展。也可以将其用于专门组织的教学活动中，以增强活动的趣味性。规则游戏要根据幼儿身心发展水平来进行，一般应注意以下两个方面。

### （一）做好游戏的准备

#### 1. 选择和编制适合的游戏

要根据教育的任务、要求，选编不同类型的规则游戏，如发展感知能力的游戏，训练注意力、记忆力，发展语言能力、运动能力、音乐能力的游戏，更要顺应幼儿的实际发展水平，选择和编制能激发幼儿的思考和探索、给予幼儿成功的体验、激发学习兴趣的游戏。

#### 2. 教师要熟悉游戏的玩法及规则

教师在为幼儿选编游戏后，必须熟悉游戏的玩法和规则，了解游戏的重点，思考组织游戏的方法，并试玩几次，以验证游戏的玩法和规则是否合理，为指导幼儿游戏打下基础。

#### 3. 准备好游戏的场地和材料

教师要根据游戏的内容，确定游戏的场地，选择游戏的材料，可以根据想玩的规则游戏自制或者购买相应的规则游戏的材料。

### （二）引导不同年龄儿童玩游戏

了解和执行规则是玩规则游戏的核心，所以我们应针对不同年龄的儿童进行指导。对于小班幼儿，游戏玩法和规则的讲解要力求生动、简单、形象。对于中班幼儿，还是需要示范、讲解游戏的玩法与规则，并在游戏中着重检查游戏玩法的掌握情况及游戏规则的执行情况，要鼓励幼儿关心并努力争取好的游戏结果，可开展规则简单的竞赛游戏。对于大班幼儿，可以在已有游戏指导要求的基础上，引导幼儿掌握更为复杂的游戏规则，或者针对一些自编游戏，与幼儿定好游戏规则。

# 第六节　其他游戏的特点与指导

## 一、音乐游戏的特点与指导

音乐游戏是幼儿在音乐伴奏或歌曲伴唱下，按一定规则和音乐要求进行各种动作表演的游戏。

## （一）音乐游戏的具体特点

### 1. 愉悦性

音乐游戏必须伴随音乐才能达到目的。所以，幼儿音乐游戏最大的特点就是愉悦性，让幼儿在快乐中学习音乐，感受音乐的旋律、节奏、音的高低变化、速度的快慢，并根据音乐的变化做出相应反应。

### 2. 游戏性

好玩、好动是幼儿的特点，因而音乐游戏必须具有游戏性。音乐游戏材料要形象生动、幽默而夸张，玩法要富有变化和新意。

### 3. 趣味性和模仿性

音乐游戏除了具有音乐性、游戏性这两大主要特点外，还应具有趣味性和模仿性。音乐游戏能让小朋友在短时间内激起兴趣，在浓厚兴趣的基础上内心支配意识表现出的高兴动作——模仿，这是幼儿时期最得心应手的动作。

## （二）音乐游戏的指导策略

### 1. 优化教学内容，促成音乐游戏活动

优化教学内容，对于音乐游戏策略的丰富和设置有积极影响。在幼儿教育阶段，教师所选择的音乐教学内容，对游戏化的教学活动有直接影响。不同风格的教学内容和不同内涵的教学内容都会影响教师的游戏活动选择、游戏规则设置和具体活动的开展。保证幼儿在音乐游戏活动中的积极参与，才能让幼儿成为游戏活动的主人，使音乐游戏活动在教育中发挥积极作用。音乐游戏活动可以是课前结合音乐教学内容设置的，也可以结合幼儿在音乐学习过程中的表现随机开展。

不同年龄段的幼儿对音乐学习内容的理解力是不同的。像在组织小班幼儿学习音乐知识时，大多数活动都将歌唱作为主体。年龄小的孩子喜欢唱歌，喜欢律动，喜欢在歌唱的过程中表现自己。教师结合这样的特点，选择具有较强戏剧性和情绪表达较为饱满热烈的歌曲，更能吸引孩子们的注意力，也更方便音乐教学游戏活动的开展。受到年龄的限制，小班幼儿只能哼唱几句，或者哼出旋律，或者记住简短的歌词。

### 2. 创设趣味情境，促成音乐游戏活动

幼儿音乐游戏活动中的情境设置对于幼儿学习真实感的提高有一定作用。在游戏环节，要利用丰富的元素，让音乐学习内容和游戏有机结合在一起，从幼儿的喜好出发，将故事情节融

入游戏活动中，或将游戏情节融入音乐教学内容中，还要找到游戏活动的主线，使之穿插于幼儿音乐学习的整个过程，让幼儿在情境中完成音乐学习内容的接触、理解和获取。

**案例分析**

《蚂蚁搬虫虫》的歌曲的内容为“小蚂蚁，搬虫虫，一个搬，搬不动。两个搬，掀条缝。三个搬，动一动。四个五个六七个，大家一起搬进洞”。教师可以结合班级内幼儿的人数分组。为每一位同学制作好小蚂蚁的头饰，并制作一个体积适当的模型。音乐学习过程中，让一位幼儿上前尝试搬虫。当搬不动时，让幼儿想办法去搬虫。这一过程中，游戏具有较强的开放性，幼儿能想到多种方法。

#### 3. 丰富组织形式，促成音乐游戏活动

节奏感的训练是幼儿园音乐教学的重要目标之一。教师要关注幼儿节奏感的形成，使其发展更好的身体协调能力。在日常音乐教学活动中开展节奏游戏，教师可以利用律动、舞蹈等形式，促进学生在音乐活动中活泼起来。比如，教师可以利用乐器在音乐教学中演奏出任意节奏，鼓励幼儿自主编舞，随意跳动。

## 二、美术游戏的特点与指导

### （一）美术游戏的特点

#### 1. 形象高于思维

4～7岁儿童，语言发展还不完善，思维能力还不健全，但他们的形象记忆得到超前的发展，他们凭借感官的体验在大脑中形成表象符号，将这些符号进行积累，从而形成一定的图式。

#### 2. 游戏性的表现方式

儿童美术教学突出游戏性。在玩中学，在玩中体验与娱乐，是美术教育发展的大方向，也是以人为本，符合儿童身心发展规律的要求。爱玩是孩子的天性，要给孩子充分的自由，让他们享受绘画、享受生活。

#### 3. 拟人化的造型

儿童认知水平有限，缺少逻辑思维能力，他们认为所有的事物都是有生命、有感情的，对

世界也充满好奇。他们的笔下都是太阳公公、月亮姐姐之类的形象，还有众多卡通形象也源于他们所钟爱的动画片，这与他们的生活经验和个人爱好息息相关。

#### 4. 主题选题应生活化

3～6岁儿童受自身认知发展水平的限制，往往只对日常生活中熟悉或感兴趣的物体有绘画兴趣。因此，幼儿美术游戏应注重选题的生活化，以幼儿生活中所熟悉和感兴趣的物体作为绘画的主题，可以画点、线、面及几何图形，自然生活题材，想象性的题材等，让他们在玩中学、学中思。

#### 5. 活动设计应趣味化

趣味化的美术游戏多通过玩色、添画等多种形式，让儿童在构图和构思等方面能有自我表现和不断尝试的机会。教学过程中，可适当插入讲故事、朗诵诗歌、播放情景剧等环节，激励儿童积极参与、大胆想象，变技法练习为生活中的游戏，通过自由创作、互助合作、作品展示与交流等，让他们能充分体会到艺术创作的乐趣。

### （二）美术游戏的指导策略

#### 1. 选择针对性的游戏教学内容

在题材上，要尽可能贴近生活，由于幼儿的认识水平和学习能力非常有限，社会和生活经验也欠缺，一般情况下日常生活中的事物可以激发他们的求知欲和学习兴趣，因此，就要将绘画创作和现实生活结合在一起，选择合适的美术活动内容。比如可以根据幼儿喜欢小动物的特点，选择“画小鸡”“胖胖猪”之类的绘画主题，也可以开展“玩具总动员”这类的美术活动，让他们在游戏中画出他们喜欢的玩具。此外，幼儿们喜欢和熟悉的内容和题材，也具有游戏性的特点，这样可以改变单一的涂色和临摹，促使他们在有趣轻松的环境中创作。

#### 2. 游戏性的教学方法，提升幼儿的绘画能力

幼儿绘画的色彩单调，涂色没有规律。在构图方面，没有结合重点事物之间的关系，无法有效控制事物的范围。在构思方面，一般都是先拿起笔之后进行构想，没有目的性，随意涂画，线条杂乱无章。

#### 3. 提供具有乐趣的作画材料

在幼儿美术教学活动中，教师要对美术活动和游戏活动结合的方式进行积极的探索，为幼儿营造出更好的美术体验条件，还可以为幼儿提供趣味性的制作材料，实施对幼儿的游戏化教学，促进美术活动教学的有效性。在具体实施教学活动的过程中，教师要对幼儿的成长特点和美术学习需求进行分析和思考，选择合适的作画材料，确保材料具有丰富性和趣味性，促使幼

儿积极投入美术活动，提高美术素养。比如，在“喷画”活动中，幼儿对“烟花”的兴趣非常高涨，因此在材料投放区，可以先给幼儿展示出多种多样的使用喷画方式制作的“烟花”作品，将幼儿的注意力吸引过来。之后教师再结合幼儿对绘画材料的兴趣，为幼儿提供装满颜料的喷壶，幼儿在创作绘画作品时，只要选好颜色，对准想要喷绘的位置，轻轻一喷，就能制作出美丽的“烟花”，体会到美术创作的乐趣。

## 三、智力游戏的特点与指导

### （一）智力游戏的特点

智力游戏将学习的因素和游戏的形式紧密结合，对发展幼儿的智力有较大作用。智力游戏有以下三个基本特征。

第一，益智性。智力游戏最明显的特点是益智性。无论是棋类游戏还是一些走迷宫等的操作性游戏，都需要幼儿开动脑筋，具备一定的数理逻辑能力。

第二，变化性。智力游戏是变化性很强的游戏，如棋类游戏，走迷宫、九连环等解谜类操作性游戏，取胜方法多变，使得智力游戏充满了独特的魅力。

第三，趣味性。马斯洛的需求理论将人类自我实现的要求放到了金字塔的顶端，而智力游戏正是可以带给幼儿这种自我实现的需要。无论是下棋的胜利，还是走出迷宫，还是解开铁环，都会给幼儿一种成功的喜悦，增强其自信心。即使没有成功，也会刺激幼儿的好胜心，增强其探究谜底的好奇心。

### （二）智力游戏的指导策略

#### 1. 投放的材料应能扩展幼儿的兴趣

教师可以为幼儿提供丰富多彩的活动和多种多样的玩具材料，同时给予幼儿充分的自由与自主，让他们按照自己的兴趣、爱好进行选择，应该充分尊重幼儿，让幼儿用自己的方式与同伴和材料建立互动。投放的材料应具有很强的可操作性，能够融教育与娱乐于一体。

此外，在注意操作性、教育性与趣味性的同时，游戏材料还要符合幼儿的年龄特点，不同幼儿之间也有差异性，游戏材料也应最大限度地照顾到个别差异。这种差异既包括兴趣上的差异，也包括能力上的差异。比如有些幼儿格外喜欢棋类游戏，有些幼儿喜欢解谜类游戏（走迷宫、九连环等），还有些幼儿喜欢拼接类游戏（雪花插片、七巧板等）。有的幼儿逻辑空间思维能力较强，教师可以提供一些难度大的、挑战性高的游戏；有些幼儿逻辑空间思维能力较弱，教师也应适当保留一些低难度的材料。

#### 2. 在游戏材料旁边放置图书和其他资料

在游戏材料旁边放上相关图书和相应资料，可以给幼儿提供操作规则的提示，加深幼儿对游戏的了解，也避免了教师的重复指导，为教师和幼儿节约了时间。需要注意的是，由于幼儿年龄较小，提供的图书和资料应以图片为主，配以简单的文字说明，使幼儿在真实物体和图片图画以及与材料有关的故事之间建立联系。

#### 3. 注重个别差异，提供适当指导

不同年龄段的幼儿会表现出不同的身心发展特点，而同一年龄阶段的幼儿也会因个人差异出现不同的行为特点。这些差异不仅表现在性格上，也会表现在幼儿自身发展水平上。教师进行指导时，应该特别注意到幼儿之间这种不同的差异性，给予每个幼儿适度的目标和正确的方向引导。有些幼儿比较喜欢单独思考操作的解谜类游戏，有些幼儿比较喜欢对弈竞争的棋类游戏，还有些幼儿对于操作性强的组合分类或者拼接类游戏感兴趣，或者有些幼儿对益智游戏根本就不感兴趣。教师应尊重幼儿对于游戏种类的偏好，不能强硬地规定幼儿必须玩什么、不能玩什么，在尊重理解的基础上进一步使幼儿在自身感兴趣的游戏上有所进步。

## 四、数学游戏的特点与指导

### （一）数学游戏的特点

#### 1. 趣味性

数学游戏的形式是“游戏”，必然要充满趣味性，尤其是对幼儿来说，游戏的趣味性是激发其参与和学习兴趣的根本要素。在实际教学中，教师应在幼儿一日生活中渗透数学游戏，巧妙应用数学游戏。

#### 2. 启发性

数学游戏的核心是“数学”，即游戏内容必须包含数学知识。幼儿尚未形成完善的数学知识体系，甚至连基础的 1 ～ 10 数字都认不全、写不对，所以教师应结合游戏内容，启发幼儿学习数学知识，尤其是明确数学知识与生活的诸多关联，同时培养其“数感”。

#### 3. 多元化

多元化是数学游戏的根本属性，基于活动引导过程而产生，包含多种多样的趣味游戏，在不同教学阶段发挥不同的教学作用，从而让整个数学游戏过程变得顺畅、自然。比如在教学引导阶段可以开展多媒体数学游戏，在教学阶段可以开展生活化游戏，在知识总结阶段可以开展合作化游戏。

### （二）数学游戏的指导策略

#### 1. 合理选择游戏内容，发展幼儿的数学认知能力

数、计算、测量、空间 / 几何和模式认知能力是儿童早期发展的最基本的数学认知能力，在一定程度上代表着儿童早期数学认知能力的发展，但多数幼儿数学游戏涉及数概念、计数和数运算，而关于量、空间和图形的幼儿数学游戏则较少。可见，幼儿数学游戏偏重幼儿对数的感知和理解，而忽视对量、空间与形状的感知和理解。因此，幼儿园教师和家长应合理选择游戏，重视量、形状、空间、时间和模式等方面的引导，全面发展幼儿的数学认知能力。

另外，在幼儿数学游戏中，教师应引导幼儿的探究欲望，让每个幼儿都有机会参与游戏，鼓励他们大胆提出问题，发表不同意见，从而发展幼儿的科学探究能力和数理逻辑推理能力。

#### 2. 科学合理地设计游戏，保证游戏结构完整

科学合理地设计幼儿数学游戏，保证游戏的结构完整，包括游戏的名称、班级、目的、准备、重点、玩法、规则和结果等。如大班“碰球”游戏，复习 7 的组成（游戏目的），教师说：“今天我们来玩碰球游戏（游戏名称），我报的数和你们报的数合起来是 7（游戏规则）。如，我唱‘嘿嘿，我的 1 球碰几球？’你们就得唱‘嘿嘿，你的 1 球碰 6 球。’接下来我唱‘嘿嘿，我的 2 球碰几球？’你们就该唱什么了呢？（游戏玩法）”游戏的名称、目的、规则和玩法介绍清晰，幼儿能够及时、积极地参与数学游戏。

## 五、体育游戏的特点与指导

### （一）体育游戏的特点

#### 1. 趣味性

趣味性是体育游戏的一个突出特点。体育游戏深受幼儿喜爱，有很强的趣味性和娱乐性，幼儿不自觉地就参与其中，并且始终心情愉快。

#### 2. 教育性

体育游戏不仅能提高游戏参与者的身体素质，还可以提高追求美与享受美的审美能力，培养良好的思想品德和文明习惯，有助于幼儿树立团结奋斗、不怕困难的集体主义观念，使智育教育、品德教育和体育教育融为一体，促进幼儿能力和品德的发展。

#### 3. 竞争性

体育游戏一般都是以比赛的形式存在，以争夺最后的胜利而告终。在完成的过程中既有体

力竞争，也有智力竞争，最后的胜利往往是体力和智力的结晶。因此在体育游戏中获胜的幼儿会感到成功的艰辛和成功的喜悦，同时失败的幼儿也会有再战的激情，培养败不馁的精神。

## （二）体育游戏的指导策略

### 1. 进行幼儿体育游戏的首要任务是保证幼儿的安全

体育游戏中容易出现运动伤害，因此，体育游戏的布局设计应该是科学和合理的，要综合考虑休闲、健身和运动效果，以及运动量的大小，游戏过程中，要有严密的教学组织和措施，保障游戏教学顺利进行。

### 2. 要有合适的负荷量

在组织体育比赛时，教师注重体育负荷量的大小。幼儿的骨骼尚未完全骨化，肌肉收缩力较差，容易导致疲劳，因此，运动时间不宜太长。另外，运动量不宜太大，否则，会使幼儿产生厌倦或疲劳。如果体育游戏负荷太小，不能达到增强体质和健康的作用。因此，对于教师来说，控制游戏的负荷是至关重要的。

## 思考练习题

1. 结合 3 ～ 4 岁幼儿的年龄特点，试简述如何指导 3 ～ 4 岁幼儿进行角色游戏。
2. 根据亲子关系的特点，结合实际，试简述如何在家庭中指导亲子游戏的开展。
3. 如何在小班、中班和大班分别开展“娃娃家”的角色游戏？
4. 结合实例分析角色游戏中的扮演与表演游戏中的扮演的异同。

【实践与应用】

结合不同种类幼儿游戏的指导特点，设计针对不同年龄段幼儿的游戏方案，并且在教育见习或实习中开展相关的游戏，分析针对不同年龄段幼儿的游戏，教师的指导要点分别是什么。

教师指导幼儿建构游戏的案例

# 第八章

XUEQIAN ERTONG YOUXI HUANJING CHUANGSHE

# 学前儿童游戏环境创设

## 【学习目标

知识目标：能说出游戏环境的含义与基本特征、结构；能针对实际情况，说出儿童个性化玩具选择注意事项和投放策略。

行为目标：能够根据相关原理对幼儿园的游戏场地进行基本的规划；能够根据幼儿实际表现和园所的基本情况，恰当地创设户外游戏场地和室内游戏场地。

态度目标：深刻领会学前儿童游戏的氛围营造对幼儿发展的意义；体会为幼儿营造适宜的户外游戏场和室内游戏场的重要意义；感受游戏氛围对幼儿游戏的影响作用。

## 【问题导入

上个学期，我们就开始思考怎么能让孩子们在幼儿园里玩得更开心。更开心对孩子而言就是更自由、更放松、更能遵从自己的意愿。这里有个前提——孩子得在幼儿园里找到家的感觉。这个目标不易实现。首先，教师们得给孩子们创造轻松愉悦的精神氛围，让孩子们感觉在幼儿园和在家中一样放松，他们才会敢想、敢说、敢做、敢玩；其次，合理安排游戏时间；再次，实施安全保护措施；最后，给予幼儿自主选择权。

这个学期，为实现这个目标，我们选择了每周五让孩子们想玩什么就玩什么，想怎么玩就怎么玩！

每周五，孩子们都很开心。

“我喜欢周五，可以带自己的玩具来跟小朋友分享。”

“我很喜欢周五，因为可以认识很多新朋友。”

“我喜欢想玩什么就玩什么的感觉。”

“太喜欢了，真希望每天都是周五！”

案例中的幼儿园为了让孩子在园中找到家的感觉，创设了相应的游戏环境，为幼儿设计了更自由、更宽阔的空间。幼儿园老师的做法中关注了哪些游戏环境创设的必要因素与特征，但是又忽略了哪些因素？如何帮助幼儿园和教师创建良好的幼儿游戏环境？

# 第一节 学前儿童游戏环境概述

## 一、环境与游戏环境

### （一）环境

人类环境习惯上分为自然环境和社会环境。自然环境亦称地理环境，是指环绕于人类周围的自然界，它包括大气、水、土壤、生物和各种矿物资源等。自然环境是人类赖以生存和发展的物质基础。

社会环境是指人类在自然环境的基础上，为不断提高物质和精神生活水平，通过长期有计划、有目的的发展，逐步创造和建立起来的人工环境，如城市、农村、工矿区等。社会环境的发展和演替，受自然规律、经济规律以及社会规律的支配和制约，其质量是人类物质文明建设和精神文明建设的标志之一。

### （二）游戏环境

游戏环境是在幼儿游戏的过程中，影响幼儿身心发展的一切条件的总和，包括物质环境和精神环境两部分。游戏的物质环境指的是幼儿游戏过程中的游戏场地、游戏材料以及游戏时间等；游戏的精神环境指的是游戏过程中的人际关系等因素，能够对幼儿身心发展具有潜移默化的影响。

## 二、幼儿园游戏环境的特征

### （一）幼儿园游戏环境是层次性与整体性的统一

首先，幼儿园游戏环境系统可以被细分为植物系统、土壤系统、景观系统等环境子系统，每一层子系统都有存在的价值和意义，都应受到关注和重视；其次，各子系统之间是相互联系的，它们之间的协同共处构成了幼儿园游戏环境这一有机整体。此外，由此观点出发，我们还应意识到幼儿园游戏环境本身也是幼儿园环境系统或社区、社会等更大环境系统的一个组成部分，需要有机整合于更大的环境系统之中。

### （二）幼儿园游戏环境是开放性与多样性的结合

幼儿园游戏环境是一个开放的生态系统，而不是一个与世隔绝的“桃花源”。具体来说，幼儿园游戏环境内部各生态子系统之间或各功能分区之间应该是开放的，幼儿可以在其中自由探索与互动。幼儿园游戏环境是室内环境、社区环境、社会环境等的集合，因而也应是更高层次的环境系统之间的开放。幼儿园游戏环境中每一层次的系统都应是多元差异的，而非千篇一律的，无论是对于自然环境，还是对于社会环境来说，都应追求环境内容的多样性。只有这样，才能为幼儿营造出丰富多彩的游戏环境以保障幼儿多样化游戏与探索的兴趣与需要。

### （三）幼儿园游戏环境是动态性的

幼儿园游戏环境的动态性体现在它要随着幼儿身心发展水平、课程内容、活动主题、季节、节日、气候、教育理念等因素的变化而不断进行灵活调整。

## 三、学前儿童游戏环境的基本要求

### （一）游戏环境要具有安全性

安全性主要包括身体安全和心理安全两方面。身体安全涉及幼儿的游戏场地应该是宽敞、明亮、便利以及适合游戏的，玩具的摆放应该与各个区域的主要内容相适应，安全可靠，没有使幼儿碰撞、刺伤等危险因素存在。对于室内环境来说，要保持空气的流通，有充足的光源，室内的各类玩教具要保证定期清洗消毒；对于户外的游戏场地，大型体育器械等要定期检查、修理，设置玩水区、玩沙区。心理安全是指让幼儿获得充分游戏活动的机会，让幼儿感到他在集体中是受尊重、受欢迎的；充分尊重幼儿的自由和个性，让幼儿在游戏中有自由感、舒适感，能按自己的经验和希望开展游戏。安全的游戏环境是幼儿健康成长的前提和保障，只有在安全的环境里，幼儿才能充分、自由地开展游戏活动。

### （二）游戏环境要丰富

游戏环境的创设是为了激发幼儿的探索欲和好奇心，通过环境的布置促进幼儿的全面发展。所创设的环境必须是丰富的，既有幼儿所熟悉的内容，又有新奇的物件或设施，能引起幼儿积极地探索，激发他们从游戏中去验证已有经验，并且学习新的有用的知识经验，给幼儿提供学会学习的机会。在丰富的环境中，幼儿成为环境中的主动探索者。

### （三）游戏环境要具有可参与性

每个幼儿在游戏中是按自身的发展水平和经验来接收环境中的信息，因此在游戏环境中幼儿既能获得知识，又能根据自身的经验反作用于环境及其所提供的材料。因此，游戏环境的创设要在全面适合幼儿发展的角度之上，兼顾幼儿个体的经验和兴趣，使每个幼儿都能在所参与的环境中获得最大限度的发展。如在班级的区域设计中布置一定数量的未成型玩具、图书等，让每个幼儿都能真正参与到创设好的游戏环境中去。

### （四）游戏环境要具有教育性

教育性要求游戏环境的布置与幼儿的教育目的相适应。在促进幼儿全面发展的基础上，教师对幼儿的游戏环境进行优化、合理组合，把教育意图渗透在游戏环境中，创设与教育相适应的良好环境，最终达到教育性与游戏性相结合的目的。

# 第二节 学前儿童游戏的物质环境创设

## 一、游戏场地的规划与要求

游戏场地是为儿童设计的供其游戏和接受教育的场所，蕴含着丰富的文化和发展要素，为儿童的健康成长提供支持。

### （一）游戏场地的规划

儿童游戏场地的规划大体可分为室内游戏场地创设和室外游戏场地创设。

#### 1. 室内游戏场地的创设

为了鼓励儿童经常开展游戏特别是自主游戏，幼儿园可在各年龄班内设计游戏区、游戏角等区域。各游戏区布置各种各样的适合幼儿身心发展的游戏材料。在室内各区域的整体设置中，既要注意各区域的特点，也要注意区域之间的联系，让各区域发挥最大的作用。

主要的室内游戏区列举如下。

（1）建构区

建构区的设备一般有大空心积木、小积木、部件积木、有颜色积木、积塑等，同时备有交通标志类玩具，如小汽车、小飞机等，发展幼儿的智力和技能，以及人物类玩具，如芭比娃娃、各类职业人员玩具等。由于该区游戏活动性较高，参与活动的幼儿相对较多，因而在场地的布置上要宽敞、明亮，可考虑与娃娃家、角色扮演区等相邻，并最好放地毯或泡沫垫等地垫以降噪。

### （2）美术区

在美术区可提供各种画笔、画纸、画册、剪刀（无尖锐款）、画板和桌子以及颜料架、展示板等，并且此区域应靠近水源，光线明亮。儿童的作品可在区域中或者墙面布置时进行展示，提高儿童参与此区域活动的兴趣。

### （3）角色游戏区

在角色扮演区域，应投放桌子、椅子、床等物品，并根据各年龄段的特点，投放相应的扮演玩具，如娃娃家所用的衣服、帽子、小被、毛巾等，厨房游戏中所用的锅、铲子、盘子、菜品等，还要为幼儿提供开商店、玩具店、快餐店、动植物园等其他形式的游戏所需要的多种材料。同时，各幼儿园根据自身条件也应提供表示不同职业的道具，以促进角色游戏的发展。

### （4）益智游戏区

该区域一般备有各种插板、木钉板、智力玩具、低结构材料、手工材料、建造材料、电动玩具等，培养幼儿的动手操作能力、手眼协调的能力。该区域应设于安静区，避免干扰。

### （5）科学探究区

该区域一般设有沙、水、塑料瓶、小桶、草、花以及各种小实验用品等，主要培养幼儿观察、思考、动手等能力，发展幼儿的探究精神。因此该区游戏活动性低，宜设于安静区中，减少干扰，还应注意光线要好，可近窗设置。

### （6）图书区

设有适合幼儿的各类图书、画册及桌子、书架等，培养幼儿的阅读兴趣，促进语言能力的发展。该区活动要避免干扰，可设在安静的角落，与其他区隔离。另外，要注意保持光线明亮，靠近窗户。

## 2. 室外游戏场地的创设

室外游戏场地是幼儿进行户外大运动量活动的主要场所，应该选择面积开阔、地面平坦、土质松软的地点，玩具设施安置疏密合理，以不妨碍儿童奔跑活动为原则，并且所购置的设备、材料、用具等要符合安全要求，能促进儿童大小肌肉、身体各部位的全面协调发展，培养合作精神、勇敢精神、创新意识。在场地上，要有一定的植被覆盖，以保证既有充足的阳光，又有一定的遮阴处，场地附近没有空气、水源等方面的污染。

室外场地上，可主要配置木马、秋千、平衡木、攀登架、滑梯、转椅、拱桥、城堡等，也可配置自行制作的木头支架、轮胎做的小船、用绳子制作的网、跷跷板以及适当的废旧物品、自然物和没有加工的材料等。场地上除有较开阔、平坦的体操区及一般运动区外，还可设有球类区、沙水区、园林区、动物区、结构区等。

### （二）创设游戏场地的基本要求

#### 1. 促进幼儿的发展

儿童总是在环境中不断挑战，以提高自己的能力系统。游戏场地是为儿童提供的重要探索环境。为此，游戏场地的设计和游戏设施的投放在满足幼儿已有经验的基础上，要能够提高幼儿现有的经验水平，激发其探索的欲望，进而加速幼儿心理的、身体的和精神上的发展。儿童的发展是全面的发展，游戏场地也应当是整体联系的，能够将环境中多方面的影响因素加以合理配置和组织建构，形成动态与静态、身体与精神的最佳结合。

#### 2. 培养儿童的自信心

游戏场地的创设，在满足促进儿童发展需要的基础上，也要有助于培养幼儿参与各类活动的自信心。和谐、丰富、有趣的游戏场地有利于儿童充满自信地获得信息，进行锻炼。所以。场地的设置要考虑幼儿的特点，以及幼儿的生活经历、已有知识经验、兴趣和能力等。另外，还要保证场地环境的刺激必须是适度的，既不过于单一，又不可眼花缭乱，因为前者无法调动儿童的兴趣，后者又使儿童情绪浮躁、行为不定。

#### 3. 保证儿童安全

创设游戏场地最重要的前提是要保证幼儿的安全，因此游戏场地所处的环境和购买的一切设备设施以及游戏过程中都要排除任何危险。在游戏场地设计的过程中，要保证附近的空气、水源等自然因素都在规定的范围之内；游戏场地中购买的一切设备设施都符合国家安全标准，避免尖锐的物体对幼儿的安全造成威胁。

## 二、户外游戏场地设施选用与规划放置

户外游戏场地是幼儿与自然环境交流的主要场所，幼儿在户外游戏场地中，主要通过奔跑、攀爬、爬行、跳跃等动作完成与自然的交流，因而好的户外游戏场地能够帮助幼儿完成相应的活动，促进幼儿技能和身体机能的发展。

### （一）户外游戏环境创设应考虑的因素

第一，在户外场地的规划中，首先要考虑的是空间的设计，如户外的地表质地、下水道等硬件因素，并且尽可能保留原有环境当中的树木、草坪等自然植被，在此基础上进一步进行规划设计。

第二，在大型游戏设备进入场地之前，可先将固定的游戏设备安放好，如沙池、围栏、水池、跑道等。根据场地的大小，还应该事先建立些遮阳处及储藏室等，方便幼儿休息和物品的存放。

第三，提供可广泛使用的游戏器具，在恰当地安排布置器具的位置时，应提供游戏设备、材料以整合跨越两个或两个以上的区域；提供充足多样的器具，以便使儿童自然地投入每一种形态的游戏；布置安排零散器材和结构，以整合跨越两个或以上的游戏形态；合理安排空间，以便允许儿童在区域内、在区域间、在出口点进行移动、运动。

## （二）户外游戏场地的规划

### 1. 大型组合运动玩具区

放置户外大型玩具的地面一般都是由柔软的辅助材料铺设而成，如塑胶、沙土等。大型组合玩具可以锻炼幼儿的攀登、平衡、走、跑、跳、爬、登等动作，增强身体控制力。在组合器械中，攀登架的高度应有不同水平的变化。一般由高度不同的木制平台、旋转台阶、网状绳梯组成，它们不仅能增强幼儿上臂及腿部肌肉的力量，使手的抓握与腿的运动协调，还能促进幼儿感觉综合能力的发展。

### 2. 玩沙池（区）

沙是低结构游戏材料中较为常见的一种，能够对幼儿的感官进行刺激。幼儿通过运用多种多样的工具和器皿玩沙，能练习铲、舀、挖、装、堆、叠等各种动作技能。与此同时，沙的质地、重量、黏度使它成为一种千变万化的操作材料，促进了幼儿对沙子特性（如沙粒大小、质地、重量等）的基本认识，达到了促进幼儿探索、创造性发展的目的。

幼儿园的玩沙区一般设在幼儿园活动场地的边缘地带。有的是由原材料构建的沙坑或沙池，幼儿须蹲在旁边或者是站在沙池里玩；有的是现成的沙箱、沙池。

### 3. 玩水区

幼儿园的玩水区一般与玩沙区相近。一般玩水区不仅有适合不同年龄段幼儿的涉水区，有瀑布或喷泉等景观，还有戏水槽，便于幼儿平时玩水。在玩水区，考虑到安全、健康等因素，幼儿一般都只能用手或脚去感知，学习干湿、沉浮等概念。有些幼儿园把玩水区变成了“小河”或“湖”等，上面架有小桥或在中间铺设小路，直通室内区域，幼儿可以蹲在路边玩水，并观察水里的小鱼、荷花等，在促进儿童思维能力发展的基础上，又能起到观赏的效果。

### 4. 自然区

户外游戏场地应有一个包括树木等各种植物的绿地或自然区。幼儿在户外游玩时能体验到自然的美丽和四季更替时植物、花草的变化，感悟自然界的神奇魅力，满足幼儿亲近自然或独处的需要。

#### 5. 跑道或车道

跑道可以是平坦的，也可以是有一定坡度的，可以供幼儿在户外游玩时奔跑，练习腿部肌肉的力量，控制奔跑的速度，感知不同道路需要的速度和力度的差异。

车道可以是和跑道合二为一的，也可以是专门设置的，因为车道要求的坡度可能比跑道小。幼儿在不同的坡道上骑车，既要协调自己的身体动作，还要考虑控制自己的方向和速度，以避免和别的幼儿发生碰撞。

#### 6. 休闲区

幼儿园户外游戏场地有许多闲置的空间，如操场（含风雨操场）、长廊、树荫、花棚等，放置由自然装饰而成的桌子、凳子等，它们虽然没有特定的功能，却是必不可少的。

## 三、室内游戏场地设施选用与规划放置

### （一）室内游戏场地设置的一般要求

#### 1. 给室内游戏场地以清晰的边界

将室内游戏活动区域之间的边界清晰地标出来，能够给儿童以视觉清晰的区域范围，能促进儿童投入适当的活动。使游戏区之间有机联系起来，最有利于维持和延续游戏活动。反之，如果儿童活动区划分得不清晰，儿童就难以辨别活动的明确界线，就会产生较多的破坏性行为。因此，可以利用架子、分隔物等将空间分隔开来，也可以在游戏活动室里画出清晰的线路。

#### 2. 根据区域特点进行空间设置

幼儿需要较大的空置空间来满足相关活动的开展，因此分出不同功能的空间对儿童游戏非常重要。有效的空间规划须具备充足的空置空间和通道，这些空间及通道应该让儿童容易辨认，并能使他们在空间里往来无阻。

#### 3. 根据游戏特点划分不同的区域

由于幼儿游戏是对幼儿已有经验的反映，不同的经验所借助的物品和设备也不尽相同，有些是反映静态的物质世界，将有形的东西用无形的材料反映出来；有些是反映动态的世界，要通过丰富的活动加以表现。因此，在设置游戏环境时，把功能、性质相同的主题放在一起，才能有利于促进游戏情节的发展，减少儿童在经验方面的冲突。

儿童在游戏中的区域可以分为相对安静的区域（如阅读区、绘画区等）和相对喧闹的区域（如娃娃家、表演区等）。安静的区域为儿童提供单独游戏或与一两个小朋友一起游戏的独处空间；而喧闹的区域则为儿童提供激发其产生社会性交往的、互动的小组游戏的空间。

将有冲突的区域分开，可以避免儿童在游戏中发生矛盾。如，绘画区、手工区、阅读区等是比较安静的区域，应放在一起；而娃娃家、医院、自选商场等角色扮演区是相对喧闹的区域，儿童的流动性较大，应把它们放置在一起，并留出较大的空间，以供儿童相互交往。

#### 4. 提高空间利用率

我国幼儿园基本情况为活动室的空间相对狭小，因此幼儿园应因地制宜安排游戏的活动场所，有效扩大空间利用率。首先，可以在活动室内利用各个角落设立各种游戏角，如角色游戏角、结构游戏角、智力游戏活动角等。其次，在购买设备时选用可折叠的物品，如日托园的卧室利用率低，每日仅供幼儿午睡，幼儿园可以购买折叠式的午睡床，扩大幼儿的活动范围。最后，充分利用走廊、过道，可以将自然区角放到走廊当中，把美术区的作品放到走廊墙壁上，提高室内空间的利用率。

#### 5. 给儿童留出自由支配的空间

教师为儿童创设游戏场地时，不可能完全满足所有儿童的需要，但应尽量给儿童留出一定的自由支配的空间和材料，设置一定的区域作为备用区，在区域中可以放置一些书籍和低结构性的游戏材料等，供儿童自由选用。

### （二）室内游戏区规划的要点

室内游戏区规划的要点见表 8-1。

表 8-1　室内游戏区规划的要点

| 名称 | 场地要求 | 所需设备 | 注意事项 |
| --- | --- | --- | --- |
| 角色扮演区 | 宽敞，最好便于取水 | 角色扮演材料、仿真儿童家具、移动存储箱、陈列柜、挂物架 | 置于静与动的过渡带 |
| 建构游戏区 | 宽敞，可考虑与角色扮演区邻近，最好有地垫以降噪 | 分类玩具架、移动存储箱、便于取放材料的小篮、小桌、托盘、展示台 | 相对独立、安静 |
| 表演游戏区 | 宽敞，与角色区靠近，并远离安静区 | 幼儿表演舞台、操作表演台（木偶表演架）、道具架或柜、镜子、简易灯光装置 | 空间较大，儿童有充分的表演空间 |
| 阅读区 | 光线较好而安静，与其他活动区隔离，接近电源插座 | 各类经典图画书、录音机、桌子、书架、舒适的椅子、席地而坐的地台、地垫 | 独立设置；同类图书 3 册左右 |
| 美术游戏区 | 宜设于安静区，且离水源较近处 | 材料架、桌子、展示板或台、画架、泥工板及工具、绘画工具、手工工具；艺术作品图鉴 | 有充分的展示预留区 |

表 8-1（续）

| 名称 | 场地要求 | 所需设备 | 注意事项 |
| --- | --- | --- | --- |
| 科学探究区 | 安静区域，最好置于窗前，有较充足的阳光及流通空气，且为自然光线，便于幼儿观察 | 观察台、操作台、分类科学柜及材料，托盘、科普图书、科学挂图、实验结果展示墙 | 独立设置，最好每个人活动也相对独立；操作材料充足 |
| 益智活动区 | 安静区域，独立设置 | 分类材料架、操作台、托盘、知识故事、操作材料 | 独立设置 |
| 休闲区 | 安静、温馨 | 休闲桌椅或小房子、小玩偶等 | 独立设置 |
| 储物角 | 不影响儿童活动，便于取拿的角落 | 归类储物箱、低结构半成品、自然物、废旧材料 | 注意清洁、整理和消毒 |

## 四、儿童个性化玩具的选择与提供

### （一）选择玩具的注意事项

#### 1. 为不同年龄班的幼儿提供相适宜的玩具材料

教师要根据不同年龄儿童的发展水平和本班幼儿的实际情况提供游戏材料。应多给小班幼儿提供数量充足的能引起对生活经验回忆的成型玩具，种类可主要集中在与他们生活密切联系的、真实性较高的玩具；应多为中班幼儿提供数量足、内容丰富的玩具、材料，以满足幼儿不断增长的游戏愿望及需要；应为大班幼儿提供大量能反映细节特征的玩具材料、丰富的半成品和可改造的废旧物品。

#### 2. 为儿童提供多样化的游戏材料

教师提供的游戏材料要满足不同儿童的需要，品类要丰富多样，有些是真实的物品，有些是虚构的物品。真实的物品能促进孩子探索生活中的事物，并通过游戏提升自己的经验；虚构的物品引发幼儿虚构出神话世界或现实中没有的动物，让幼儿体验更多的乐趣。当玩具物品的种类有限时，成人可为幼儿提供新的玩法，鼓励孩子在玩具和游戏主题之间发展更弹性的关系。

#### 3. 把大自然与社会中的材料引入游戏

根据幼儿兴趣的需要，我们要多给幼儿提供他们感兴趣的自然物品，如一把沙子、一堆石头、一汪清水可以在不同的情境中充当不同的道具。

## 案例分析

### 单纯山坡，引发游戏

户外自主游戏时间到了，大四班的孩子兴冲冲地来到富有野趣的小山坡。

萌萌：“瑞瑞，你能从这么高的山坡上滑下去吗？”

瑞瑞：“当然能了，我是小男生。”

萌萌：“行，那咱们来比赛，看看谁滑得快。”

两个人开始尝试各种办法。萌萌是女生，胆子比较小一些，她选择坐在草地上，双脚蹬地，慢慢地向下滑。但是在滑的过程中她发现，草地的摩擦力令她很难滑动。于是她加上手的动作，用手撑着草地，配合着脚向前滑动。就这样，萌萌艰难地下了山坡，沾了一身草，满头大汗，气喘吁吁，滑下来以后，还嘟囔了一句：“太累了。”这下，换瑞瑞了。瑞瑞是男生，胆子更大一些，他从山坡上一步一步地跳下去。正当他摆好架势准备跳的时候我发现了他的危险动作，但是，我没有上前阻止他，而是在旁边默默地观察，随时准备保护他。瑞瑞一开始跳了很小的一步，坡度越来越小，他就放开胆子，跳得越来越远了，最后也顺利地从山坡上下来了。下来以后，他骄傲地说：“我的办法好，还不累。”一边的壮壮看到以后也想加入他们的游戏，他二话没说，躺在山坡上，把身体蜷缩在一起，双手交叉抱在胸前，骨碌碌地快速地从山坡上滚下去。孩子们发现，这个方法最好，又快又安全，而且不费劲、更有趣，于是都学着壮壮的样子玩起来。

此次游戏活动之后，我组织孩子们观看视频并进行了讨论。

我：“你们的玩法真有趣，我拍摄了几张照片，咱们一起来看一看？”

萌萌：“我是把身体当小船，用腿用力蹬，用手当划桨，用力滑。”

我：“这样的方法费不费力呀？有没有省力的方法呢？”

瑞瑞：“我用跳的方法，一跳一跳的，下去的速度更快一些，而且也不累。”

朵朵：“壮壮的方法不费力，而且很好玩。”

壮壮：“我躺在山坡上，把身体蜷缩在一起，双手交叉，抱在胸前，骨碌碌地从山坡上滚下去。”

灵灵：“这样的方法我也试过了，很好玩，不费力。”

在游戏的驱使下，孩子们开始尝试用自己的办法下山坡。过程中虽然遇到困难，但也能坚持着将游戏完成。孩子们的滚、跳动作技能和身体的协调性提高了。并且，他们在比较中总结方法和经验，我在整个尝试过程中默默地关注和支持。

### （二）玩具的投放策略

#### 1. 建立玩具的管理和使用常规

幼儿园对全园购置的玩具进行统筹管理，建立使用常规：对于跟班走的玩具，要督促各班主班设立检查的制度；对于固定的玩具器械，要与各年级组商讨，建立定期检查和消杀制度，保证玩具器械的使用寿命；规定玩耍的时间、规则、收放玩具的要求等，便于对玩具的爱护和合理利用。

#### 2. 所有玩具向儿童开放，并便于儿童取放

幼儿园活动室的玩具应该是开放式的，便于幼儿根据自己的意愿和游戏的要求自由选择；常用的玩具放置在固定的地方，新出现的玩具放在显著的地方，便于引起儿童注意；小零件的结构玩具要放在轻巧的筐、篮或盒子里，以便取放；玩具要经常轮换，保持儿童对玩具的兴趣。

#### 3. 要对投放的玩具定期检修和清洗

对玩具进行定期检查，发现有破损的，要及时更换或进行修理，保证玩具的安全。玩具还要定期清洗、消毒，保证儿童身体健康发展。幼儿园一般每周至少要对大型玩具进行两次清洗、消毒，对于班级内的小型玩具每天进行消杀，保证玩具干净。

#### 4. 合理使用经费，定期添加玩具

玩具在每天的使用中会造成不同程度的损耗，因此要有一定比例的经费用于购买玩具，定期添加玩具，保证玩具的数量充足，给幼儿充分的选择，使幼儿在玩的时候尽量减少冲突。

# 第三节 学前儿童游戏氛围营造

## 一、户外游戏场氛围的营造

户外游戏场地在氛围的营造方面关注与自然环境的适配性，让儿童在接触自然的同时，养成尊重环境的态度。因此在规划户外游戏场地时，要注意以下几个方面。

### （一）各区域要有明确的标准

把相似的游戏区规划在同一领域内，相邻的游戏区要有相似的游戏性质。游戏性质相差较大的户外游戏场地，要有明确的界限，确保各游戏区互不干扰。

### （二）面积合适

如果户外游戏场地较小，容易造就更多的社交互动和合作式游戏的机会；但如果场地的设计过于分散，则会大幅度地减少儿童可能的游戏行为。大而开放的空间，则会产生无所事事的行为，特别是当设备的位置未经设计，随便放置在游戏场地时，可能还会造成意外伤害，因此户外游戏场地的面积要合适。

### （三）要创设具有刺激性的户外游戏场地

在营造户外游戏场地的过程中，不仅要关注场地中的设备设施的摆放，同时要利用自然环境中的泥土、沙水、土坡等因素，让幼儿在充满刺激、挑战的户外环境中得到身心的全面和谐发展。

## 二、室内游戏场氛围的营造

### （一）通过投放游戏材料，引发幼儿游戏行为

认知心理学认为，宽松的游戏氛围可以培养幼儿的创新意识、思维能力。游戏材料的投放才能让幼儿完全自由地感知、接触周围众多的事物，激发他们广泛而又强烈的好奇心，促使他们无拘无束地进行游戏的尝试，运用游戏材料巩固和提升自己的已有经验。

当幼儿主动与游戏环境和材料进行和谐互动时，幼儿的创新思维和创新能力能进一步发展。教师可以和幼儿一起讨论、设计、准备和制作游戏环境、材料，也可以放手让幼儿独立完成。幼儿可以根据自己的需要，通过自己动脑、动手或求得他人帮助去获取所需材料，形成创新成果，体验创新的乐趣，进一步激发创新探索意识。例如，几个中班的幼儿想玩“开饭店”的游戏，经过一番商量之后，有的写招牌，有的做厨师，有的拿材料，有的招呼客人，这样一个简易“饭店”就像模像样地开张了。

### （二）通过教师启发性的引导，激发幼儿参与活动的兴趣

兴趣是引导和保持注意的重要因素，对感兴趣的事，人们会愉快主动地探索它，幼儿更是如此。因此，在室内游戏环境的创设中，要善于利用各种方法激发幼儿参与游戏的兴趣，使幼儿主动愉快地去游戏。

在游戏环境的创设中，幼儿积极的活动离不开教师恰到好处的引导，而教师具有启发性的引导，对于幼儿大胆创新起重要的作用。例如：教师发现有的幼儿将“娃娃”夹在腋下，或将头朝下抱着，就装作听到了“娃娃”的哭声，启发幼儿自己发现问题，自行纠正。再如，在玩“小超市”游戏时，当“小超市”里的饮料被“顾客”买完时，教师就扮演“废品收购员”，将“顾客”手里的饮料罐收回，引导幼儿进行加工，制作成“小超市”里所需要的饮料，“小

超市”的生意就又兴隆起来了。教师故意以顾客的身份到“菜场”里买缺货的“海带”，引导幼儿自己想办法，寻找合适的材料（如布条或纸条）来替代或制作。教师的参与和提示，有助于幼儿丰富游戏情节，深化游戏的主题，也拓展了幼儿的思维。

寻找与幼儿生活有关的内容，激发其想象兴趣。幼儿对事物的认识体验越深入细致，反映在游戏中的情节就越丰富深刻。

### （三）利用儿童的好奇心，培养幼儿的创新能力

幼儿有着强烈的创造欲望和好奇心，好问好动，对什么事都跃跃欲试，在游戏环境的创设中，对由幼儿的好奇心而引发的独创行为，应该给予表扬、鼓励，使其好奇心得到强化，并为此去寻找答案。例如，在玩“水果市场”的游戏时，“摊主”大声地喊着：“快来买哟，有红红的苹果、黄黄的梨、绿绿的大西瓜哟。”我见没几个“顾客”去买，就去问“摊主”：“怎么只有这些大家都已经吃腻了的水果呢？”我让他想一想，再去问一问“顾客”想吃什么水果。结果，“摊主”想到了人参果、奇异果、杨桃等，吸引其他幼儿前来，使游戏进行下去。

可见，幼儿园教师应做一个有心人，在游戏环境创设中要善于观察了解幼儿各方面的发展水平和内心世界，为幼儿营造创新的氛围，使其创造力得到充分发展。

#### 思考练习题

1. 在为幼儿选择游戏玩具时应注意哪些问题？

2. 为什么需要创设室内和户外两种不同的游戏环境？简要描述一下两种游戏环境的互补关系。

**【实践与应用】**

调查你所在城市为不同年龄段儿童准备的户外游戏环境，用所学理论分析这些环境布置之间的差异。

学前儿童游戏环境创设

# 第九章

XUEQIAN ERTONG YOUXI DE GUANCHA YU PINGJIA

# 学前儿童游戏的观察与评价

## 【学习目标

知识目标：能说出学前儿童游戏观察的定义以及学前儿童游戏观察的基本方法；能够说出学前儿童游戏评价的含义，以及学前儿童游戏评价的基本方法。

行为目标：能够根据幼儿实际情况，采用恰当的方法对游戏中的幼儿进行观察，并且能够根据观察记录对幼儿的发展水平或游戏水平进行评价。

态度目标：更加深刻认识到幼儿游戏观察对于幼儿发展的重要意义，并且能够恰当地运用观察和评价对幼儿的发展水平进行评估，感受观察和评价对于幼儿发展的重要意义。

## 【问题导入

今天美术课的内容是命题画《青蛙》，我请孩子们先仔细观察然后再开始画。孩子们的兴趣高极了，在观察了片刻后，纷纷开始动手作画，一会儿的工夫，就有不少孩子画好了。就在孩子们相互欣赏作品时，忽然，妞妞大声喊起来：“老师，你看，豆豆画错了，他画的青蛙一只眼睛大，一只眼睛小。”她的话音一落，孩子们七嘴八舌地议论起来：“好丑呀！”“一点儿也不像青蛙！”“老师都说了青蛙的两只眼睛是大而突出的！”……

我急忙走到豆豆跟前，拿起他的画仔细看了看，豆豆画的青蛙，眼睛一只大一只小，对比特别明显。由于遭到小朋友们的否定，豆豆低着头，一言不发。看着孩子难过的样子，我既心疼又着急，怎样保护他那稚嫩的自信心？

我灵机一动，对小朋友们说：“豆豆画的青蛙正闭着一只眼睛休息呢！”停了一会儿，我又接着说：“豆豆能大胆想象，画出不一样的画来。”

案例中，教师通过仔细的观察和富有智慧的评价灵活巧妙地化解了豆豆的尴尬和不安，不仅保护了豆豆对画画的兴趣和自信，而且引导其他孩子充分发挥想象力和创造力，按照自己的想法创作出不一样的画。幼儿园教师应采取怎样的观察方法才能帮助幼儿树立参与游戏的信心，提升幼儿的能力呢？

# 第一节 学前儿童游戏观察

## 一、学前儿童游戏观察的含义与作用

### （一）学前儿童游戏观察的含义

在当前学前教育发展的形势下，观察能力成为幼儿园教师重要能力组成部分，观察成为教师在园教育中的重要工作内容，也成为幼儿园教师能力提升的重要途径。幼儿园以游戏为基本活动，游戏中的观察也就成为教师对幼儿观察的主要内容。所谓游戏观察就是对幼儿在游戏中的行为、动作、材料使用、玩伴选择等进行多种途径记录，并基于此对幼儿游戏行为和质量进行分析，以利于游戏进一步更好开展的过程。游戏观察需要幼儿园教师在自主游戏精神理念的指导下，根据一定的观察需要，以幼儿在游戏中自主性的充分发挥为导向，在活动中结合一定的观察目标或观察方法，从幼儿游戏的情境中有重点地筛选信息，并结合观察记录分析幼儿在自主游戏中的发展，提出相应的教育策略，以促进幼儿在游戏中自主探索、自主发展的过程。

### （二）学前儿童游戏观察的作用

幼儿教育更需要在充分观察的基础上，对每个儿童作出正确的判断，有的放矢地实施有效的教育。观察在幼儿园教育中占有极其重要的地位。在游戏中观察儿童的行为，更能全面地了解儿童的发展状况以及发展的潜力。观察是指导幼儿游戏的基础、前提和保证，具有十分重要的意义。

#### 1. 对游戏的观察是了解幼儿的最佳途径

游戏是儿童最喜爱的活动，在游戏中儿童可以自由地活动，充分地表现自己的一切。通过观察儿童的游戏，教师可以评价一个儿童的分类能力，匹配颜色、大小和形状的能力，再认相同物体和符号的能力，确认因果关系的能力，在解决新问题时使用和调整已有知识的能力，以及利用铅笔、画笔、剪刀和结构玩具发展基本操作技巧的能力。另一个重要的作用是，教师还可以了解到儿童人格和社会化的发展。儿童总是单独游戏，或明显有破坏性和攻击性行为，或似乎不能与人共享和等待，或总需要成人关注，以及不能忍受极小的挫折，都是有某种心理障碍的表现。更为精细的是，在做模仿家庭活动的游戏中，一个儿童对角色的扮演可以使我们了解他与父母或兄弟姐妹的关系。在任何时候对儿童游戏的观察，都能帮助教师倾听儿童对语言的使用，这不仅是表达思想的一种手段，也是与其他人进行流畅交流的一种方式。

### 2. 观察是对游戏实施有效指导的前提

教师在游戏中的作用，在于仔细地观察，适时地帮助儿童获得发展，并使其游戏得以延伸。观察是提供游戏准备工作的基础，只有通过观察，教师才能知道儿童是否需要更长的时间去玩，游戏的空间够不够，玩具材料恰不恰当，儿童经验的丰富程度如何等，再决定是否需要加入儿童的游戏，以帮助儿童提升游戏的技巧。

### 3. 观察是对游戏进行正确评价的保证

对幼儿园游戏的评价必须建立在对游戏的观察上。只有观察了游戏的过程，才能对游戏形成正确的认识和评价。建立在儿童游戏事实基础上的评价，才是有效的、积极的；才能避免教师凭主观意愿，不切实际地空洞说教。

### 4. 观察是制订下次游戏计划的依据

游戏计划的制订，不是教师凭主观想象去安排儿童游戏，这样带来的后果是教师在制订游戏计划时，千篇一律地做重复劳动。时间一长，对游戏的指导缺乏信心，不愿意组织游戏，使游戏流于形式，儿童享受不到游戏应有的快乐。因此，教师只有在观察到儿童游戏的情况后，根据游戏中存在的问题及儿童的行为表现，才能更好地制订出下一次游戏的计划，避免游戏重结果、轻过程的现象。

## 二、学前儿童游戏观察表的种类

### （一）帕顿 / 皮亚杰量表

由于帕顿在 1932 年编制的社会参与量表和斯米兰斯基在 1968 年基于皮亚杰理论编制的游戏认知量表都属于单一角度评价幼儿游戏量表，20 世纪 70 年代，鲁滨等人将帕顿量表和皮亚杰量表结合起来，创设了两个尺度的评价系统，从而打破了原有的评价模式。这个新的量表以其特有的广角特点容纳了认识水平和社会性水平的 12 项游戏评价条款，并加入了非游戏行为的项目，见表 9-1。

表 9-1　帕顿 / 皮亚杰量表游戏的社会—认知内容（12 项）

| 名称 | 练习性游戏 | 结构游戏 | 角色游戏 | 规则游戏 |
|---|---|---|---|---|
| 独自游戏 | 独自 – 练习性游戏 | 独自 – 结构游戏 | 独自 – 角色游戏 | 独自 – 规则游戏 |
| 平行游戏 | 平行 – 练习性游戏 | 平行 – 结构游戏 | 平行 – 角色游戏 | 平行 – 规则游戏 |
| 群体游戏 | 群体 – 练习性游戏 | 群体 – 结构游戏 | 群体 – 角色游戏 | 群体 – 规则游戏 |
| 两项非游戏行为：无所事事，旁观 | | | | |

知识拓展

帕顿/皮亚杰量表的操作定义

1. 认知水平定义

（1）练习性游戏——重复肌肉运动，用玩具或不用玩具，如跑和跳、伸和缩、操作玩具或材料、非正式规则游戏。

（2）结构游戏——使用玩具（积木、积塑小玩具等）或材料（沙子、橡皮泥、颜料）构造一样的东西。

（3）角色游戏——角色扮演与假扮转换。①角色扮演：假装当一个家长、婴孩、救火队员、超人或妖怪；②假扮转换：假装开汽车（手臂运动），或用铅笔打针。使用小型汽车或小型熨斗不能算角色游戏，除非这是在扮演角色和假扮转换动作中使用。

（4）规则游戏——承认、接受并遵守确立的规则，如棋类游戏、踢球。

2. 社会性水平定义

（1）独自游戏——孤单地玩，与周围的孩子使用不同的材料。虽然同伴处于可说话距离范围，但无谈话。

（2）平行游戏——参加周围其他孩子类似的活动，或玩与他人差不多的玩具，但没有与其他孩子一起玩的倾向。

（3）群体游戏——跟其他孩子一起玩，角色被分配或未被分配。

3. 非游戏行为定义

非游戏行为指无所事事行为、旁观行为、不断变换游戏活动的行为，以及事先由老师或自己选定的任务或学习活动，如涂色。

4. 根据操作定义对幼儿游戏行为进行译码

（1）两个孩子正玩“娃娃家”，各自假装烧饭或炒菜。他们清楚各自的活动，但无交往。（平行－角色游戏）

（2）一个孩子用积木搭了一样东西，无其他孩子在附近。（独自－结构游戏）

（3）一个孩子独自玩，用玩具电话假装打电话。（独自－角色游戏）

（4）一个孩子正看其他孩子玩“娃娃家”。（旁观）

（5）几个孩子在图书角看书。（非游戏活动）

（6）两个孩子在地板上开玩具汽车。没有假扮转换的情节，也不互相交往。（平行－练习性游戏）

（7）三个孩子在玩“医院”游戏。一个做“医生”，一个做“护士”，还有一个当“病人”。（群体－角色游戏）

（8）一个孩子正在转来转去，不参加任何游戏。（无所事事）

（9）一些孩子在一起用积木搭一条高速公路。（群体－结构游戏）

运用帕顿／皮亚杰量表，需要注意以下事项。

第一，准确领会和掌握量表的操作定义要求，对幼儿行为准确观察和记录。

第二，每个被观察幼儿使用一张观察表，并将这些表妥善保存，形成纵向观察记录。

第三，采用多次扫描时间取样法。每次观察一个孩子 15 秒钟，按顺序换人。15 秒钟是比较适宜的时间，一方面，这个时间的长度已够观察者判断幼儿行为的性质；另一方面，它也正好短到在一个观察间隔时间内幼儿不太可能改变他的游戏性质。在结束对第一个幼儿的观察和开始对第二个幼儿的观察之间可有 5 秒的时间间隔，作为对下一次观察的准备。因此，大约在 1 分钟内可观察三个孩子。

第四，确定观察顺序。在观察之前，可以混合所有幼儿的游戏观察记录表，然后再随机抽取观察记录表，以保证观察顺序的随机性和公平性。从混合后自然产生的第一张观察表开始，在对所有确定的观察对象进行第一轮的观察以后，可以开始新的一轮观察。观察顺序不变。

## （二）豪威斯同伴游戏量表

豪威斯于 1980 年发表了考察儿童社会性游戏行为的同伴游戏量表。这个量表比较细致具体地将儿童游戏的社会性水平分为 5 个层次，水平由低到高依次为：简单平行游戏、具有成熟意识的平行游戏、简单社会性游戏、有成熟意识的互补／互惠游戏、互补互惠的社会性游戏。见表 9-2、表 9-3。

豪威斯同伴游戏量表主要以两个尺度考察儿童游戏水平，一是观察儿童在游戏中社会性交往的复杂性，二是观察他们活动组织和综合的程度。在第 1、2 水平阶段，儿童社会性行为和活动未分化，并无互补倾向。中期水平阶段的儿童出现无互补倾向的社会性交流（第 3 水平阶段），或无社会性交流的互补活动（第 4 水平阶段）。只有第 5 水平阶段的儿童游戏具有社会性交往和互补活动。使用这个量表，我们可以从儿童同伴交流的角度考察幼儿的游戏水平。

表 9-2　豪威斯同伴游戏观察记录表

| 幼儿姓名： | | | 观察日期： | | | | | | | |
|---|---|---|---|---|---|---|---|---|---|---|
| 次数 | 独自游戏 | 水平 1 | 水平 2 | 水平 3 | 水平 4 | 水平 5 | 非游戏活动 | 非游戏行为 | 教师参与 | 地点或使用材料 |
| 1 | | | | | | | | | | |
| 2 | | | | | | | | | | |
| …… | | | | | | | | | | |

表 9-3　豪威斯同伴游戏量表的行为译码

| 观察所见 | 水平阶段 |
|---|---|
| 两个相互靠近的孩子，正围着教室中心各自开车，路线各异。观察对象（其中一个孩子）看看教室周围，直至发现另一个孩子，然后又开自己的车 | 水平 2。因为这孩子表现出另一个孩子存在的意识。如果他没看另一孩子，就属于水平 1 |
| 积木角内两个孩子在搭房子，他们直接就何处使用哪块积木以及如何放置那块积木进行交往 | 水平 5。因为他们在一块玩并始终进行交谈。如果没有口头交流，便处于水平 4 |
| 在娃娃家角落，一个男孩坐在椅子上，另一个孩子正假装给他理发，无谈话 | 水平 4。因为他们一起玩并表现出对个人角色的意识，但无交谈或直接的社会性交往尝试。如果他们相互交谈或一个传递镜子给另一个，即处于水平 5 |
| 两个孩子挨着坐在一起玩各自的拼图。一个说“我玩不起来”，另一个答“再试试” | 水平 3。两个孩子有直接的社会性交往尝试，但他们玩的是不同的拼图（不同于两人合玩）。如果第二个孩子放下自己的拼图，去跟第一个孩子一起玩，则达到水平 5 |

豪威斯同伴游戏量表使用时的注意事项：

第一，为更好地掌握幼儿的游戏水平，建议使用多次扫描取样法进行观察。即按顺序观察每个孩子 15 秒钟，对一个孩子观察完毕后，立即相应地在记录表格“第一次”各栏里记下各项观察结果。然后观察第二个孩子，以此类推。

第二，第一轮观察结束后，开始第二轮，记在“第二次”各栏内。一般来说，大约每分钟记录两个孩子，因而这种方法较经济实用。

第三，观察积累数次结果后，研究者和教师可对幼儿游戏水平进行分析，从而有的放矢地给予幼儿以具体的帮助。

第四，分析观察结果还可以了解幼儿游戏的兴趣、喜爱的材料、与教师的交往状况，这些信息对于教师采用适当的指导方法，引导幼儿提高游戏的水平亦是十分重要的。

## （三）斯密兰斯基社会性主题角色游戏量表

社会性主题角色游戏是指两个或两个以上的幼儿分配角色并将自己所扮演的角色与别人所扮演的角色联合起来，形成有主题、有情节的角色游戏。

社会性主题角色游戏（如“娃娃家”“医院”等）看起来好像很简单，但实际上这种游戏作为一种表征性活动，要求幼儿以表征的方式表现人物和事物，进行角色扮演。这种游戏对幼儿的语言、认知和社会性发展有相当高的要求。因此，这种游戏被认为是一种重要的游戏类型，对幼儿发展具有重要的意义。

斯密兰斯基的研究表明，社会性主题角色游戏与儿童的社会性和认知发展以及学业成就有关，但并不是所有幼儿都玩社会性主题角色游戏。低社会经济地位的幼儿缺乏玩社会性主题角色游戏的能力，这意味着幼儿将产生学业学习方面的问题。社会性主题角色游戏的能力涉及社会性、想象、言语、思维的组织性等重要的认知和社会性因素。成人的干预可以增加社会性主题角色游戏的数量与质量，促进幼儿的认知能力的发展。

在游戏干预研究的基础上，形成了斯密兰斯基社会性主题角色游戏量表，见表 9-4。该量表可用于观察幼儿社会性主题角色游戏能力的发展状况。

表 9-4　斯密兰斯基社会性主题角色游戏量表

| 姓名 | 角色扮演 | 假扮转换 | | | 交往 | 口头交流 | | 坚持性 |
|---|---|---|---|---|---|---|---|---|
| | | 物体 | 行动 | 情境 | | 蜕变交流 | 角色交流 | |
| | | | | | | | | |

使用斯密兰斯基量表时应该注意以下几方面问题：

第一，斯密兰斯基评估量表的例表是集体性观察记录表，可记录不同儿童的不同情况，并得出整体游戏水平印象，以供教学和研究参考。

第二，在使用本量表时，为判断具体观察对象在角色游戏中各种能力的情况，需要较长的观察时间，至少每人每次观察 5 分钟或 10 分钟（时间取样法）。然后记录观察对象在此时间内是否出现 5 个方面的游戏行为。

第三，为保证观察结果的准确性，应反复观察多次，从而得出符合幼儿实际游戏水平的认识。

以上几种量表提供了不同儿童游戏行为的信息。采用某一量表决定于观察研究的目的。如果研究者试图获得某个幼儿游戏发展状况的全面认识，帕顿 / 皮亚杰量表比较理想。假如某个孩子的帕顿 / 皮亚杰记录表显示出他的社会性游戏水平较低，采用豪威斯量表则可得到更详细的有关信息。如果一个 4 ～ 5 岁的孩子在帕顿 / 皮亚杰量表记录表内，有关其集体角色游戏的信息很不清楚，使用斯密兰斯基量表便可证实他的能力。

帕顿 / 皮亚杰量表、豪威斯同伴游戏量表、斯密兰斯基社会性主题角色游戏量表，是在美国及其他发达国家幼教科研人员与幼儿园教师长期的实验及大量验证的基础上制定的，具有教育价值和普及意义的游戏评价参照指标。几个量表从不同侧面有重点地观察分析儿童游戏的行为，使用方法具体、方便，具有较强的操作性和指导性，适合于各种层次的幼教工作者。

## （四）游戏兴趣量表

利伯曼是第一个设计游戏评价量表的调查研究者。他的“爱做游戏的量表”包括七个主要项目。

① A. 幼儿在游戏中自发进行身体运动和活动的次数有多少？

B. 在身体活动中，幼儿的运动协调能力怎样？

② A. 在幼儿的游戏活动中，显示出来的高兴的次数有多少？

B. 幼儿以什么样的自由表达来表现高兴？

③ A. 在游戏中，幼儿表现出幽默感的次数有多少？

B. 幽默所表现出来的持续程度怎样？

④ A. 幼儿游戏时，在与周围的群体结构相互作用中表现出来的灵活性的次数有多少？

B. 幼儿活动时的自如程度如何？

⑤ A. 在做表演和戏剧性的游戏时，幼儿表现自发动作的次数有多少？

B. 在做上述游戏时，幼儿表现出来的想象程度如何？

⑥幼儿的聪明程度如何？

⑦幼儿具有多大的吸引力？

每一项目都按五分制计分。

## （五）游戏发展进度量表

游戏发展进度量表是高尔登和库尔特尔 1980 年的研究成果，可以帮助我们了解儿童玩物游戏、表征游戏、社会游戏及体能游戏的发展随年龄的增长而变化的规律，见表 9-5。最早的游戏评价量表中，一些游戏特征已经操作化了，如运动、游戏乐趣、灵活性、表达能力和想象程度。

### 表 9-5 游戏发展进度量表

| 操弄 / 建筑<br>（玩物游戏） | 表征游戏 | 社会游戏 | 身体 / 动作游戏<br>（体能游戏） |
|---|---|---|---|
| 1. 玩自己的身体部位（如手指、脚趾）<br>2. 用手臂挥打玩物并获得愉快<br>3. 玩别人的身体部位，如摸别人的脸或头发<br>4. 玩水<br>5. 在游戏中去拿玩物（或自己拿或从别人处获得）<br>6. 在玩中放开玩物<br>7. 用双手去敲打玩物或拍手<br>8. 做影响环境的重复性动作（如敲打玩具产生砰砰的响声）<br>9. 堆放玩物<br>10. 自发性地涂鸦<br>11. 拿玩具<br>12. 将容器（篮子）中的玩具倒出来<br>13. 可以横向排列玩具并且有组织性<br>14. 玩沙(过滤、拍、抹平、倒或挂)<br>15. 玩拼图<br>A. 三件式的形状拼图（三角形、四边形、圆形）<br>B. 四件式个别成形的拼图<br>C. 四件组成一形体的拼图<br>D. 七件组成一形体的拼图<br>E. 十二件组成一形体的拼图<br>16. 将玩具放入容器或篮子内<br>17. 会将盖子盖于有盖的容器上<br>18. 玩黏土<br>A. 会用手去压、挤、滚及造型<br>B. 利用工具（如棒子及形状加上黏土做造型）<br>C. 利用黏土 / 沙做表征的玩物(如做所熟识的物品，如电话、车子或茶杯，并能说出其名称)<br>19. 玩积木<br>A. 没有表征意识的建构游戏<br>B. 具有表征意识的建构游戏 | 1. 在游戏中模仿<br>A. 模仿声音<br>B. 模仿别人的手势<br>C. 模仿别人的脸部表情<br>D. 延宕模仿（将以前所听过或看过的声音或动作模仿出来）<br>2. 在游戏中可制造声音<br>3. 在游戏中可用语言交谈或叫喊<br>4. 使用玩物来做假装、虚构（如假装积木为车，可使玩物具有意义）<br>5. 功能性使用表征玩具(如电话、车子、娃娃或茶具组合等)<br>6. 使用成人衣物或装扮游戏<br>7. 表现单一的假装情境游戏（如喝茶、喝酒或开车）<br>8. 表现虚构情境(事件之间有连续或单一角色持续在 5 分钟以下，如用茶具组合在一起喝茶、吃饼干，好像开茶话会、派对，或开车去逛街或加油等）<br>9. 表现虚构情境(单一角色的游戏可以持续 5 分钟以上）<br>10. 表现虚构情节（有情节、主题，但不具有组织性）<br>11. 表现有组织、情节的假装游戏 | 1. 模仿镜中的形象<br>2. 对镜中的形象微笑<br>3. 在游戏中嬉笑<br>4. 玩社会游戏（如躲猫猫、拍手游戏）<br>5. 单独地玩（如幼儿自己玩玩具，即使与别的幼儿处在很近的距离，也不想与其他幼儿在一起玩）<br>6. 可以独立玩游戏，持续 15 ~ 30 分钟<br>7. 平行游戏（幼儿通常在一起玩，但各自单独做游戏；通常玩相似的玩具或活动，除非他抢夺别人的玩具，不然彼此很少有社会性的互动或影响他人的活动）<br>8. 联合游戏(幼儿可在一起玩，彼此间有沟通交流，通常玩的主题与玩物有关。有各自的活动目标与目的，可以彼此有所关联，但不是一个完整的、有组织的活动）<br>9. 两人的合作游戏（两个幼儿参与共同目的的活动，彼此有组织，能相互协调以达目的。通常幼儿是玩一些扮演、竞争 / 非竞争的比赛，或做一些作品，彼此相互支持，以达目的）<br>10. 团体的合作游戏（两个意向的幼儿能达到的目标）<br>11. 游戏中有分享行为<br>12. 玩时可以等待<br>13. 能为他人做事以达到目标的活动<br>14. 求同伴与他一起玩<br>15. 能叫出同伴的名字并炫耀（自夸其所做的事情）<br>16. 可与特定的玩伴一起玩并可将他当作最好的朋友 | 1. 可以不用支撑而坐着玩<br>2. 玩时可以独立站得很好<br>3. 爬或匍匐前进<br>4. 可以边走边玩<br>5. 可以双手将球从头上丢出<br>6. 可以用大人的椅子爬上爬下<br>7. 踢球<br>8. 听音乐、做些律动<br>9. 踩（骑）三轮车<br>10. 用双脚做跳远状的动作（脚离地）<br>11. 可以从 25 厘米高处跳下去<br>12. 接大球<br>13. 跑得很好(不曾跌倒)<br>14. 可以在矮的玩具和梯上爬上爬下<br>15. 跳绳（连续两次以上）<br>16. 会翻筋斗、跳跃、荡秋千、用轮子溜冰、走平衡木等 |

表 9-5（续）

| 操弄 / 建筑（玩物游戏） | 表征游戏 | 社会游戏 | 身体 / 动作游戏 |
|---|---|---|---|
| 20. 用剪刀<br>A. 用剪刀剪东西<br>B. 将纸或布剪成碎片<br>C. 沿线剪不同的形状<br>D. 剪成不同的形状<br>E. 剪图案（除了太细小部分之外）<br>21. 用画图来表征事物（大部分）画他所知道的故事并能说出故事中图画的名字<br>22. 游戏建构的结果成为重要部分<br>23. 组织工艺技巧<br>24. 使用彩笔将图案着色<br>25. 拓印 / 盖印画或用笔作描绘 | 12. 可以与其他幼儿做假装游戏（社会扮演游戏） | 17. 能对有规则的游戏或比赛，遵守规则，并能轮流共享玩具 | |

## 三、学前儿童游戏观察的方法

不同的观察内容和方法采用的记录方式是不同的，要因幼儿的具体情况而使用。

### （一）常用的幼儿观察记录方法

#### 1. 表格记录法

表格记录法有两种形式，一种是行为核对表，另一种是等级量表。表格记录法常与扫描观察配合使用，它简便易行，且可以重复使用，便于前后比较。观察者应事先设计好观察表格，熟悉表格中各项操作定义、统一标准，尽量控制影响客观记录的各种因素，使用过程中出现表格未涉及的内容，及时采用文字的方式简要记录，予以补充。

行为核对表主要用来核对幼儿在游戏中重要行为呈现与否，观察者预先将准备观察的项目列出。当出现该项目时，就在该项上用符号标示。运用行为核对表进行的游戏观察比较系统，记录信息更快捷。

等级量表与行为核对表有相似之处，两者都关注特别的游戏行为，便于记录信息。然而，等级量表使观察者还可以自己决定呈现幼儿游戏行为的等级，并评价这些游戏行为的质量。等级量表可用于评价那些难以量化的游戏行为及其品质。

与行为核对表相比，等级量表的不足在于需要通过制定等级来进行评价，这可能会降低资料的可靠性，容易出错。教师在使用时可能出现对熟悉的人的评价高于他们应得的等级倾向，受已有印象的影响而有失客观。即使同一张表格，不同的使用者因评价标准不统一，其所获结果可能有明显差异。

### 2. 实况记录法

实况记录法是指用语言文字真实记录儿童游戏或游戏中发生的情况及事件。实况记录法在追踪法、定点法等观察法中运用较多，可以在游戏进行过程中直接记录，也可以在游戏结束之后通过回忆描述游戏过程中发生的事件。这样做的不足之处是有可能遗漏游戏中的重要信息。

#### 案例分析

**中班洗手活动**

幼儿姓名：A（男孩）；B（男孩）

观察日期：2023 年 10 月 15 日

背景：幼儿园盥洗室，幼儿上完厕所要洗手，教师在旁边说洗手的顺序。

A 要拿旁边 B 的香皂来洗手，但是 B 没有用完，没有把香皂给 A。A 然后又把手伸向了 B 两次，B 都闪开了，A 都没有拿到香皂。A 看到 B 没有给他，就拿了离自己近的皂盒里的香皂，在手心里转了一下后就放回了皂盒里，按水龙头要冲水，左手按了两下（右手在下面），右手按了两下（左手在下面）。A 看见 B 把香皂放回了皂盒，就拿起了那块香皂，把香皂放在了手心里转圈，一边转一边看着手中的香皂。回头左看看，右看看，手里一直都转着香皂。教师看见 A 一直拿着香皂，走到了 A 的后面，让 A 把香皂放到了皂盒里，帮助 A 洗手，给 A 做示范要怎样交叉洗手，教师在示范时，A 要冲水，教师阻止了 A，接着帮助 A 洗手。

在运用实况记录法的过程中，要求教师或者学生要站在客观的角度上，在游戏中或者在结束之后直接记录真实发生的行为。

记录内容应包括幼儿的姓名、性别，记录的日期、游戏背景，以及对事件的客观描述和观察的结果等。焦点应放在对游戏中所见所闻的描述上。

观察者应详尽记录幼儿所说的话，保留原始对话的情境。对幼儿行为发生的场景、周围人和事物等因素也不能忽略。例如，同是一项争执的行为，有的是由于幼儿之间为抢占玩具而发生的争执，有的则是争论游戏的情节进展。如果仅凭借简单的勾画，不能提供反映实质性内容的信息，无助于教师对幼儿行为性质特点的掌握，也无法提出有针对性的教育措施，这时应采用实况详录法记录该区域幼儿游戏的基本状况。

观察者应注重按幼儿行为或生活发生的自然进程记录，记录应客观而准确，不能以主观的判断代替幼儿具体的行为。

#### 3. 图示记录法

在观察记录中，文字记录由于记录速度慢，有时会使数据记录不全，而图表记录的主要优点在于快速、直观、系统性强，弥补了文字的不足。观察者可以用符号或图形方式来记录所观察的结果，且简单方便。例如，游戏场地的布局是否合理，用一个平面图或符号就可以直接把全貌描绘出来，且记录简单方便。

观察者可以在游戏正式开始之前，运用此方法大致记录游戏环境，在游戏开始后可根据需要加以描绘和补充。观察者可以按需要，将活动室中的各个区域所使用的家具、分隔、边界等尽量描绘清楚，以便对游戏环境作出更客观、有效的分析评价，找出其中存在的问题，帮助教师合理地创设环境。

#### 4. 摄像记录法

该方法主要是指运用摄像机、数码相机等观察记录幼儿游戏，将具有代表性、典型性的资料拍摄下来，以扩大观察的广度和深度。其优势如下。

（1）运用摄像设备可以解决游戏观察的时间问题。摄像设备可以指向游戏区域并记录游戏的过程而在此期间教师可以观察其他区域。

（2）摄像记录比成人直接观察更能提供游戏行为的细节，如幼儿之间、师幼之间所发生的互动，游戏中幼儿及成人使用的体态语言等。

（3）摄像记录可帮助教师提高观察技能，促使教师观察游戏情节并使用某一行为核对表对游戏加以编码，做轶事记录或插图用以描述游戏，然后比较编码和描述之间的异同。观察者要将远距离拍摄与整体扫描配合，近距离拍摄与实况记录配合，使得观察更客观。

### （二）幼儿游戏观察记录方法

#### 1. 扫描观察法

扫描观察法是指观察者在相等的时间段里对观察对象依次进行观察，适合于大致了解全班幼儿的游戏情况，一般在游戏开始和结束的时候运用较多。

使用流程如下：

①观察者应按需要预先设计好观察表格，表格可以根据所要观察的内容而设计。

②确定观察对象和顺序。

③实施观察活动，以 5 分钟或 10 分钟为一个时间单位，对观察对象进行有序观察，用统一的方式进行记录。教师可以直接将观察到的内容在表格里做记号。

④分析观察记录。

### 2. 定点观察法

定点观察法随各游戏区域活动进行，观察者固定在游戏中的某一区域进行观察。适合于了解某主题或区域幼儿的游戏情况，了解幼儿的现有经验以及他们的兴趣点、幼儿之间的交往、游戏情节的发展等动态信息，一般多在游戏过程中使用。

使用流程如下：

①在游戏开始，教师固定到须观察的区域，即使该区域的幼儿离开，也仍然在该点观察。只要来此点的幼儿，都可以作为观察对象。

②观察儿童的游戏行为、语言、表情，如幼儿说了什么，做了什么，有什么动作表情，对活动的兴趣怎么样，专注程度如何，如何交往。

③教师可以在幼儿游戏过程中，边指导幼儿游戏，边作现场观察。

④观察记录采用实况描述或事件抽样的方法。如果当时无暇记录，或来不及详尽描述，可以在事后凭记忆将观察到的情况加以整理完善。

### 3. 追踪观察法

观察者根据需要，确定 1 ～ 2 个幼儿作为观察对象，观察他们在游戏活动中的各种情况，固定人，而不固定地点，适合于观察了解个别幼儿在游戏中的发展水平。教师可以自始至终地观察，也可以就某一时段或某一情节进行观察。

使用流程如下：

①在儿童自由游戏情景中观察儿童真实的全游戏状态。

②幼儿走到哪，教师跟到哪。

③用图示将观察路径记录下来，然后用实况描述的方式记录儿童游戏。

#### 案例分析

追踪观察法

观察对象：楠楠，男，4.5 周岁

楠楠先拿了一个圆形当娃娃的头，然后拿了一块大一点的长方形当身体，然后在长方形的下面放了两个小长方形当腿，之后他又拿了两个小的长方形放在头（圆形）的两边，我正纳闷这是什么东西的时候，看到他又拿了两个小三角形放在这两个小长方形的旁边，我问他这是什么，他告诉我说是手。原来，他把手臂安在头的两边了。再看看其他几个小朋友，发现他们也是把手臂安在头的两边。这时我对他们提问：“你们看看你们的手臂长在什么地方？”他们看来看去，然后说：“在身上。”“对，那你们就应把手臂安在什么地方呢？”楠楠犹豫了半天，拿着长方形一会儿在头上放放，一会儿在身上放放，最后试着在身上拼上，还不放心地看看我。看我没有异议，才确定下来。最后拼完的时候，我问他：“此刻是不是像个娃娃啦？”他点了点头。

在拼图的时候，在画人的时候，幼儿会把手臂画在头上，这是小班幼儿绘画的特点，因为小班幼儿不能正确辨别出具体方位。中班幼儿会有这种状况，是因为他们原先没有学过绘画，绘画的水平还停留在最原始的状态。

当幼儿出现这种状况的时候，我们需要帮助幼儿认识身体的结构，当幼儿不会画的时候，也能够用拼图或者粘贴的方式来表现人物。

## 四、学前儿童游戏观察的结果分析

### （一）观察结果分析的角度

在对观察结果进行分析时，可以从以下几个方面加以考虑。

游戏空间：游戏场地安排是否合理，有无浪费的地方或过于拥挤的区域；相邻近的区域是否在一起；游戏场地之间是否有明显的通道。

游戏时间：游戏开始、进行、结束的时间分别是多少，幼儿游戏的时间是否满足了幼儿的需要，儿童在游戏中的坚持性如何。

游戏材料：游戏材料的数量、种类是否符合幼儿的需要，有无替代物，是否有争抢玩具材料的现象发生；幼儿在游戏中是利用玩具材料进行操作，还是进行交往；幼儿对新出现的材料有什么反应。

游戏的主题：游戏中有些什么主题，这些主题是教师安排的还是幼儿自发产生的，新主题是怎样产生的。

游戏的态度（兴趣、情绪体验）：幼儿在游戏中的情绪体验怎样，是表现出活泼开朗、兴趣高涨，还是无所事事、闲逛、发呆；幼儿是否表现出自娱性体验。

在一些幼儿游戏活动中，还应观察教师指导行为、游戏环境等方面内容，这些都依据不同的观察目的而灵活变化。

### （二）游戏观察结果分析的方式

游戏观察结果分析依据游戏观察方法而定，同时也影响了游戏评价的呈现方式。依据游戏观察结果的直观程度，其方式可以分为：图示型、表格型、文字型。

### 1. 图示型

图示型就是用图示的方式将游戏中的观察结果呈现出来。如某幼儿在选择不同活动区时的轨迹，可以用图示的方式表达出来，直观呈现该幼儿的游戏前的活动状态。再如某幼儿跟其他玩伴的活动情况，都可以用图示的方式进行观察分析。此方式直观可视、一目了然，但信息量不能太大，也不能对幼儿当时的游戏情况进行记录和说明，观察结果分析比较粗糙。

### 2. 表格型

表格型就是用表格的形式对幼儿游戏中的活动情况进行呈现。如某幼儿在游戏中使用高结构材料多少次、使用低结构材料多少次，进行数量统计。再如一个班的幼儿在四个活动区中活动情况，也可以用次数进行统计。此方式是对幼儿游戏情况进行一定的整理和加工，涵盖了一定的信息量，有助于较为深入地分析幼儿在游戏中的表现，但是依然难以对幼儿在游戏中的表现进行质性分析，或者对游戏中的信息挖掘深度不够。

### 3. 文字型

文字型就是用文字描述的方式对幼儿游戏中的行为进行呈现。如对幼儿在游戏中的材料使用情况进行语言描述，客观呈现游戏活动的事件、人物、时间、发生、发展、结果等方面信息。分析结果可以长时间保存，而且信息量大，但是对分析者的文字驾驭能力要求较高，在一定程度上缺乏直观性。

理想的游戏观察结果的分析方式是将三者充分结合，做到质性与量化分析结合、语言描述与图示呈现相结合等，能够更全面、更有理有据地对观察结果进行分析和呈现，为进一步开展学前儿童游戏评价提供便利条件，使评价更客观、更完善、更能够为进一步优化游戏活动开展提供保障。

## （三）各年龄段幼儿游戏观察重点

由于不同年龄段幼儿身心发展水平的差异，在游戏进行过程中，教师需要根据幼儿的实际情况观察和分析游戏水平，以达到最佳的游戏指导效果。

3～4 岁幼儿处于平行游戏阶段，在游戏的社会交往方面表现不足，虽然象征性游戏有了一定程度的发展，能力有所提升，但仍满足于机能游戏阶段的操纵、摆弄物品。此时幼儿的关注点在操作物品的分配上，即幼儿需要足够多的相同游戏材料，保证人手一件套，保证幼儿能够展开充分的平行游戏。

4～5 岁幼儿认知能力发展迅速，能够充分融入象征性游戏，且由于生活经验的丰富，现实生活能够更自如地出现在游戏中，游戏情节不断丰富。但是此时幼儿角色容易出现不稳定情况，“医院”的“大夫”看见“卖烤肠”的“商贩”的就坐不住了，也想去吃烤肠，类似的情况比比皆是。幼儿游戏中的人际交往水平仍较低，经常出现各种冲突。因此，此阶段游戏观察的重点在于幼儿之间的冲突，如规则制定与遵守、交往技能、材料使用、角色分配等。

5～6岁幼儿生活范围不断扩大，能够根据生活经验产生新的游戏主题，因新的主题与原有经验之间的不和谐，会产生冲突，在现有经验基础上的创新成为游戏观察的重点，如幼儿看到丧葬过程，就想玩这个游戏，但是经验积累少，于是产生了游戏规则等方面的冲突。此外，由于幼儿处于合作游戏阶段，游戏中幼儿的社会性也是游戏观察的重心。

# 第二节 学前儿童游戏评价

## 一、学前儿童游戏评价的含义

学前儿童游戏评价就是在针对幼儿游戏准备、游戏过程、游戏对幼儿身心发展、游戏中的成人指导等方面所表现出来的程度，并对这些程度进行质性、量化评估的过程，以及最终形成的评估结果。游戏评价有宏观和微观两方面内容。宏观的游戏评价就是对幼儿游戏的整个过程进行评价，包括教师组织的游戏，也包括幼儿自发的游戏，既有幼儿游戏行为表现的评价，也有游戏过程中条件准备、成人指导等方面的评价。微观的游戏评价就是对幼儿游戏行为的评价，包括对幼儿游戏教育作用的评价和对幼儿游戏发展水平的评价。

学前儿童游戏评价既不是上级主管部门的行政考评，也不是教师高高在上地对幼儿游戏过程的总结和游戏结果的评判。游戏活动的评价是一个师幼双向互动、为幼儿建构经验的过程，可以用来连续不断地监控幼儿各种能力的发展，帮助教师和家长了解幼儿的特殊兴趣和经验。

## 二、学前儿童游戏评价的目的与意义

由教师和幼儿共同进行的游戏活动评价，在幼儿园一般以“游戏讲评”“分享游戏”“游戏讨论”“经验建构”等名称出现。

### （一）幼儿园游戏活动评价的目的

#### 1. 利用对游戏活动的评价，发展幼儿的能力

幼儿园游戏活动评价，在于了解幼儿的现实发展水平和表现，包括幼儿认知、情感、社会性等方面的问题；培养幼儿以自己的方式去发现问题、分析问题并尝试自己解决问题的能力。主要体现在以下两个方面。

①发现问题的能力：通过对游戏活动的评价，教师将游戏中新出现的创意及成功的体验提供给幼儿讨论，鼓励幼儿的创造性思维，注重培养幼儿发现问题的能力。

②解决问题的能力：教师将游戏中存在的问题，特别是矛盾的焦点，提供给幼儿讨论，鼓励幼儿以自己的方式解决问题，注重培养幼儿解决问题的能力。

幼儿在矛盾中，通过协商，得到一个令双方满意的结果，学会谦让，学会怎样去解决问题，这比成人强加给他们的办法更有效。经过教师的引导、支持，幼儿在与师生互动的过程中主动建构经验，养成良好的行为习惯，学会倾听和表达，学会合作，学会计划，形成问题意识以及解决问题的能力……这些将为幼儿再次游戏提供支持。

#### 2. 借助对游戏活动的评价，丰富幼儿的经验

幼儿在游戏中基于自己已有的经验再现对人、对事的理解，每个幼儿反映的角度不同，每个幼儿对待同一件事的态度和方法也各不相同。在游戏活动过程中，有些幼儿遇到困难时能够较好地自行解决，而有的却不能。个体的差异导致了幼儿在游戏中出现各种矛盾和冲突。尽管幼儿并不能意识到导致矛盾和冲突的诱因，但是，这些矛盾、冲突都发生在真实的情境中，幼儿亲身经历、体验了其发生的过程，这些困扰幼儿的问题的出现正是幼儿经验和能力欠缺的表现，他们需要成人的帮助。利用游戏这种情境性体验获得经验，符合幼儿认知发展的特点，教师的任务是把幼儿关注的、引发其矛盾和冲突的问题提出来，引导幼儿讨论，帮助幼儿学会发现别人与自己的不同，学习解决问题的方法和态度，将游戏中的个别经验扩展为共同的经验。

### （二）幼儿园游戏活动评价的意义

#### 1. 帮助教师了解幼儿的真实想法及情况，及时发现游戏中存在的问题

教师在游戏中的观察分析固然重要，但毕竟只能看到幼儿外显的行为表现。幼儿在游戏中的感受和体验，需要教师与幼儿之间的互动，让幼儿把自己的内心体验、感受和碰到的问题表达出来。

教师要想了解到幼儿在游戏时的真实想法及情况，就不能仅仅关注幼儿在游戏中是否玩得开心，应多关注幼儿在游戏中有什么不开心的事情，在幼儿讲述不开心的事情时，教师可以及时发现游戏中存在的问题。如幼儿说：“我是小吃店的，旅行团把大巴车都开到小吃店来了。”“我是医院的护士，可是一个病人都没有。”这提示我们，要关注幼儿在游戏过程当中的困难和问题，为教师进一步指导游戏提供了方向。

#### 2. 引导幼儿梳理经验，为幼儿再次游戏提供信息和方法支持

幼儿在游戏中以最佳状态轻松、自由、愉快地再现他的经验，而这些经验在现实生活中或许还没有机会表现出来。他们会把自己对真实社会的局部的、不全面的理解反映在游戏中，这

些在成人眼里可能既可爱又可笑。如在游戏中会出现类似“警察吃饭不需要给钱”“乘公共汽车认识熟人不用买票”“超市的东西有些要钱，有些不要钱”“只要生病就得打针”等情况。对这些我们总是认为不过是孩子玩玩而已，不予重视。幼儿的这些经验有些随着年龄的增长会逐渐完善，而有些却会让幼儿形成错误的观念。只有引导幼儿把凌乱的经验梳理清楚，才能使游戏情节得以丰富，促进幼儿逐渐形成完整的经验体系，帮助幼儿在玩游戏的过程中逐渐地适应社会生活，形成正确的价值观和判断是非的能力。

#### 3. 提高教师的综合素质和能力

幼儿园游戏活动的评价，是动态、持续的过程性评价。与教学活动学科性强、有一定的预成性相比较，幼儿园游戏活动的评价则更加难以把握，游戏活动中幼儿表现的经验涉及社会生活的方方面面，教师要及时思考、判断，迅速对幼儿关注的问题做出适宜的回应。组织幼儿进行游戏评价的过程，也是教师与幼儿平等对话的互动过程，教师能更了解幼儿的需要和发展状况，在促进幼儿发展的过程中。教师自身的能力水平也随之提高。

## 三、学前儿童游戏评价的要求与方法

### （一）学前儿童游戏评价的要求

#### 1. 幼儿是评价的主体，教师是评价的支架

幼儿是游戏的当事人，理所当然是评价的主体。教师应以幼儿为主体，鼓励幼儿表达自己的想法和感受，尝试描述简单的事物或过程；帮助幼儿在与他人的互动中将外在经验内化为自身的经验。教师不应急于将答案及解决问题的方法告诉幼儿，应引导幼儿在已有经验的基础上，就一个问题展开对话和讨论，以自己的方式来解决问题。

#### 2. 每次评价有重点，避免面面俱到

评价游戏不能面面俱到。游戏中幼儿出现的问题会有很多，教师应针对幼儿的最主要问题，重点评价。在评价中应关注幼儿的游戏过程，帮助幼儿积极主动地参与，充分表达自己的观点，并逐渐在与教师和同伴的互动讨论过程中，主动建构自己的知识和经验。

#### 3. 承认和关注幼儿的个体差异

游戏中，每个幼儿在已有经验的基础上表达对生活的理解。由于经验、性格、环境等的差异，表达的侧面有所不同，但不能用游戏开展得好与不好来评价幼儿游戏。幼儿游戏本身没有质量好坏、水平高低之分。因此，教师要承认和关注幼儿的个体差异，避免用单一的标准评价不同的幼儿，在幼儿面前慎用横向的比较，切忌对幼儿说类似于“游戏好的小朋友，下次要玩

得更好”“今天玩游戏表现好的，老师发给他一颗五角星”“这次表现不好的小朋友，下次只能看别人游戏”等有伤幼儿自尊的语言。

## （二）学前儿童游戏评价的方法

幼儿园游戏评价形式主要有两种：关注游戏过程的评价（包括幼儿在游戏中的各种经验、感受和体验等，如成长档案袋）、关注游戏结果的评价（包括游戏环境、材料以及记录游戏情节的文字、绘画等）。对应这些形式的学前儿童游戏评价的方法有观察法、表现性评价法、成长档案袋、访谈法等。

### 1. 观察法

观察法主要是幼儿园教师（评价者）运用感官或现代媒介技术手段，在一定的时间内有计划地系统考察和描述幼儿在游戏中的表现，并对这些表现进行分析，进而对幼儿作出价值判断的方法。

观察法应用于幼儿园游戏评价时有观察准备阶段、观察实施阶段、观察记录阶段、撰写观察报告阶段。在观察准备阶段，幼儿园教师（评价者）要做好以下工作：确定观察目标、选择观察内容、确定观察指标、选择观察记录方法、了解观察环境。在观察实施阶段，要充分利用相关记录表和评价量表做好相应的观察，在观察记录中可以运用相应的符号代表观察的次数或内容，从而提高观察时记录的速度和准确性。在观察记录阶段，可以恰当地运用相关的媒体工具对观察的场景进行全程记录，从而便于评价者仔细观察被评价者的行为。在撰写观察报告阶段，要分析整理前三个阶段中所做的记录，全面客观地撰写观察报告。

观察法应用于学前儿童游戏评价，能够依据不同的内容选择合适的观察方法，方法直接，资料全面，简单易行，因此此方法在幼儿园中是较为常用的方法，但也可能出现评价者对观察的记录流于形式，容易受到具体的时间、空间、主观因素的影响，耗费时间，不够经济。

### 2. 表现性评价法

表现性评价也称为“真实性评价”，是指教师对幼儿在游戏过程中的参与意识、合作能力、探究精神以及分析解决问题的思路等表现性行为进行全方位评价。

表现性评价实施过程：第一步，确立评价目标，主要覆盖知识与技能，过程与方法，情感、态度与价值观三个维度，并且依据评价的内容，以分项的方式，对于不同内容有所侧重；第二步，确定表现性任务，即通过任务的确定，可以采用多种方式进行呈现，比如演示、表演和口头描述的方式；第三步，确定评价指标，遵循过程性原则、激励性原则和从实际出发的原则；第四步，收集表现性信息，幼儿园教师（评价者）可以利用多种方法和手段对幼儿的表现进行仔细的观察和记录，观察和记录要贯彻幼儿活动的整体，包含幼儿的所有表现行为；第五步，评价幼儿表现，在观察记录的基础上根据相关的量表对幼儿的行为进行评定；第六步，对评价结果进行反思，在对幼儿的行为进行评价后，教师也可以引导幼儿对自己的行为表现进行反思，同时教师也可以根据反思不断改进自己的教学方法。

表现性评价方法是对幼儿全方面能力的评价，侧重对幼儿真实发展水平和动手能力的评价，强调评价过程的动态性和灵活性，但是，实施时耗费的时间和精力较大，且实施过程中主观性较强，对教师能力的要求较高。

### 3. 成长档案袋

成长档案袋主要是指幼儿园教师依据教学目标有目的、有意识地将幼儿各种表现性的材料收集起来，通过对材料的分析和解读，反映幼儿在发展过程中的优势与不足，努力与进步，并通过幼儿的改进，不断激励其取得更高的成就。成长档案袋类型有展示型、文件型、过程型、评价型等四种。

成长档案袋的创建有以下几步：第一步，确定评价目的，即根据幼儿的不同评价目的，收集幼儿成长过程中的不同材料、内容；第二步，根据实际情况选择合适的档案袋类型，有展示型、文件型、过程型、评价型；第三步，对不同档案袋进行封面、内容、证明材料和封底的设计；第四步，收集成长材料，如展示型的档案袋收集幼儿满意的作品，过程型档案袋收集幼儿的表现性材料，评价型档案袋由教师收集相关事实材料。

成长档案袋评价方法评价内容全面，基本可以涵盖幼儿发展的多个领域；评价主体广泛，涵盖幼儿、教师、家长以及管理者等多个主体；能够较为公正地记录幼儿多个领域的发展，避免了人为因素的推测，但是也存在一些问题，如多元的评价主体，容易导致评价的标准不统一；要收集多种材料，对教师的素质和要求较高，同时加重了教师的负担；收集信息的真实性和有效性也是成长档案运用时的难题。

### 4. 访谈法

访谈法是指幼儿园教师与幼儿围绕幼儿游戏中的某一主题或问题，通过一问一答的方式收集幼儿关于某一主题看法的方法，也是研究中常用的收集资料的方法。访谈法一般可分为正式访谈与非正式访谈；个别访谈与团体访谈；结构式访谈、半结构式访谈和无结构式访谈几种类型。

访谈法的实施过程：访谈准备工作，即在访谈前了解幼儿的基本情况，建立访谈的提纲或主题；正式进入访谈，即访谈者对被访者做自我介绍，说明访谈的目的，并请幼儿配合支持；访谈过程控制，即在访谈过程中访谈者要对谈话的主题、时间进行适当的控制；访谈结束，即对于幼儿的访谈时间要控制在两分钟内，时间不宜过长；在结束谈话后要对幼儿表达感谢；访谈记录，即在访谈过程中要做好相关记录，完整记录幼儿的回答，必要时可以借助录像或者录音笔等设备记录幼儿的回答。

访谈法简单、易操作，通过与幼儿的谈话可以获得可靠的想法和资料。但是，访谈法运用前需要进行较多的人力、物力的准备。另外，访谈者的表情、交流方式等会影响幼儿的表达。

## 四、学前儿童游戏评价注意事项

在进行学前儿童游戏评价时应注意以下几方面矛盾的调和。

第一，评价主体的一元化和多元化。学前儿童游戏评价是幼儿游戏活动开展的重要环节，评价过程中应积极搜集多方资料，以提升评价信息的完整性和可信度，这就需要评价主体的多元化，而不能仅仅从教师或者幼儿单方面的一元进行评价。评价的主体应该包括幼儿园教师、幼儿、家长、幼儿园管理者、行业专家等。总之游戏评价主体应来源多样化，避免仅仅从一方进行评价而造成偏颇，比如仅从幼儿游戏自主选择评价游戏的优劣，那么手机游戏也是好的；仅从教师教育教学的角度判断游戏的好坏，那么基于教师教学内容设计的所谓游戏也是非常适合幼儿发展的。

第二，评价方式的单一与多渠道。应注重评价方式的多渠道，既需要量化的评价，也需要质性的评价信息收集；既需要关注诊断性评价信息，也需要搜集过程性评价信息，还需要关注结果性评价信息。总之要广开渠道，广泛收集学前儿童游戏中的多方面信息，这样才能使评价结果更加完善，最后的结论才更接近实际情况，才能更好地利用评价反馈结果指导下一次游戏活动顺利开展。

第三，评价内容的片面与全面。对于游戏评价的内容方面需要针对不同的要求决定采用单项评价或者是综合评价，如仅针对幼儿游戏中的社会交往水平进行评价就是单项评价；而了解幼儿游戏过程中的多方面信息就是综合评价。但是总体来说，游戏评价的信息越全面，评价结果就越具体，越能幼儿园的游戏实践。

第四，评价标准的主观与客观。客观、科学、公正是保证游戏评价的基础，在评价的过程中应摆脱先入为主、晕轮效应等主观因素，综合分析幼儿多次游戏中的表现、幼儿本次游戏中的质量等信息，并对学前儿童游戏作出客观评价。

## 思考练习题

1. 选择一名幼儿或者班级中的某一区域，观察幼儿游戏情况并运用合适的观察方法完成观察记录。

2. 能够运用某一个观察量表，结合幼儿园游戏做观察记录，并且能尝试分析幼儿情况。

3. 自选一种游戏类型，评价幼儿游戏的一般发展水平和独立性水平。

【实践与应用】

结合教育见习或教育实习中的相关积累，能够运用相关的观察方法，对不同年龄段幼儿的游戏水平进行观察，尝试对幼儿的游戏水平进行评价，并设计相关的评价指标。

学前儿童游戏的
观察与评价

# 第十章

XUEQIAN ERTONG YOUXI KAIFA

# 学前儿童游戏开发

## 【学习目标

知识目标：能阐明学前儿童游戏开发的概念、意义和原则；能够结合实例说出游戏开发的途径；能针对具体的游戏说出游戏的意图、材料和玩法；能阐明游戏开发的注意事项。

行为目标：能够根据当地特色化资源设计或改编游戏，并在实践中不断对其进行反思和修正；能够根据幼儿园教育需要，结合游戏开发的步骤设计新的游戏。

态度目标：在游戏开发中感受地方风土文化，增强地方文化的自豪感和自信心；通过游戏开发过程，增进对学前教育的社会功能的理解，增强学生职业忠诚度。

## 【问题导入

由于原来的老师休假，入职不到三年的李老师暂带班级一段时间，虽然之前一直没有独立带班的经验，但她敢于动脑、勇于创新，做配班老师时，提了很多好的建议，受到很多老师的好评。李老师刚进班级就发现这些孩子之间缺少敢于冒险的精神，了解后发现，原来的老师不允许幼儿在班级里追逐打闹，不允许乱跑乱喊，幼儿动作幅度稍大一点就会被老师制止，结果导致中班幼儿不敢闹、不敢喊，没有这个年龄阶段幼儿应有的状态。于是李老师利用户外活动时间，设计了“抢球”的游戏，鼓励全班幼儿抢着踢球，只能用脚踢，谁踢到的次数最多就算获胜。起初，有的幼儿不敢玩，但是随着游戏氛围的高涨，最后所有幼儿都动了起来。有的老师认为幼儿这样疯跑有点危险，可能会出现互相碰撞，但也有老师认为这个游戏挺有创意，符合幼儿的活动特点。

游戏设计得好与劣，最大的评判者是幼儿，评判的因素是幼儿在新游戏中是否能够感受到愉悦、自由，是否能在轻松自在的氛围下无忧无虑地进行活动，充分表现出自己的想象力和创造力，最大限度地满足幼儿活动需要，因地制宜、因时制宜、因人制宜地开发游戏就成了幼儿园教育中的重要环节。教师是教育教学活动的直接设计者和实施者，必然在游戏开发中发挥主导作用。案例中李老师能够根据班级幼儿的特点开发游戏活动，但是为什么其他老师会产生不同的“声音”？本章就围绕学前儿童游戏开发展开论述。在完成本章内容学习后，大家思考并回答：李老师接手这个班时，幼儿为什么会出现这样的情况？李老师采取了什么方式？为什么李老师的新游戏深受幼儿欢迎，但有的老师却提出疑问？如果继续进行这个游戏，可以在哪些方面进行调整，保证游戏顺利开展？

# 第一节 学前儿童游戏开发的概述

## 一、学前儿童游戏开发的界定

学前儿童游戏的开发就是依据幼儿身心发展特点和规律，结合一定客观条件，在引发活动兴趣的基础上，为达到某种目的（如引发愉悦感受、促进认知发展等）而设计新游戏的活动过程。这个过程需要挖掘全新的游戏要素，或部分改变已有的游戏要素，通过重构游戏要素之间的关系，创造出新的游戏样式。

学前儿童游戏开发有广义和狭义之分，广义的学前儿童游戏开发包含了家庭、社会、托幼机构、研究院所开发的一切新样式的游戏，游戏开发可以是随机偶然形成，最终固定下来，也可以是通过有目的的研究设计而产生的新形式。狭义的学前儿童游戏开发特指在幼儿园中教育者有目的、有计划地设计有针对性的游戏，其目的是促进幼儿某方面能力的发展。本章内容主要针对的是狭义的学前儿童游戏开发的概念，即在幼儿园中的游戏开发。

需要注意的是，这里“游戏新样式”中的“新”是一个相对宽泛的概念，既可以是设计全新的游戏样式，即游戏的创编，如利用过年贴对联的生活场景创编游戏；也可以是对已有游戏的改编，以新的玩法规则、新的材料加入，引发幼儿全新游戏体验，如对传统游戏的改编。游戏的创编是通过创造全新的游戏要素而组合成的新游戏，游戏改编是通过创新游戏的部分要素或重新组合不同游戏要素来形成新游戏。

## 二、学前儿童游戏开发的意义

### （一）游戏开发有利于幼儿园活动的顺利开展

幼儿离不开游戏，同样幼儿园的活动开展也离不开适宜的、贴近幼儿生活的游戏。在幼儿园教育教学活动中，有些时候有可供直接选择或使用的游戏，但更多的时候缺乏这样的游戏活动，需要对已有游戏进行改编，或者创编新的游戏，以适应当前的活动。这样就会使幼儿园的游戏与教育活动结合得更加紧密，有利于幼儿园活动的顺利开展。

## （二）游戏开发有利于增加幼儿园活动的灵活性

游戏的多样性能够加深幼儿园活动的丰富程度，游戏的开发依据当时幼儿园活动开展的实际需要，能够有效提升幼儿园活动的灵活性。依据教育活动需要而开发的游戏能够与活动紧密结合，而且可以根据实际需要，因时、因地制宜，组织与自然资源相关的游戏活动，包括季节性活动、地方地理特点活动等。如在冬天结合地区农业文化，利用秸秆与幼儿合作在雪地上建迷宫；在秋天，让幼儿观察落叶的情况，如落叶的形态、大风中的落叶等，可以创编“秋风扫落叶”的游戏，即老师的动作幅度代表风大、风小，幼儿可以根据教师的“风力”大小，做出对应的动作，或是在“大风中”“满地打滚”，或是在“微风中”“慢慢飘落”。这样的游戏能够促进师幼互动，并根据不同的季节进行变化，灵活多样。

## （三）游戏开发有利于促进幼儿感受地方特色文化

地方文化中蕴含着大量的游戏元素，这既是展现地方文化底蕴的窗口，也是幼儿感受本地区特色文化的契机。游戏与文化之间的关系紧密，鼓励和引导幼儿通过游戏了解本地区文化，可以让幼儿在轻松自在的情境中潜移默化地接受文化教育。

### 案例分析

#### 玩沙包

“我可以扔给你，你接住，然后再扔给我，轻轻地，（与幼儿做相互扔沙包的动作）互相接着玩。还可以怎么玩？放在头顶上，（手指地面上用纸贴成的直线）看谁走这条直线走得最快，看谁的沙包不掉下去。（做示范：把沙包放在头顶上，双臂伸开，走在直线上，似走平衡木）也可以这样玩（双手向上空掷沙包），这么玩（踢沙包）。还可以怎么玩？你想怎么玩，就怎么玩。看谁玩得最好，谁能想出一种老师没想过的办法。”

丢沙包属于传统游戏，而且玩法多样，深受儿童喜欢。随着科技的快速发展，人类文化的不断丰富、更新，许多新鲜事物对幼儿具有很强的吸引力，传统游戏需要进行改造，找到创新点。

## （四）游戏开发有利于幼儿在活动中的发展

游戏开发需要关注幼儿的身心发展水平，关注幼儿的实际兴趣需要。教师创编新游戏，能更多地关注幼儿的生活经验，可以充分结合幼儿兴趣，并整合现代教育理念，在游戏中加入幼儿喜欢的新型角色或新兴事物，给游戏注入鲜活的生命力。例如，利用幼儿比较关注的一些动画片中的人物就是很好的开发游戏的契机。

## 三、学前儿童游戏开发的原则

### （一）趣味性原则

游戏的核心是能够给幼儿带来身心的愉悦感，因此，趣味性是游戏开发的重要原则。在游戏开发过程中，要时刻关注游戏中的趣味性，因为它能保证幼儿能够全身心投入游戏，并且是发自内心自主、自发选择的游戏。如果缺乏了趣味性，游戏也就失去了存在的意义，教师组织游戏的过程就是纯粹的教学活动。

注重趣味性时，教师应注意在游戏开发的过程中关注以下几方面：首先，关注游戏开展的环境创设，要为幼儿创设良好的环境，包括氛围营造、物质环境布置、游戏材料的提供等；其次，发掘幼儿日常生活中的兴趣点，如幼儿关注的动画人物，喜欢的现实人物，喜欢模仿的人物、动物等都是激发幼儿参与游戏的重要动力；最后，关注幼儿所关注的，体会幼儿所体会的，教师要熟悉幼儿想什么、喜欢什么、会做什么、可能做什么，其中可能蕴含着游戏趣味性的契机。

### （二）发展性原则

游戏开发的发展性原则就是关注游戏的难易程度，开发的游戏既要能带给幼儿一定的挑战性，又能够保证和维持游戏属于幼儿“同化”的认知水平。游戏的难易程度应该与幼儿已有经验之间形成“合适的游戏发展空间”，幼儿在游戏中经过努力克服困难时，能够产生一定的自信心，产生继续从事该游戏的意愿。太难的活动会挫伤幼儿活动积极性，不利于游戏的开展；而太容易的游戏活动对幼儿没有吸引力。因此在游戏开发过程中，应该关注不同年龄阶段幼儿身心发展特点，遵循发展性原则。

**案例分析**

尴尬的音乐活动

在某幼儿园，曾经参与过这样的一次中班音乐集体教学活动，是一次教学园长带领教研组长和校外视导员的“推门课”。

在活动刚开始的热身环节，包括幼儿音乐律动环节，都很顺畅。在导入环节，老师拿出一个黑布袋子（后来才知道里面装着沙锤、鱼蛙、沙蛋、碰钟四种乐器），告诉幼儿：“老师请来了几个新朋友，大家想知道他们是谁吗？”

“想！”

老师又接着说：“但是这几个新朋友有点害羞，需要小朋友们猜出他们是什么之后，他们才能出现。”

这时老师把布袋子在空中晃了几晃，里面的物品发出声音，但是由于幼儿没有经验，老师也没有给幼儿限定“猜”的范围，幼儿都没有猜中。最后，幼儿你推推我、我推推你地玩了起来，不再理会老师怎么说。场面一片混乱。

“猜”是很好的激发幼儿活动兴趣的方式，但是需要线索，而这个老师没有关注发展性原则。

### （三）目标性原则

幼儿园游戏是有目的的活动，游戏的开发也需要确立一定的目标，遵从目标性原则。在开发游戏时，既不应该一味地寻找趣味点，而忽视教育目标的实现，甚至以牺牲教育目标达成为代价，片面追求对幼儿的吸引；也不能片面强调游戏的目标性，而淡化了游戏的趣味性，挫伤幼儿活动的积极性。

在学前儿童游戏开发过程中应确立目标性原则。游戏目标应与幼儿园教育目标相对应；游戏内容应健康、积极向上、难易适中、玩法新颖，吸引幼儿全身心投入游戏，以利于开发的游戏目标的达成。

### （四）活动性原则

在游戏中，幼儿不是游戏的被动接受者，教师应该通过各种途径，激发幼儿用脑想、用眼睛看、用耳朵听、用嘴说、用手做、用心体会的意愿，体现幼儿游戏的活动性，让幼儿在游戏活动实践中充分利用多种感官，参与游戏，感受游戏中的教育含义，并从游戏中获得个性化的体验。

## 第二节 学前儿童游戏开发的途径

学前儿童游戏开发应遵循幼儿的兴趣爱好，关注幼儿的兴趣点。从教育目标的角度来说，教师要进行游戏开发，可以从以下几方面入手，以实现教育目标。

## 一、对区域自然资源的挖掘

对区域自然资源的挖掘主要涉及游戏场地的选择、游戏材料的获取、玩具的设计与开发等，可以将自然资源视为游戏物质材料的主要来源，也可以将四季的变换延伸为游戏主题等。

### （一）挖掘竹、木、草资源

众多游戏中的材料都是借助竹、木、草等材料制成的，这些天然的材料中蕴藏着丰富的玩法和游戏用途，可以借助这些材料制作多种玩具，比如用高粱秆做的眼镜、汽车，用竹子做的乐器，用草编制的蝈蝈笼等，儿童拿到这些玩具就爱不释手，充满兴趣。

### （二）特色生态环境

由于幼儿生活地区不同，如林区、牧区、农业区、山区等，这些生态环境中包含了游戏开发的自然资源。比如，在林区，可以充分利用森林中的资源设计玩具和游戏材料；在以农业为主的区域，可以开发“农趣”特色游戏，充分利用农业生产中的秸秆等作为游戏材料。新疆北部地区盛产戈壁石，该区的一个幼儿园以石头为游戏材料，开发特色游戏活动，再如沿海地区，充分利用沙滩、贝壳等开发游戏。

### （三）特色季节、气候特点

我国地域广阔，东西、南北气候特点差异较大，可以利用不同的气候特点开发特色游戏活动，比如北方的雪在冬季随处可见，夏天在黄土高原只需穿雨靴去泥泞路上走两圈，就有了可以玩的黄泥，雨水季节时可以组织幼儿玩水的游戏。

## 二、对地区传统风俗的利用

风俗习惯、特色节日既可以为游戏开发提供有章可循的游戏玩法和规则，还可以提供游戏材料。比如端午节中的赛龙舟的活动，可以提供游戏的规则；再比如少数民族的体育活动项目中就有很多能够做游戏开发，其中既有现成的规则可以借鉴，也有游戏需要的材料。

### （一）利用传统节日

利用传统节日开发游戏可以促进幼儿理解本地区传统文化，增强幼儿的文化理解力和自豪感。将传统节日中的一些元素合理改编为游戏，能够更加吸引幼儿参与到活动中，能够更加促进幼儿活动的积极性与主动性。比如春节这个传统节日，可以与语言类游戏的童谣相结合，“贴对联”游戏将肢体运动与幼儿社会交往紧密结合，都是利用传统节日进行游戏改编的典型例子。

案例分析

"中秋节"中的游戏元素

在"中秋节"的主题活动中，可以请幼儿从家里带一个月饼来，向小朋友介绍自己月饼的特点（例如风味、制作材料等），然后将月饼分成两份、四份、八份，交换品尝和比较月饼的味道等。这样的活动过程包含了语言的表达和倾听、科学的观察与比较、数学的等分知识、同伴的交往等。幼儿可以获得多方面的生活经验，课程和生活会自然而完整地融为一体。

游戏开发重在对资源中的游戏元素进行分析。基于节日的游戏开发，将游戏元素提炼出来，以供不同年龄阶段幼儿重新组合，彰显了原有的文化底蕴。

### （二）利用传统食品

传统食物本身和制作过程也可以作为游戏开发的重要途径，如打糕的制作过程中的原材料制备、制作流程可以演化成游戏，再如制作豆腐的过程等，都可以成为游戏开发素材。

知识拓展

基于"茶文化"的游戏课程开发（摘录）

开发茶文化相关的幼儿园游戏课程，应基于茶文化对幼儿教育价值的维度，多元开发幼儿园游戏内容。开发幼儿园游戏内容要考虑如下因素：一是应开发幼儿园常见的游戏类型，如创造性游戏中的角色游戏、结构游戏、表演游戏，规则性游戏中的体育游戏、智力游戏、音乐游戏。二是每一类游戏之下应设计多元的游戏项目，如在角色游戏下，可设计角色游戏"茶馆"，并对"茶馆"游戏进行观察记录。在结构游戏下，可设计游戏主题，让幼儿参与茶馆建构，或设计采茶七巧板拼接、茶园拼图等游戏。针对一个具体的游戏内容，应做出详细的游戏计划，包括游戏总目标和具体阶段的游戏计划。

### （三）利用传统体育项目

很多民间游戏来源于传统体育项目，包括传统体育中的规则、场地、歌谣、材料等，尤其是很多少数民族的传统体育项目，如赫哲族的民族传统体育项目中的拉杠、脚力、挡木轮、叉草球等，已有很多被改编成幼儿园的游戏而广泛开展。

案例分析

“踩高跷”

在游戏“踩高跷”中，我们通过利用不同材料制作的高跷，设置不同难度的活动形式，用饮料罐制成的矮高跷可以供小班幼儿游戏，用较大油漆桶制成的中高跷可供中班幼儿游戏，用粗竹竿制成的竹高跷则是大班幼儿喜欢的玩具。材料的创新丰富了游戏的玩法，也开启了教师和幼儿的智慧之门，使得儿童传统游戏更具生命力。

“踩高跷”是目前在幼儿园中成功改编的游戏之一，在幼儿园随处可见。虽是“改编”，但很多时候已经脱离了原有的高跷的玩法，能够适应不同年龄段的幼儿，而且因为作为“高跷”的材料不同，玩法各异，规则也不同。

### （四）利用传统生存方式

生存方式是在独特生态环境下逐渐形成的，俗话说“靠山吃山，靠水吃水”就是传统生存方式的直观表述。游戏应该根植于生活中，借助生活中的元素进行有针对性的游戏开发，能够充分体现游戏开发的积极作用。

## 三、对传统游戏活动的改编

对已有传统游戏的改编可以视为游戏的多重改变，因为这个游戏是有原型的，需要通过改变将原型中的元素进行改变，或者重新排列组合成新的游戏形式。

### （一）对游戏玩法和规则的改造

从古至今流传下来的传统游戏具有较强的生命力，但其中很多并不适合直接拿来用于幼儿园活动中，因为以前在玩这些游戏时，儿童的年龄层次差异大，甚至有十几岁的儿童参与。现在幼儿园基本上每个班的幼儿年龄相差不大。因此，已有游戏的改编主要考虑对游戏玩法和规则的改编，也可以是对游戏人数的改变。

## （二）对玩具和游戏材料的改造

已有游戏一般都有相对固定的玩具和材料，刚开始的时候基本是手工制作的，随着物质生产的发展，现在逐渐由自制向工业化生产转变，比如风筝、毽子、陀螺等。这样的变化不是简单的制作方式和规模的转变，也有玩法的转变，因为在对传统游戏材料和玩具的生产过程中，人们对玩具进行了重新设计与改造，玩法更多，花样翻新。比如陀螺就是其中之一，纯手工制作的陀螺玩法单一，但是现在生产的陀螺不仅能旋转，还能发光、发声，有些只需要轻拉一根弦，陀螺就能平稳旋转很长时间，儿童可以在各种形态的平面上玩，玩法多样。还有挑棍的游戏，以前玩冰棍杆，现在可以用冰棍杆、吸管、筷子、牙签等，依据不同年龄幼儿的动作特点适当改变，丰富了幼儿的活动，难度可以根据材料质地的变化而控制。

案例分析

多变的“沙包”

在游戏“玩沙包”中，我们在沙包的大小、质地、样式上进行了创新，沙包的种类达 10 种以上，最大的边长为 50 厘米，最小的边长仅 5 厘米左右。利用大沙包，孩子们可进行蚂蚁搬豆豆、滚沙包、跳沙包等游戏。小沙包在孩子们手里花样迭出，他们可以将沙包藏在隐蔽处，让伙伴猜谜，也可以将沙包抛向空中，玩抛接球，还可以玩“炒黄豆”。在不同的沙包内有的装入棉絮，有的装入种子、沙粒，不同质地和重量的沙包就会创生出不同的游戏玩法。有的沙包缝制上绳线，孩子们便可做踢沙包、抢沙包的游戏。有的沙包扎上长尾巴变成流星球，供孩子们练习投掷。

游戏材料之变在于随机应变，教师要结合教育教学的整体目标，充分分析材料的形态、质地。案例中，教师根据不同的游戏活动特点，将“沙包”进行了改进，使这种传统游戏材料应用于多种游戏，增加了游戏的玩法，能让幼儿在已知中探索未知。

## （三）对场地的改造

儿童游戏一般情况下对场地要求比较低，只需要给幼儿提供游戏的时间，幼儿在任何情况下都能玩起来，甚至不需要其他任何材料也能找到自己的兴趣点。但是有些游戏是对场地有一定的要求的，而且通过场地的改造就能改变游戏的难度，以适应不同年龄阶段的幼儿。如跳房子游戏，可以通过格子大小、位置的变化控制游戏。

## （四）对游戏童谣的改造

很多游戏都与童谣相伴而生，但是一些童谣中的内容已经离幼儿的实际生活较远，需要改变。对童谣的改编就可以依据新游戏的需要进行，如现在很多手指谣、拍手歌等都是对已有童谣的改编。

# 第三节 学前儿童游戏开发的过程

## 一、确定思路与任务

确定游戏开发的思路，也就是需要明确为什么要开发这个游戏，是由于幼儿的需要，还是教育教学的需要，开发的新游戏要达到哪些方面的目的。游戏任务就是指游戏完成后要达到的效果，它是确定游戏内容、活动方式、游戏规则等方面的重要依据。

## 二、搜集素材

第一，游戏内容。游戏内容是游戏任务的实现途径，是游戏开发思路主要谋划对象。游戏内容具有可变性。如在体育游戏中加入语言因素，或者改变活动组织形式，就能将单纯的体育活动变为“老狼老狼几点了”和“丢手绢”的游戏。

第二，活动条件。活动条件包括充足的时间、场地空间、游戏的材料、幼儿的知识经验等。充足的时间是保证幼儿充分游戏的前提条件，但是时间太长也会影响幼儿活动效率；场地空间就是游戏开展的场地条件；游戏的材料就是游戏过程中需要用到的大型设施和小型的玩具等；幼儿的知识经验就是幼儿已有的游戏准备，游戏一定要适合幼儿，符合幼儿的最近发展区。

第三，游戏情节。游戏必有情节，如果缺乏游戏情节，对幼儿的吸引力就会降低。游戏情节有些是显性的，如角色类游戏；有些是隐性的，如体育运动类游戏。游戏情节能够体现游戏的基本特征，如果游戏情节有所变化，游戏的角色就会发生改变，游戏中的各方元素之间的逻辑关系也就发生了变化。游戏情节与游戏中的角色关系紧密。游戏情节简单，可能只需要一两个角色，游戏情节复杂，可能就需要多个角色共同完成。游戏情节来源广泛，可以来源于生活、来源于影视作品，也可以来源于幼儿的想象，还可以来源于师幼共同讨论。

第四，活动方式。活动方式就是活动组织形式和练习方式。例如在结构游戏中，教师可以为幼儿提供不同的搭建主题，吸引幼儿参与到游戏中；在智力游戏中，教师可以渐次安排活动难度，以维持幼儿活动注意力。

第五，游戏规则。游戏规则具有组织、教育引导和保证的作用，游戏规则在设计之初具有很强的灵活性和可变性，是游戏开发中最活跃的要素，能随着游戏内容、活动方式和游戏情节的变化而变化，也可以随着幼儿的年龄特点和身心发展水平有适当调整。但是游戏一旦形成文本，固定下来后，游戏规则就具有相对的稳定性，不可任意修改，否则就会影响幼儿游戏中的活动积极性。当经过一段时间的活动后，幼儿活动的积极性下降，还可以对游戏规则进行修改，以重新激起幼儿的活动兴趣。有时候这个过程是幼儿主动完成的，无须教师特意安排或者直接干预。

第六，游戏结果。游戏不强调最后的结果，但是对于游戏开发而言，通过游戏结果就能发现游戏创编的优劣得失，是进一步进行修正的重要参照。

## 三、组织加工

学前儿童游戏开发过程中，需要对游戏的各种元素进行组织加工，常见的组织加工方法表现在以下几方面。

第一，模仿法。模仿法是指通过模拟或模仿大自然或社会生活中的事物，利用该事物的声音、形象、动作等进行游戏创编的方法，这种方法以幼儿的实际需要和兴趣爱好为出发点，且形象丰富多样。比如“大老虎”的走路姿势、模仿警察或医生等。模仿法在角色游戏开发中使用率较高。

第二，组合法。组合法就是将两个以上的游戏或两个以上不同动作技能进行组合或重组，设计出新的游戏的方法，可以发生在不同游戏上，也可以发生在相同游戏上。比如“障碍跑”和“运球”，就可以组成穿过障碍将球放到某个规定地方的游戏；也可以将“石头剪刀布”和体育游戏、音乐游戏相结合，形成新的游戏形式。

第三，拆分法。拆分法就是将一个完整的活动拆分成多个游戏片段，分别开展游戏。这种形式适合于小班幼儿渐进性地感受幼儿园游戏，也适合某种比较复杂的认知类游戏或肢体运动类游戏开发的组织。

第四，竞赛法。竞赛法就是以竞赛的方式组织游戏活动，这也是幼儿园教师目前比较常用的方法，在条件相同的情况下，把幼儿分组后，进行速度、准确度、次数等方面的比赛。用竞赛法开发游戏，要给定游戏竞赛内容、方法、规则、奖惩办法等，否则就会失去竞赛的意义。

第五，儿歌法。儿歌法就是通过创编儿歌，以提升新开发游戏的趣味性和可玩性。以儿歌促进游戏，以游戏活动赋予儿歌以实质内容，二者相得益彰，共同促进游戏的顺利开展和目标达成。

第六，换元法。换元法就是把游戏中的材料、情节、动作等看成可变的，通过对一个或多个游戏变量的改变，使其变成新的游戏。比如“打雪仗”是北方游戏，南方可以将雪球换成纸团或者别的材料；再如丢沙包游戏，可以在圈内放若干沙包，游戏者用另一个沙包砸圈内沙包，砸出圈最多者获胜。该方法是改编和开发游戏常用且简单易操作的组织加工方法。

第七，移植法。移植法就是把一个游戏中的活动方法运用或迁移到另一个游戏中，通过借鉴其他游戏中的事物现象和玩法，通过加工、提炼等方式，使其产生新游戏的方法。比如，沙滩足球就是将羽毛球、足球等运动创造性地汇编在一起，产生新的运动形式。

## 四、尝试使用

创编好游戏后，需要在一定幼儿园里进行尝试使用，并记录使用过程中遇到的问题，包括幼儿与游戏互动情况，幼儿游戏前后的对比、幼儿游戏中的表现情况等。经过一段时间（按照教育实验的要求，一般为 3 ～ 6 个月）的尝试使用，获取一手资料后，再次对游戏进行修改，再试用，再修改，经过三轮修改就可以达到推广应用的阶段。

## 五、完善与推广应用

游戏开发具有一定的区域特点，开发的游戏如果离开了具体的区域能够依然发挥作用，需要进一步的修改、完善，并逐步向外推广。但是需要注意的是，这种推广不是强制推行，需要充分尊重幼儿的意愿。

# 第四节 学前儿童游戏开发的文本内容

经过学前儿童游戏开发的步骤后，最终形成了游戏的内容，也就是游戏开发出来后形成的文本形式。这个文本能够体现开发和创编的游戏设计意图和设计思路、游戏目标定位、游戏材料的准备、游戏的玩法和规则、游戏如何改变以适应不同年龄班幼儿的实际需要等五个方面的文本内容，也可以将其看成是游戏开发后形成的文本材料的构成要素，以及各要素之间的逻辑关系。

## 一、游戏开发的意图与思路

虽然游戏强调幼儿游戏过程中的积极情感体验，强调幼儿的自选自发性，但是对于游戏的开发来说，每一个游戏的设计都有独特的设计意图，或是从幼儿的兴趣需要出发，或者是从教师的教育教学目标出发。游戏的设计意图要和教师的游戏选择相契合。游戏的设计思路就是展示游戏活动设计过程中，如何综合运用各种游戏素材，如何对游戏素材进行重新加工和组合。

游戏开发的意图与思路应简明扼要，直奔主题，说明为什么设计了这个游戏，怎么设计出的这个游戏，这个游戏设计过程中解决了什么问题等，游戏最后能够提高幼儿哪些方面的能力。

以“大灰狼来了”的游戏为例进行分析。

案例分析

"大灰狼来了”游戏的设计意图

大班幼儿肢体大动作有一定的发展，基本能力已经具备。并脚跳、单腿跳等动作熟练。为了能够巩固幼儿合跳、跨跳能力，设计此游戏。

## 二、游戏目标的定位

作为游戏的设计者，教师应该明确游戏的目标定位。在激发幼儿活动积极性的基础上，提高幼儿某方面的能力。目标定位要紧密结合幼儿年龄特点和身心发展的实际水平，从幼儿的实际需要出发，最终能够促进幼儿达到新的发展水平。应采用游戏中的具体内容进行表述，如在“翻花绳”游戏中，目标定位应表述成：能说出花绳的具体形态；能熟练进行花绳操作；能从翻花绳游戏中体验快乐，激发幼儿探索花绳翻法的兴趣。

在开发游戏形成文本时，应明确给出游戏的目标任务，具体的目标表述形式可以从游戏的认知目标、技能目标、情感态度目标等三方面定位。

案例分析

“大灰狼来了”游戏目标

大班体育游戏：大灰狼来了。

认知目标：认识到布袋跳跃的困难之处。

技能目标：能熟练进行合跳、跨跳、四散跑等动作，能感受音乐节奏，并通过动作表达对音乐节奏的感受。

情感态度目标：能体会布袋跳跃的困难，更加深刻体验合作的重要意义。

## 三、游戏条件的准备

游戏条件准备就是在开发的游戏中，需要准备哪些方面的物质条件，如玩具材料、场地、时间、玩伴等。当然游戏开发中的条件准备最关键的是游戏材料或者玩具，这是游戏开发的关键环节，是引发幼儿游戏兴趣的重要因素。

游戏条件准备应尽量详细，让使用游戏者按图索骥，能够通过搜集和准备各种条件以利游戏的顺利开展。同时如果涉及场地大小、游戏材料质地等信息，也应标注尺寸大小、材料质地等方面信息。

**案例分析**

"大灰狼来了"游戏准备

1. 一个老狼头饰、充足的宽大袋子和小兔头饰。
2. 有快慢节奏感的音乐。

## 四、游戏的玩法与规则

游戏开发中的玩法和规则应该被游戏参与者共同遵守。游戏开发的困难之处，也是最能考验游戏开发能力的环节，就是设计游戏的玩法和规则。游戏的玩法和规则的相同之处在于都是用以规范游戏过程中的人、物、事的行为或运转规律，保证游戏顺利开展，提升游戏的娱乐性和趣味性，激发人的游戏欲望。从概念层面上来说，玩法包含规则，但是二者也有不同之处。游戏的玩法是针对游戏自身的规定，表达的是游戏中各要素之间的关系，以及游戏过程中的先后顺序；游戏的规则是在游戏过程中材料如何正确使用、人员如何分配、最后如何判断是输是赢等。简言之，玩法就是玩的流程，规则是大家都应遵守的铁律。如"丢沙包"游戏中，先做什么动作，后做什么动作就是玩法，在做动作的过程中，如果不规范，就是犯规了，这就是规则。

游戏的玩法和规则在文本表述的时候，应该尽量明确，明确单次游戏开展的具体流程；说明正确做法和犯规做法，也包括对输与赢、犯规与否的惩罚方式（当然也可以由游戏者根据实际情况每次做出调整，但具体的规则不变）。在玩法和规则呈现方式上，可以采用语言描述、简易图示、图片引领等。

案例分析

“大灰狼来了”游戏过程

1. 开始部分

热身运动：小兔子们跟兔妈妈做起床操。（教师代领幼儿做准备活动）

2. 基本部分（教师带领幼儿一起听音乐做情境游戏）

（1）“寻找食物”：幼儿一个接着一个，套着布袋，前进跳。

（2）“吃完东西回家”：在草地上吃东西，吃后扛着袋子回家。

①教师带领幼儿一个接一个地并脚跳，不套布袋。

②听到了河流声，小兔们过独木桥：幼儿把袋子铺成一条木桥，然后过桥，即一个跟着一个地并拢双脚跳一次，一个跟着一个地跨跳一次（教师引导作用）。

（3）收拾布袋，套着布袋，跳回家。

3. 大灰狼捉小白兔

（1）大灰狼来了，幼儿躲避大灰狼，四散跑（恐怖的音乐响起，另一老师扮演大灰狼进场）。

（2）小白兔藏进布袋里，大灰狼在周围巡视。

（3）发现一只小白兔被抓，所有小白兔拿起布袋当棍子打狼，最后胜利了，高高兴兴地回家了。

4. 游戏结束

小白兔们高高兴兴地随着胜利的音乐走出场。

## 五、游戏的灵活变化

新开发的游戏并不是一成不变的，而且也不应该只能适应固定群体的儿童，而是应该灵活多变，以适应不同年龄段、时间、空间、文化背景、经济条件群体的儿童。缺乏灵活性和变通性的游戏很快就会被淘汰，只有那些兼容并蓄、具有灵活的规则、对条件要求比较宽泛的游戏才是具有生命力的。

游戏的变式和灵活变化体现在文本中，就是需要指明不同年龄段的幼儿可以对游戏的哪些元素进行改变，还可以是省略或者添加哪些元素或过程，以适应幼儿。

## 案例分析

### “大灰狼来了”游戏注意事项

该游戏针对大班幼儿。如果要在小班使用时，可以采用小一些的布袋，而且可以采用任意方式挪动布袋，注重感受布袋挪动的困难之处。如果在中班使用，可以让幼儿沿着一条直线（设计独木桥场景）双脚并拢跳过去。对于小班和中班幼儿，可以播放背景音乐，但不应该有太大的节奏变化。

游戏开发的文本与幼儿园活动方案撰写基本一致，完整的游戏文本应该包括游戏名称、适应年龄段、游戏设计意图、游戏目标、游戏准备、游戏玩法与过程、游戏规则、游戏结束、游戏的注意事项等几方面。其中游戏玩法与过程和游戏规则可以合并为一个部分。

## 案例分析

### 中班幼儿体育游戏：袋鼠跳（原文有删改）

游戏设计意图与设计思路：模仿动物是幼儿角色游戏的重要活动形式，在模仿中幼儿能够感受被模仿物的体验（不一定是动物的真实体验，而是幼儿结合自己的感受进行的重新感受）。中班幼儿已经有了一定的跳跃经验，但是在有障碍的情况下（如把脚放在袋子里）感受另样的“跳跃”能够提升幼儿活动的积极性，而且把双脚放在袋子里跳，模仿“袋鼠的跳跃”，更能激发幼儿活动中的积极体验。通过游戏可以提升幼儿的跳跃能力、团队合作能力、竞争意识等。

游戏目标：感受双脚在布袋中跳跃的新体验；能够训练跳跃能力、平衡感、力量和速度的控制力；感受团队合作与竞争，提升幼儿活动积极性。

游戏条件准备：平坦空旷的场地（最好是软铺的场地）；统一规格的布袋若干（也可以将布袋换成气球，要求幼儿双腿夹着气球完成游戏）；地上画有起点、终点和路线的标记。

游戏玩法与规则：先将幼儿分成人数相等的若干组，每个组平均细分为A和B小组，分别站在起跑线和终点线。赛前，每个A组的第一名队员用手将布袋提至腰部，听到出发信号后，向B组前进，注意游戏时布袋始终套在腿上，到达B组起跑线后，脱去布袋，由B组第一名队员套上布袋后按照相同的动作跳向A组。如果有摔倒的情况，需要重新套好布袋后方可重新参与比赛。布袋必须在终点线（对向组的起跑线）外完成交接。如此循环，直至最后一名幼儿完成比赛，按用时长短排出名次。

游戏提示（灵活玩法）：如果是气球的话，中班幼儿可以用手传递气球，但是大班幼儿不能用手触碰气球，可以用腿交接，也可以将气球放在地上，由另一名幼儿再夹起完成游戏。

## 第五节 学前儿童游戏开发的注意事项

无论是基于地方传统特色的游戏开发，还是基于已有形制的传统游戏的改造，或者是基于教育目的的教学型游戏的设计，都需要教师在大量实践的基础上，完成游戏的开发。学前儿童游戏的开发是一个系统工程，不能急躁，不能量产，不能好大喜功。经典的游戏之所以成为经典，就在于其强大的生命力，这种兼容并蓄、富于变化、强调活动性的游戏需要多方力量共同努力才能实现。

结合学前教育特点，学前儿童游戏开发过程中需要注意以下三方面问题：

### 一、避免设计思路的僵化

在游戏开发过程中，需要关注很多方面的因素，如玩具与材料、玩法与规则、场地与气候、人数与年龄等。在游戏开发中，可以灵活处理针对某个教育目的，到底应该是对已有游戏进行改编，还是设计一个全新游戏。如果设计思路僵化，会严重影响幼儿在游戏中的体验，几个游戏之后，幼儿就失去了期待。如有老师认为，在活动之后设计一个分小组的比赛，就是游戏，所以几乎所有的活动在最后设计“比一比”的环节，削弱了幼儿活动中的游戏体验。

设计思路灵活，避免僵化，需要从以下几方面入手：

第一，充分协调和结合幼儿活动兴趣和教育目标。幼儿的兴趣既多样又统一，是最好的游戏开发的着眼点和起点，充分依据幼儿的兴趣，并在结合教育目标的前提下，能够拓展教师的游戏探寻思路，契合幼儿心理需要。而且可以随着幼儿兴趣的转变而进行调整，会达到事半功倍的游戏开发效果。

第二，游戏设计思路要灵活多变。游戏开发不能只关注某一个方面，而应该充分结合材料变化、新玩具开发、游戏玩法的变化、规则的创新等，好的游戏需要在多点上都进行充分考虑。

第三，摒弃“速成”心理，有些老师为了开发新的游戏，绞尽脑汁地苦思冥想而不可得，殊不知游戏开发需要基于对幼儿长期的观察和经验积累，既要有来自幼儿活动的启发，也要有深厚活动组织经验的支撑，还要有非功利化的开发态度。在这样的心态和意识下，教师才可能创编出适宜儿童的游戏来。

## 二、避免开发方法的泛化

游戏开发的方法多种多样，如通过模仿已有游戏、组合几种不同游戏元素等，但是针对不同的游戏类型，应该有差异化的游戏开发方法，模式固定、方法单一的游戏开发方法必然导致创编的游戏千篇一律，缺少内在的新意。

游戏设计的方法应该具有针对性，可以从以下几方面入手。

第一，厘清不同内容的游戏开发突破口。不同的游戏内容有各异的游戏开发方式，如智力游戏注重认知操作和认知灵活性，因此在开发游戏时，应关注游戏材料和玩具的设计，注重游戏玩法的设计，应充分融入智力操作的成分；肢体运动类游戏注重走、跑、跳、攀、爬、力量、速度、平衡感、协调性等方面，因此应注意场地的选择、肢体运动材料的适宜、游戏规则的制定等方面。

第二，要针对不同游戏合理设计游戏规则、玩具材料等。比如，设计语言类游戏要注重语言规则的综合运用；设计音乐游戏，要在合理利用已有乐器基础上，在日常生活中发现新的“乐器”，注重游戏材料的开发。

第三，要注意对教师能力素质的要求。教师是游戏开发的具体操作者和游戏的实践者，虽然在开发中鼓励幼儿的积极参与，幼儿也是游戏的最终享用者，但是教师的能力素质高低会影响幼儿游戏质量。

### 案例分析

**认识“1”和“许多”**

认识“1”和“许多”是幼儿园小班的教学内容。老师为了完成这一教学任务，把活动室精心设计布置成了一个“数学游戏宫”。幼儿每人拿着一张票进入游戏宫。票上绘有数量不等的动物或水果等。在把票交给教师时，幼儿必须说出自己票上有“许多”动物或苹果。相当多的幼儿在拿到票后就开始数票上的动物或水果。当老师问他“有多少苹果”时，幼儿回答说：“有6个苹果。”老师纠正说：“票上有许多苹果。”

幼儿进入了“游戏宫”，看到墙上画着一幅画：一只鸭妈妈带着12只小鸭子在游泳。幼儿这时又数了起来。老师问：“有多少只鸭妈妈，有多少只小鸭子？”有的幼儿说：“有1只鸭妈妈，12只小鸭子。”老师又纠正说：“有1只鸭妈妈，许多小鸭子。”

显然，教师没有料到一些幼儿已有比较精确的数量感知能力。事先了解本班幼儿的发展水平，有助于教师更好地设计教学游戏（例如，增加小鸭子的数量真正使其成为“许多”）。

## 三、避免推广应用的盲目

开发新的游戏或者改编已有游戏的目的是适应当前幼儿园活动的顺利开展，最终目的是提高教育教学效率，而非向外推广和应用。普适性强的游戏也可向外推广，但这种情况极少。

游戏推广应审时度势、充分论证，需要从以下几方面入手。

第一，小范围试点，大范围渐次推进。要以谨慎的态度进行游戏的推广，先进行小范围的试点，并对幼儿的外部效度进行充分论证后，再向外逐渐推广。推广也不能“一刀切”式地要求整齐划一，而应该充分尊重区域教育发展情况，尊重幼儿的自主选择。

第二，注意游戏规则的灵活多变性。要实现游戏向外推广，需要注意游戏规则和玩法的灵活性，这样才能适应多种环境、条件下游戏的顺利开展。

第三，应具有文化的普适性。游戏与当地风土民俗相结合，才能产生强大的生命力，因此，在游戏推广的时候应该关注当地文化特点。

### 思考练习题

1. 学前儿童游戏开发与传统游戏改造之间的关系是什么？

2. 如何利用当地风土人情、自然景观等资源开发幼儿园游戏，并能促进幼儿感受地方特色？

3. 阐述学前儿童游戏开发的步骤，并依据某个具体游戏的开发，说说每个步骤中需要注意的问题。

4. 结合具体某个游戏，说说学前儿童游戏开发的内容是什么。

**【实践与应用】**

1. 收集2～3个具有代表性的室内、室外，器械、徒手传统游戏进行改编，掌握游戏改编的方法，并掌握针对不同年龄阶段幼儿进行游戏改编的方法。

2. 针对幼儿园一日生活的基本环节，设计2～3个游戏，要有针对性，体现出游戏设计的目的和意图、游戏的玩法和规则、游戏的玩具和材料、游戏的注意事项等方面。

学前儿童游戏开发小结

# 参考文献

[1] 刘焱 . 儿童游戏通论 [M]. 福州：福建人民出版社，2015.

[2] 丁海东 . 幼儿园游戏与指导 [M]. 北京：高等教育出版社，2012.

[3] 邱学青 . 学前儿童游戏 [M].3 版 . 南京：江苏教育出版社，2005.

[4] 曼尼・莫顿，托尔普 . 游戏的关键期：0 ～ 3 岁 [M]. 刘峰峰，常娟，赵志敏，译 . 北京：北京师范大学出版社，2010.

[5] 董旭花 . 幼儿园游戏 [M]. 北京：科学出版社，2009.

[6] 徐则民，洪晓琴 . 走进游戏 走进幼儿 [M]. 上海：上海教育出版社，2010.

[7] 珍妮特・莫伊蕾斯 . 仅仅是游戏吗：游戏在早期儿童教育中的作用与地位 [M]. 刘焱，刘峰峰，雷美琴，译 . 北京：北京师范大学出版社，2010.